여러분의 합격을 응원하는

해커스공무원의 특별 혜택

JN430125

FREE 공무원 한국사 **특강**

해커스공무원(gosi.Hackers.com) 접속 후 로그인 ▶ 상단의 [무료강좌] 클릭하여 이용

회독용 OMR 답안지(PDF) | **시대별 막판 암기 점검**(PDF)

해커스공무원(gosi.Hackers.com) 접속 후 로그인 ▶ 상단의 [교재 · 서점 → 무료 학습 자료] 클릭 ▶
본 교재의 [자료받기] 클릭

▲ 바로가기

해커스공무원 온라인 단과강의 **20% 할인쿠폰**

6CEF8BE693DE352F

해커스공무원(gosi.Hackers.com) 접속 후 로그인 ▶ 상단의 [나의 강의실] 클릭 ▶
좌측의 [쿠폰등록] 클릭 ▶ 위 쿠폰번호 입력 후 이용

* 등록 후 7일간 사용 가능(ID당 1회에 한해 등록 가능)

합격예측 **온라인 모의고사 응시권 + 해설강의 수강권**

D9A3464C658AF44E

해커스공무원(gosi.Hackers.com) 접속 후 로그인 ▶ 상단의 [나의 강의실] 클릭 ▶
좌측의 [쿠폰등록] 클릭 ▶ 위 쿠폰번호 입력 후 이용

* ID당 1회에 한해 등록 가능

쿠폰 이용 관련 문의 **1588-4055**

단기 합격을 위한
해커스공무원 커리큘럼

입문

탄탄한 기본기와 핵심 개념 완성!

누구나 이해하기 쉬운 개념 설명과 풍부한 예시로 부담없이 쌩기초 다지기

TIP 베이스가 있다면 **기본 단계**부터!

기본+심화

필수 개념 학습으로 이론 완성!

반드시 알아야 할 기본 개념과 문제풀이 전략을 학습하고
심화 개념 학습으로 고득점을 위한 응용력 다지기

기출+예상 문제풀이

문제풀이로 집중 학습하고 실력 업그레이드!

기출문제의 유형과 출제 의도를 이해하고 최신 출제 경향을 반영한
예상문제를 풀어보며 본인의 취약영역을 파악 및 보완하기

동형모의고사

동형모의고사로 실전력 강화!

실제 시험과 같은 형태의 실전모의고사를 풀어보며 실전감각 극대화

마무리

시험 직전 실전 시뮬레이션!

각 과목별 시험에 출제되는 내용들을 최종 점검하며 실전 완성

PASS

* 커리큘럼 및 세부 일정은 상이할 수 있으며,
자세한 사항은 해커스공무원 사이트에서 확인하세요.

해커스공무원

매일 하프모의고사 한국사

해커스

차례

매일 하프모의고사

실전모의고사

OMR 답안지 [교재 내 수록]
OMR 답안지를 활용하여 실전처럼 모의고사 문제를 풀어보세요.

시대별 막판 암기 점검 [PDF]
해커스공무원(gosi.Hackers.com) 접속 후 로그인 ▶ 상단의 [교재·서점 → 무료 학습 자료] 클릭 ▶ 본 교재 우측의 [자료받기] 클릭하여 이용

『매일 하프모의고사』 교재 활용법

1 24일 동안 매일 하프모의고사를 풀며 문제풀이 감각 높이기

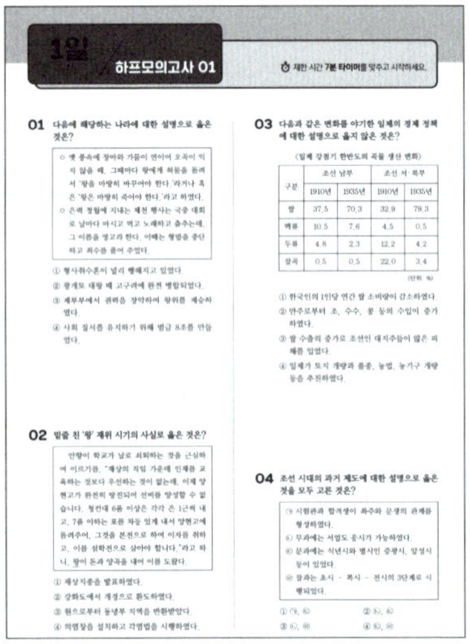

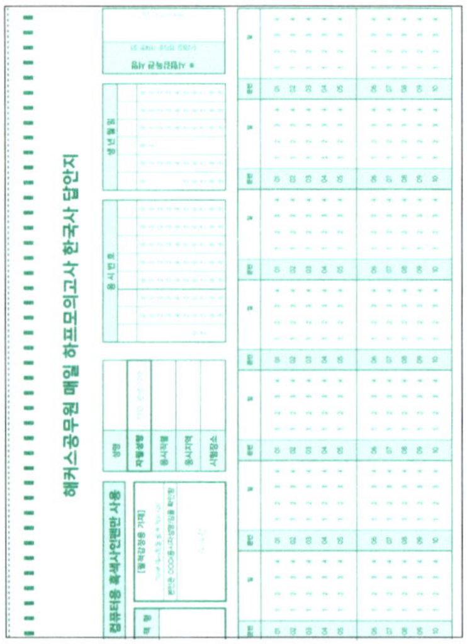

1. 교재 맨 뒤에 수록된 OMR 답안지를 준비합니다.
2. 타이머를 '7분'으로 맞춥니다.
3. OMR 답안지와 타이머가 준비되면 제한된 시간 내에 매일 하프모의고사(1일~24일)를 풀어봅니다.

   이때, 문제 풀이 시간을 최대한 앞당기는 연습이 필요합니다.
4. '바로 채점하기'를 통해 빠르게 채점하고 맞은 개수를 적습니다.

2 마무리 OX 퀴즈로 핵심 개념 점검하고, 상세한 해설로 약점 극복하기

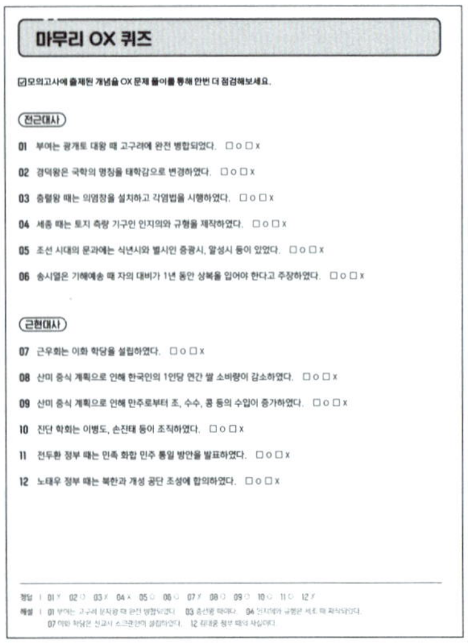

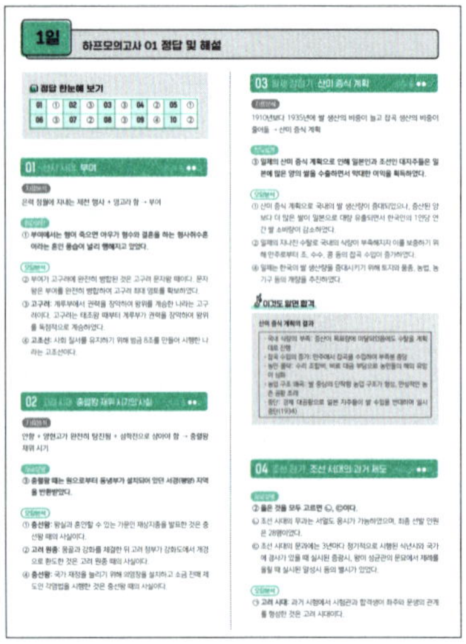

1. 각 일자별 '하프모의고사'의 마지막 페이지에 있는 '마무리 OX 퀴즈'를 풀고 채점합니다.
2. 해설을 꼼꼼히 읽어보며 틀린 문제는 어떤 개념을 몰라서 틀렸는지 확인하고, 헷갈렸던 개념에 대해 점검합니다.
3. '이것도 알면 합격!'을 꼼꼼히 읽어보며 심화 개념들을 학습합니다.

3 시험 D-3일, 실전모의고사로 실전 감각 높이기

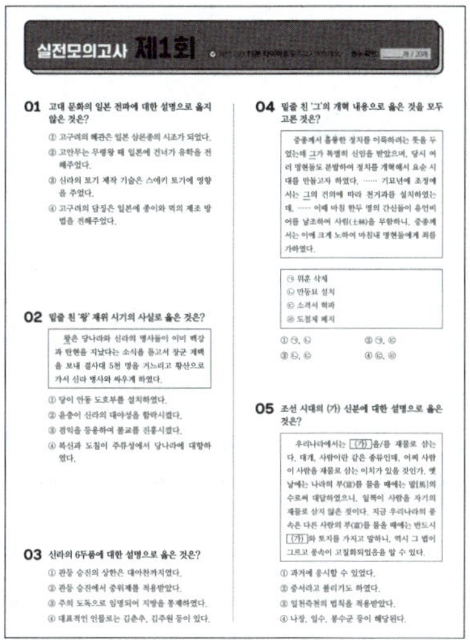

1. 교재 맨 뒤에 수록된 OMR 답안지를 준비합니다.
2. 타이머를 '15분'으로 맞춥니다.
3. OMR 답안지와 타이머가 준비되면 제한된 시간 내에 실전모의고사(총 3회분)를 실전처럼 풀어봅니다.
4. 채점을 하고, 틀린 문제의 해설을 꼼꼼히 읽어보며 놓치고 있는 개념이 있는지 점검합니다.

4 시험 D-1일, 시대별 막판 암기 점검(PDF) 풀어보기

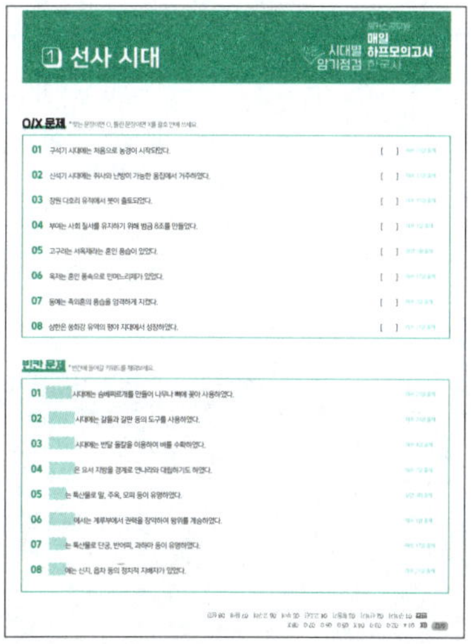

1. 온라인으로 제공되는 '시대별 막판 암기 점검(PDF)'을 풀어보며 중요한 핵심 키워드들을 최종 점검합니다.
2. 채점 후 틀린 OX 문제, 빈칸 채우기 문제와 관련된 개념은 반드시 복습합니다.

해커스공무원
매일 하프모의고사 한국사

매일 하프모의고사

* 하프모의고사를 풀기 전 OMR 답안지를 미리 준비합니다
OMR 답안지는 교재 p.205에 있습니다.

⏱ 제한 시간 **7분 타이머**를 맞추고 시작하세요.

01 다음에 해당하는 나라에 대한 설명으로 옳은 것은?

> ○ 옛 풍속에 장마와 가뭄이 연이어 오곡이 익지 않을 때, 그때마다 왕에게 허물을 돌려서 '왕을 마땅히 바꾸어야 한다.'라거나 혹은 '왕은 마땅히 죽어야 한다.'라고 하였다.
> ○ 은력 정월에 지내는 제천 행사는 국중 대회로 날마다 마시고 먹고 노래하고 춤추는데, 그 이름을 영고라 한다. 이때는 형벌을 중단하고 죄수를 풀어 주었다.

① 형사취수혼이 널리 행해지고 있었다.
② 광개토 대왕 때 고구려에 완전 병합되었다.
③ 계루부에서 권력을 장악하여 왕위를 계승하였다.
④ 사회 질서를 유지하기 위해 범금 8조를 만들었다.

02 밑줄 친 '왕' 재위 시기의 사실로 옳은 것은?

> 안향이 학교가 날로 쇠퇴하는 것을 근심하여 이르기를, "재상의 직임 가운데 인재를 교육하는 것보다 우선하는 것이 없는데, 이제 양현고가 완전히 탕진되어 선비를 양성할 수 없습니다. 청컨대 6품 이상은 각각 은 1근씩 내고, 7품 이하는 포를 차등 있게 내서 양현고에 돌려주어, 그것을 본전으로 하여 이자를 취하고, 이를 섬학전으로 삼아야 합니다."라고 하니, <u>왕</u>이 돈과 양곡을 내어 이를 도왔다.

① 재상지종을 발표하였다.
② 강화도에서 개경으로 환도하였다.
③ 원으로부터 동녕부 지역을 반환받았다.
④ 의염창을 설치하고 각염법을 시행하였다.

03 다음과 같은 변화를 야기한 일제의 경제 정책에 대한 설명으로 옳지 않은 것은?

〈일제 강점기 한반도의 곡물 생산 변화〉

구분	조선 남부		조선 서·북부	
	1910년	1935년	1910년	1935년
쌀	37.5	70.3	32.9	79.3
맥류	10.5	7.6	4.5	0.5
두류	4.8	2.3	12.2	4.2
잡곡	0.5	0.5	22.0	3.4

(단위: %)

① 한국인의 1인당 연간 쌀 소비량이 감소하였다.
② 만주로부터 조, 수수, 콩 등의 수입이 증가하였다.
③ 쌀 수출의 증가로 조선인 대지주들이 많은 피해를 입었다.
④ 일제가 토지 개량과 품종, 농법, 농기구 개량 등을 추진하였다.

04 조선 시대의 과거 제도에 대한 설명으로 옳은 것을 모두 고른 것은?

> ㉠ 시험관과 합격생이 좌주와 문생의 관계를 형성하였다.
> ㉡ 무과에는 서얼도 응시가 가능하였다.
> ㉢ 문과에는 식년시와 별시인 증광시, 알성시 등이 있었다.
> ㉣ 잡과는 초시 - 복시 - 전시의 3단계로 시행되었다.

① ㉠, ㉢ ② ㉡, ㉢
③ ㉡, ㉣ ④ ㉢, ㉣

05 밑줄 친 '왕' 재위 시기에 편찬된 서적으로 옳은 것은?

왕의 명으로 이 책을 완성하였다. 그 내용은 제사에 대한 길례, 왕실의 관례와 혼례에 대한 가례, 사신 접대에 대한 빈례, 군사 의식에 대한 군례, 상례 의식에 대한 흉례이다.

① 『동국통감』
② 『동몽선습』
③ 『삼강행실도』
④ 『고려사절요』

06 밑줄 친 '왕'에 대한 설명으로 옳은 것은?

왕은 사벌주를 상주로 바꾸고 삽량주는 양주로 바꾸는 등 9주의 명칭을 개정하였고, 군현의 이름도 한자식으로 바꾸었다. 또한 중앙 관서의 관직명도 중국의 예에 따라 한자식으로 바꾸었다.

① 사치 금지 교서를 반포하였다.
② 성덕 대왕 신종을 완성하였다.
③ 국학의 명칭을 태학감으로 변경하였다.
④ 관료들이 지켜야 할 덕목을 담은 『백관잠』을 지었다.

07 다음 선언문을 발표한 단체에 대한 설명으로 옳은 것은?

조선 여성 운동은 세계 사정에 의하여 또 조선 여성의 성숙도에 의하여 바야흐로 한 중대한 계단으로 진전하였다. 부분으로 분산되었던 운동이 전선적 협동 전선으로 조직된다. …… 여성은 벌써 약자가 아니다. 여성은 스스로 해방하는 날 세계가 해방될 것이다. 조선 자매들아 단결하자.

① 이화 학당을 설립하였다.
② 기관지인 『근우』를 발간하였다.
③ 이병도, 손진태 등이 조직하였다.
④ 여성 권리 선언문인 여권 통문을 발표하였다.

08 밑줄 친 '왕' 대의 과학 기술 발전에 대한 내용으로 옳은 것은?

왕이 오방(五方)의 풍토가 같지 않아 곡식을 심고 가꾸는 법이 각기 적성이 있어, 옛 글과 다 같을 수 없다 하여, 여러 도의 감사에게 명하여 주현의 노농(老農)들을 방문토록 하여, 농토의 이미 시험한 증험에 따라 갖추어 아뢰게 하시고, 정초에게 순서에 따라 엮게 하시고 그 중복된 것을 버리고 중요한 것만 뽑아서 찬집하여 만들게 하고 제목을 『농사직설』이라고 하였다.

① 주자소를 설치하고 계미자를 주조하였다.
② 토지 측량 기구인 인지의와 규형을 제작하였다.
③ 화약 무기의 제작법 등을 정리한 『총통등록』을 편찬하였다.
④ 신기전 100발을 한번에 발사할 수 있는 화차를 발명하였다.

09 밑줄 친 '그'에 대한 설명으로 옳은 것은?

> 그의 호는 우암으로, 효종 때 명에 대한 의리를 내세우며 청나라에 대한 복수를 주장하였다. 숙종 때에는 희빈 장씨의 소생을 원자로 정한 것을 비판하다가 정권에서 밀려나 결국 유배된 후 죽음을 맞이하였다.

① 농경 방법을 정리한 『색경』을 저술하였다.
② 주자의 사상과 다른 모습을 보여 사문난적으로 몰렸다.
③ 호락논쟁에서 인간과 사물의 본성이 다르다고 주장하였다.
④ 기해예송 때 자의 대비가 1년 동안 상복을 입어야 한다고 주장하였다.

10 다음 담화문을 발표한 정부 시기의 통일 정책으로 옳은 것은?

> 온 국민이 뜻과 힘을 모아 7년을 준비해 온 서울 올림픽의 개막이 사흘 뒤로 다가왔습니다. 세계 모든 나라 사람들이 서울에 모이고 있습니다. 인종과 언어, 문화와 종교, 이념과 체제, 이 모두가 다른 지구촌의 사람들이 한데 모입니다. 이들은 서로를 가르는 모든 벽과 차이를 넘어 서울 올림픽을 우정과 화합의 마당으로 만들 것입니다. 서울 올림픽은 사상 최대의 올림픽으로 이제 준비를 끝내고 성화에 불을 지필 시간을 기다리고 있습니다.

① 북한과 개성 공단 조성에 합의하였다.
② 한민족 공동체 통일 방안을 발표하였다.
③ 민족 화합 민주 통일 방안을 발표하였다.
④ 한반도 에너지 개발 기구(KEDO)를 발족하였다.

바로 채점하기

정답 및 해설 p.120

01	①	02	③	03	③	04	②	05	①
06	③	07	②	08	③	09	④	10	②

맞은 개수: ______개 / 10개

마무리 OX 퀴즈

☑ 모의고사에 출제된 개념을 OX 문제 풀이를 통해 한번 더 점검해보세요.

전근대사

01 부여는 광개토 대왕 때 고구려에 완전 병합되었다. □ O □ X

02 경덕왕은 국학의 명칭을 태학감으로 변경하였다. □ O □ X

03 충렬왕 때는 의염창을 설치하고 각염법을 시행하였다. □ O □ X

04 세종 때는 토지 측량 기구인 인지의와 규형을 제작하였다. □ O □ X

05 조선 시대의 문과에는 식년시와 별시인 증광시, 알성시 등이 있었다. □ O □ X

06 송시열은 기해예송 때 자의 대비가 1년 동안 상복을 입어야 한다고 주장하였다. □ O □ X

근현대사

07 근우회는 이화 학당을 설립하였다. □ O □ X

08 산미 증식 계획으로 인해 한국인의 1인당 연간 쌀 소비량이 감소하였다. □ O □ X

09 산미 증식 계획으로 인해 만주로부터 조, 수수, 콩 등의 수입이 증가하였다. □ O □ X

10 진단 학회는 이병도, 손진태 등이 조직하였다. □ O □ X

11 전두환 정부 때는 민족 화합 민주 통일 방안을 발표하였다. □ O □ X

12 노태우 정부 때는 북한과 개성 공단 조성에 합의하였다. □ O □ X

정답 | 01 X 02 O 03 X 04 X 05 O 06 O 07 X 08 O 09 O 10 O 11 O 12 X

해설 | 01 부여는 고구려 문자왕 때 완전 병합되었다. 03 충선왕 때이다. 04 인지의와 규형은 세조 때 제작되었다.
07 이화 학당은 선교사 스크랜턴이 설립하였다. 12 김대중 정부 때의 사실이다.

⏱ 제한 시간 **7분 타이머**를 맞추고 시작하세요.

01 밑줄 친 '이들'의 활동으로 옳은 것은?

> 승려 도침과 옛 장수 복신이 무리를 이끌고 주류성을 거점으로 반란을 일으켰다. 이에 서·북부의 모든 성이 이들에게 호응하였다. …… 이에 도침은 스스로 영군장군이라고 부르고, 복신은 스스로 상잠장군이라고 부르며, 배반하고 도망간 무리를 불러 꾀어 들이니 그 기세가 더욱 커졌다.

① 안동 도호부를 요동으로 몰아냈다.
② 완산주를 수도로 정하고 나라를 세웠다.
③ 왜에 있던 왕자 부여풍을 왕으로 추대하였다.
④ 중국의 오월과 후당에 사신을 보내 교류하였다.

02 다음 글을 쓴 인물에 대한 설명으로 옳은 것은?

> 우리는 혁명 수단으로 우리 생존의 적인 강도 일본을 살벌(殺伐)함이 곧 우리의 정당한 수단임을 선언하노라. …… 내정 독립이나 참정권이나 자치를 운동하는 자 누구이냐? …… 일본 강도 정치하에서 문화 운동을 부르는 자 누구이냐? …… 또 다음과 같은 논자들이 있으니, 첫째는 외교론이니, …… 최근 3·1 운동에 일반 인사의 평화 회의, 국제 연맹에 대한 과신의 선전이 이천만 민중의 힘 있는 전진의 기운을 없애 버리는 계기가 될 뿐이었도다.

① 진단 학회를 조직하였다.
② 「독사신론」을 저술하였다.
③ 민족 정신으로서 국혼을 강조하였다.
④ 대한민국 임시 정부 2대 대통령을 역임하였다.

03 밑줄 친 '이 기구'의 명칭으로 옳은 것은?

> 이 기구는 궁궐 내의 경적을 관리하고 문한(文翰)을 관리하며, 국왕의 자문에 대비하는 기구로, 옥당·옥서·영각 등으로도 불린다.

① 사헌부
② 사간원
③ 홍문관
④ 교서관

04 다음 사건을 시기순으로 바르게 나열한 것은?

> ㉠ 왕건이 국호를 고려라 정하고 송악으로 천도하였다.
> ㉡ 견훤의 후백제가 고창 전투에서 고려군에게 패배하였다.
> ㉢ 왕건이 이끄는 군대가 공산 전투에서 후백제에게 패하였다.
> ㉣ 후백제의 신검이 일리천 전투에 패배하여 왕건에게 항복하였다.

① ㉠ - ㉡ - ㉢ - ㉣
② ㉠ - ㉢ - ㉡ - ㉣
③ ㉢ - ㉠ - ㉣ - ㉡
④ ㉢ - ㉡ - ㉣ - ㉠

05 밑줄 친 '그'에 대한 설명으로 옳은 것은?

> 그가 황산 벌판으로 진군하자 백제의 장군 계백이 군사를 거느리고 와서 먼저 험한 곳을 차지하여 세 군데에 진영을 설치하고 기다리고 있었다. 그는 군사를 세 길로 나누어 네 번을 싸웠으나 전세가 불리하고 병사들은 힘이 다하였다. …… 신라군이 북을 치고 고함을 지르며 진격하자 백제의 무리가 크게 패하였다.

① 비담과 염종의 난을 진압하였다.
② 매소성 전투에서 당군을 격파하였다.
③ 당으로 건너가 군사 동맹을 체결하였다.
④ 임존성에서 당나라의 군대를 격퇴하였다.

06 다음 내용이 포함된 개혁의 내용으로 옳은 것은?

> 1. 청에 의존하는 생각을 버리고 자주 독립의 기초를 세운다.
> 3. 종실, 외척의 내정 간섭을 용납하지 않는다.
> 7. 조세의 징수와 경비 지출은 모두 탁지아문의 관할에 속한다.
> 14. 문벌을 가리지 않고 인재 등용의 길을 넓힌다.

① 과거제를 폐지하였다.
② 상무사를 조직하였다.
③ 6조를 8아문으로 개편하였다.
④ 사법권을 행정권에서 독립시켰다.

07 밑줄 친 '이 단체'에 대한 설명으로 옳은 것은?

> 미국의 캘리포니아 주에 재류하는 한국인이 설립한 이 단체는 기독교도와 결탁하거나 또는 학교를 만들어 반일 사상을 고취 시키려고 합니다. 현재 평양에 설립하는 대성 학교와 같은 것이 바로 이것입니다. …… 이 단체의 목적은 한국의 부패한 사상과 습관을 혁신하여 국민을 유신하고, 쇠퇴한 교육과 산업을 진흥시켜 사업을 유신하고, 유신된 국민이 통일 연합하여 유신된 자유 문명국을 성립시키는 것에 있다고 합니다.

① 기관지로 만세보를 발간하였다.
② 입헌 군주제 수립을 목표로 하였다.
③ 평양에 자기 회사를 설립·운영하였다.
④ 고종의 강제 퇴위 반대 운동을 주도하였다.

08 (가) 왕 재위 시기의 사실로 옳은 것은?

> 강조의 군사들이 궁문으로 마구 들어오자, 목종이 모면할 수 없음을 깨닫고 태후와 함께 목 놓아 울며 법왕사로 옮겼다. 잠시 후 황보유의 등이 (가) 을/를 받들어 왕위에 올렸다. 강조가 목종을 폐위하여 양국공으로 삼고, 군사를 보내 김치양 부자와 유행간 등 7인을 죽였다.

① 국자감에 서적포를 설치하였다.
② 속현에 감무를 파견하기 시작하였다.
③ 금속 활자로 『상정고금예문』을 인쇄하였다.
④ 개성부를 경중(京中) 5부와 경기로 구획하였다.

09 (가)에 대한 설명으로 옳은 것은?

> ○ 금령(禁令)에도 불구하고 농민들은 이익을 위해 (가) 을/를 합니다. 혹시라도 가뭄이 들면 그만 농사를 망치게 되니 안타깝습니다. 파종 시기를 놓치지 않도록 여러 도에 엄히 타일러 경계해야 합니다.
> ○ 이른바 (가) 의 이로움이라는 것은 봄보리를 갈아 먹고 물을 몰아 모내기를 하여 벼를 수확하니 1년에 두 번 농사지음이 그것이다.

① 고랑에 작물을 심는 방법이다.
② 조선 초기부터 정부에서 적극적으로 시행하였다.
③ 조선 후기에 광작이 성행하게 되는 계기가 되었다.
④ 농업 생산력을 증가시켜 농민 간의 빈부 격차를 줄여주었다.

10 다음 선언문이 발표된 민주화 운동에 대한 설명으로 옳은 것은?

> 오늘 우리는 전 세계 이목이 주시하는 가운데 40년 독재 정치를 청산하고 희망찬 민주 국가를 건설하기 위한 거보를 전국민과 함께 내딛는다. 국가의 미래요 소망인 꽃다운 젊은이를 야만적인 고문으로 죽여 놓고 그것도 모자라 뻔뻔스럽게 국민을 속이려 했던 현 정권에게 국민의 분노가 무엇인지를 분명히 보여 주고, 국민적 여망인 개헌을 일방적으로 파기한 4·13 폭거를 철회시키기 위한 민주 장정을 시작한다.

① 3·15 부정 선거가 원인이 되어 일어났다.
② 5년 단임의 대통령 직선제 개헌을 이끌어냈다.
③ 계엄령 철폐와 신군부의 퇴진을 요구하였다.
④ 재야 인사들이 명동 성당에서 '3·1 민주 구국 선언'을 발표하였다.

바로 채점하기 정답 및 해설 p.123

01	③	02	②	03	③	04	②	05	①
06	④	07	③	08	④	09	③	10	②

맞은 개수: ______개 / 10개

마무리 OX 퀴즈

☑ 모의고사에 출제된 개념을 OX 문제 풀이를 통해 한번 더 점검해보세요.

전근대사

01 김춘추는 당으로 건너가 군사 동맹을 체결하였다. □ O □ X

02 김유신은 비담과 염종의 난을 진압하였다. □ O □ X

03 왕건이 이끄는 군대가 공산 전투에서 후백제에게 패하였다. □ O □ X

04 고려 현종 재위 시기에는 속현에 감무를 파견하기 시작하였다. □ O □ X

05 고려 숙종 재위 시기에는 국자감에 서적포를 설치하였다. □ O □ X

06 이앙법은 조선 후기에 광작이 성행하게 되는 계기가 되었다. □ O □ X

근현대사

07 제2차 갑오개혁 때 사법권을 행정권에서 독립시켰다. □ O □ X

08 신민회는 고종의 강제 퇴위 반대 운동을 주도하였다. □ O □ X

09 신채호는 민족 정신으로서 국혼을 강조하였다. □ O □ X

10 박은식은 대한민국 임시 정부 2대 대통령을 역임하였다. □ O □ X

11 4·19 혁명은 3·15 부정 선거가 원인이 되어 일어났다. □ O □ X

12 6월 민주 항쟁은 계엄령 철폐와 신군부의 퇴진을 요구하였다. □ O □ X

정답 | 01 O 02 O 03 O 04 X 05 O 06 O 07 O 08 X 09 X 10 O 11 O 12 X

해설 | 04 고려 예종 재위 시기이다. 08 대한 자강회에 대한 설명이다. 09 박은식에 대한 설명이다. 12 5·18 민주화 운동에 해당한다.

3일 / 하프모의고사 03

제한 시간 **7분 타이머**를 맞추고 시작하세요.

01 밑줄 친 '이 나라'에 대한 설명으로 옳은 것은?

> 이 나라에서는 해마다 10월이면 하늘에 제사를 지냈는데, 밤낮으로 술을 마시며 노래를 부르고 춤을 추니 이를 무천(舞天)이라 하였다.

① 족외혼의 풍습을 엄격하게 지켰다.
② 집집마다 부경이라는 창고가 있었다.
③ 큰 새의 깃털을 사용하여 장례를 치렀다.
④ 관리가 뇌물을 받으면 3배를 배상하게 하였다.

02 밑줄 친 '왕'의 정책으로 옳은 것은?

> 묘청 등이 왕에게 건의하기를, "우리들이 보건대 서경 임원역의 땅은 음양가들이 말하는 대화세(大華勢)이니 만약 이곳에 궁궐을 세우고 수도를 옮기면 국가의 혼란을 막을 수 있으며 금나라가 공물을 바치고 스스로 항복할 것이며 36개 나라들이 모두 신하가 될 것입니다"라고 하였다. 왕은 신하들에게 명을 내려 임원역으로 가서 지세를 보게 하고 궁궐을 새로 짓게 하였다.

① 노비안검법을 시행하였다.
② 연등회와 팔관회를 폐지하였다.
③ 청연각과 보문각을 설립하였다.
④ 15개조의 유신령을 발표하였다.

03 밑줄 친 '그'에 대한 설명으로 옳은 것은?

> 그는 자신의 저서에서 "제왕의 학문은 기질을 바꾸는 것보다 절실한 것이 없고, 제왕의 정치는 정성을 다 해 어진 이를 등용하는 것보다 우선하는 것이 없을 것입니다. 기질을 바꾸는 데는 병을 살펴 약을 쓰는 것이 효과를 거두고, 어진 이를 쓰는 데는 상하가 틈이 없는 것이 성과를 얻습니다."라고 하며, 현명한 신하가 군주에게 성학을 가르쳐 그 기질을 변화시켜야 한다고 하였다.

①『조선경국전』을 저술하였다.
② 영남 학파 형성에 영향을 주었다.
③ 기대승과 4단 7정에 대한 논쟁을 벌였다.
④ 방납의 폐단을 시정하기 위해 수미법을 주장하였다.

04 (가), (나) 시기의 경제 상황으로 옳지 않은 것은?

	(가)	(나)	

강화도 조약 체결 — 임오군란 — 청·일 전쟁 발발

① (가) – 개항장에서 일본 화폐가 유통되었다.
② (나) – 한성과 양화진에서 청 상인의 무역을 허용하였다.
③ (가) – 일본 상인의 활동 범위를 개항장으로부터 10리 이내로 제한하였다.
④ (나) – 종로 직조사, 한성 제직 회사 등의 근대적 회사가 설립되었다.

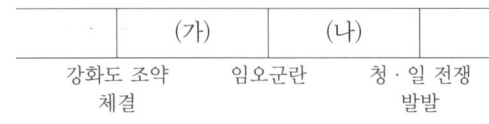

05 (가)에 대한 설명으로 옳은 것은?

> [(가)] 은/는 고종의 밀지를 받아 임병찬이 의병과 유생들을 중심으로 조직한 비밀 단체이다. 이 단체는 한·일 합방의 부당성을 밝히고, 국권 반환과 일본군 철병을 요구하기 위해 일본의 총리 대신과 조선 총독에게 국권 반환 요구서 발송을 추진하였다.

① 신흥 무관 학교를 설립하였다.
② 3·1 운동 이후 북로 군정서로 개편되었다.
③ 왕정 복고를 목적으로 하는 복벽주의를 표방하였다.
④ 풍기 광복단과 조선 국권 회복단의 일부가 연합하여 만들었다.

06 시대별 군사 제도에 대한 설명으로 옳은 것은?

① 백제 – 대모달, 말객 등이 군사를 지휘하였다.
② 통일 신라 – 중앙군으로는 10위가 있었다.
③ 고려 – 응양군과 용호군은 국왕의 친위 부대였다.
④ 조선 – 북방에는 주진군, 5도에는 주현군이 있었다.

07 다음 조약에 대한 설명으로 옳은 것은?

> 제1조 한국 정부는 시정 개선에 관하여 통감의 지도를 받는다.
> 제2조 한국 정부의 법령 제정 및 중요한 행정상의 처분은 미리 통감의 승인을 거친다.
> 제5조 한국 정부는 통감이 추천한 일본인을 한국의 관리로 임명한다.

① 외교 고문에 스티븐스가 임명되는 근거가 되었다.
② 조선 총독부를 설치한다는 조항이 포함되어 있다.
③ 헤이그 특사 사건 이후 일제의 강요로 체결되었다.
④ 대한 제국의 사법권과 감옥 사무 처리권을 박탈하였다.

08 다음 교육 기관에 대한 설명으로 옳지 않은 것은?

> 우리 태조께서 즉위하신 아무 해에 동북쪽에 설립하였는데, 그 경영한 설계와 규모·제도가 모두 적절하게 되어 모두가 완전한 것이었다. 남쪽에 문묘가 있고, 문묘의 좌우에 무(廡)가 있다. …… 문묘의 북쪽 양 옆으로 장랑이 있고, 장랑의 북쪽에 터를 돋우고는 좌우로 협실을 만들고 중앙에 마루를 만들어 선생과 제자가 강학하는 장소를 만들었는데, 이를 명륜당이라 부른다.

① 한양에 세워진 조선 최고의 교육 기관이었다.
② 군현의 인구 비례에 따라 정원을 배정하였다.
③ 성적 우수자는 문과 초시 면제의 혜택을 받았다.
④ 원칙적으로 소과 합격자에게만 입학 자격이 주어졌다.

09 다음과 같이 주장한 인물에 대한 설명으로 옳은 것은?

> 나의 조선관은 그 사회 경제의 역사적 발전 과정을 본질적으로 분석·비판·총관하는 것에 집중되어 있다. …… 여기서 내 조선 경제사의 시도는 사회의 경제적 구성을 기축으로 대략 다음의 여러 문제를 취급하고 있다.
> 제1, 원시 씨족 공산체의 상태
> 제2, 삼국 정립 시대에서의 노예 경제
> 제3, 삼국 시대 말기부터 최근세에 이르기까지의 아시아적 봉건 사회의 특질
> 제4, 아시아적 봉건 국가의 붕괴 과정과 자본주의의 맹아 형태

① 1930년대에 조선학 운동을 주도하였다.
② '나라는 형(形)이고 역사는 신(神)'이라고 주장하였다.
③ 「유교구신론」을 발표하여 유교 개혁을 주장하였다.
④ 유물 사관을 통해 식민 사학의 정체성 이론을 반박하였다.

10 다음 합의문에 대한 설명으로 옳은 것은?

> 쌍방은 다음과 같은 조국 통일 원칙들에 합의를 보았다.
> 첫째, 통일은 외세에 의존하거나 외세의 간섭을 받음이 없이 자주적으로 해결하여야 한다.
> 둘째, 통일은 상대방을 반대하는 무력 행사에 의거하지 않고 평화적 방법으로 실현하여야 한다.
> 셋째, 사상과 이념, 제도의 차이를 초월하여 우선 하나의 민족으로서 민족적 대단결을 도모하여야 한다.

① 남북 기본 합의서와 같은 해에 작성되었다.
② 금강산 관광 사업을 추진하기로 결정하였다.
③ 남북한이 유엔에 동시 가입한 직후 발표되었다.
④ 서울과 평양 사이에 상설 직통 전화를 놓기로 하였다.

바로 채점하기 정답 및 해설 p.126

01	①	02	④	03	④	04	④	05	③
06	③	07	③	08	②	09	④	10	④

맞은 개수: ______개 / 10개

마무리 OX 퀴즈

☑ 모의고사에 출제된 개념을 OX 문제 풀이를 통해 한번 더 점검해보세요.

전근대사

01 동예는 족외혼의 풍습을 엄격하게 지켰다. □ O □ X

02 고구려에는 집집마다 부경이라는 창고가 있었다. □ O □ X

03 고려 인종은 청연각과 보문각을 설립하였다. □ O □ X

04 이황은 영남 학파 형성에 영향을 주었다. □ O □ X

05 이이는 기대승과 4단 7정에 대한 논쟁을 벌였다. □ O □ X

06 성균관은 군현의 인구 비례에 따라 정원을 배정하였다. □ O □ X

근현대사

07 한·일 신협약은 외교 고문에 스티븐스가 임명되는 근거가 되었다. □ O □ X

08 독립 의군부는 왕정 복고를 목적으로 하는 복벽주의를 표방하였다. □ O □ X

09 박은식은 '나라는 형(形)이고 역사는 신(神)'이라고 주장하였다. □ O □ X

10 백남운은 유물 사관을 통해 식민 사학의 정체성 이론을 반박하였다. □ O □ X

11 7·4 남북 공동 성명에서는 서울과 평양 사이에 상설 직통 전화를 놓기로 하였다. □ O □ X

12 한반도 비핵화 공동 선언은 남북 기본 합의서와 같은 해에 작성되었다. □ O □ X

정답 | 01 O 02 O 03 X 04 O 05 X 06 X 07 X 08 O 09 O 10 O 11 O 12 O

해설 | **03** 고려 예종에 해당한다. **05** 이황에 대한 설명이다. **06** 인구 비례에 따라 정원을 배정한 것은 향교이다.
07 제1차 한·일 협약에 대한 설명이다.

4일 / 하프모의고사 04

⏱ 제한 시간 **7분 타이머**를 맞추고 시작하세요.

01 다음 유물이 사용된 시대에 대한 설명으로 옳은 것은?

> ○ 비파형 동검
> ○ 거친무늬 거울
> ○ 미송리식 토기

① 반달 돌칼을 이용하여 벼를 수확하였다.
② 계급이 없는 평등한 공동체 생활을 하였다.
③ 사냥감을 찾기 위하여 이동 생활을 하였다.
④ 명도전, 반량전 등의 중국 화폐로 교역하였다.

02 밑줄 친 '이 운동'에 대한 설명으로 옳은 것은?

> 조선에서 이 운동이 일어나자 조선 전체는 일제히 호응하여 어떤 사람은 단체나 조합을 조직하며, 어떤 사람은 새로운 생산 방법을 생각해 내어 그 생산품을 성황리에 판매하는 등 여러 방면에서 그 실행 방법을 강구하는 중이다. …… 소위 사회주의자 중 일부가 주장하는 것인데 이 운동은 유산 계급의 이익을 위한 것이며 무산 계급에는 아무 관련이 없으니 유산 계급만의 운동으로 남겨 버리자는 것이다.

① 대한매일신보 등 언론사의 후원을 받았다.
② 일진회의 방해와 통감부의 탄압으로 실패하였다.
③ 자작회, 토산 애용 부인회 등의 단체가 활동하였다.
④ 장통 회사 등 민족계 회사가 설립되는 계기가 되었다.

03 밑줄 친 '왕'의 재위 시기의 사실로 옳은 것은?

> 왕이 다음과 같이 하교했다. "예로부터 우리나라는 풍속이 소박하였는데, 문종 때에 와서 문물과 예악이 융성하게 되었다. 짐은 선왕의 업적을 계승하여 장차 민간에 큰 이익을 주기 위해 화폐를 주조하는 관청을 세워 백성들 간에 널리 유통시키고자 한다."

① 왕규의 난이 발생하였다.
② 물가 조절을 위해 상평창을 설치하였다.
③ 윤관의 건의에 따라 별무반을 조직하였다.
④ 정중부 등의 무신들이 보현원에서 정변을 일으켰다.

04 밑줄 친 '그'에 대한 설명으로 옳은 것은?

> 그는 머리를 깎고 중이 되어 스스로 선종(善宗)이라 이름하였다. …… 그는 무리를 끌어 모으면 뜻을 이룰 수 있으리라고 생각하고 죽주의 기훤에게 의탁하였다. 그러나 기훤이 업신여기고 잘난 체하며 예우하지 않자, 북원의 양길에게 의탁하였다.

① 『정계』와 『계백료서』를 저술하였다.
② 광평성을 비롯한 여러 관서를 설치하였다.
③ 신라의 금성을 습격하여 경애왕을 살해하였다.
④ 금산사에 유폐된 후 탈출하여 고려에 투항하였다.

05 조선 후기의 상업 발달에 대한 사실로 옳지 않은 것은?

① 보부상이 전국의 장시를 돌며 하나의 유통망을 형성하였다.
② 강경포와 원산포 지역이 새로운 상업의 중심지로 성장하였다.
③ 상평통보의 유통이 본격화되면서 환, 어음 등의 신용 화폐가 소멸하였다.
④ 청과의 무역이 활발해지면서 국경 지대를 중심으로 개시와 후시가 전개되었다.

06 (가) 인물에 대한 설명으로 옳은 것은?

> (가) 은/는 우리 태조 대왕의 4세손이며, 또한 문종 임금의 넷째 아들이다. …… 어느 날 문종 임금께서 모든 왕자를 불러 놓고, "누가 능히 스님이 되어 나라와 백성의 이익을 위하겠는가"라고 말씀하셨다. 이때 (가) 께서 일어나 여쭙기를, "신이 출가 수도할 뜻을 가지고 있으니 허락하여 주십시오" 라고 하였다.

① 『천태사교의』를 저술하였다.
② 『신편제종교장총록』을 편찬하였다.
③ 귀법사의 초대 주지에 임명되었다.
④ 선종을 중심으로 교종을 통합하고자 하였다.

07 (가)의 재위 시기의 사실로 옳은 것은?

> 신라의 (가) 이/가 고구려에 사신을 보내 말하기를, '왜인이 그 국경에 가득 차 성을 부수었으니, 노객은 백성된 자로서 왕에게 귀의하여 분부를 청한다.'라고 하였다. …… 경자년에 고구려 왕이 보병과 기병 5만을 보내 신라를 구원하게 하였다.

① 황초령 순수비가 건립되었다.
② 사방에 우역(郵驛)을 처음으로 두었다.
③ 묵호자에 의해 신라에 불교가 전래되었다.
④ 왕의 칭호가 마립간으로 변경되었다.

08 다음 서문이 실린 책에 대한 설명으로 옳지 않은 것은?

> 세조께서 일찍이 말씀하셨다. "우리 조종의 심후하신 인덕과 크고 아름다운 규범이 훌륭한 전장(典章)에 퍼졌으니 …… 또 여러 번 내린 교지가 있어 법이 아름답지 않은 것은 아니지만, 관리들이 재주가 없고 어리석어 제대로 받들어 행하지 못한다. …… 이제 손익을 헤아리고 회통할 것을 산정하여 만대 성법을 만들고자 한다."

① 성종 때 완성하여 반포되었다.
② 조선 시대 최초의 공식 성문 법전이다.
③ 이·호·예·병·형·공전으로 나뉘어 정리되었다.
④ 육전 상정소를 설치하여 편찬하기 시작하였다.

09 밑줄 친 '의병'에 대한 사실로 옳은 것은?

> 단발령에 대해서는 어찌 차마 다 말할 수 있겠는가? 그 요망한 적도들이 미친 듯이 협박하여 위로부터 아랫 사람에 이르기까지 하나같이 이렇게까지 되었으니, 이것은 결코 짐의 뜻이 아니었다. 그리고 전국의 백성들이 분연히 의병을 일으켜 도처에서 봉기하여 마침내 경군이 출동하여 서로 죽이는 지경에까지 이르렀는데 이것도 어찌 짐의 뜻이 그러하겠는가?

① 유인석, 이소응 등의 유학자들이 주도하였다.

② 전 참판 민종식이 봉기하여 홍주성을 점령하였다.

③ 이인영을 총대장, 허위를 군사장으로 한 연합 부대를 조직하였다.

④ 각국 영사관에 국제법상 교전 단체로 인정해 줄 것을 요구하였다.

10 밑줄 친 '이곳'에서 일어난 역사적 사실로 옳은 것은?

> 이곳은 본래 백제의 웅천으로 …… 신라와 당이 협공해 백제를 멸망시켰는데, 당이 도독부를 두고 군대를 잔류시켜 진압하였다. 당 군대가 돌아가자, 신라가 그 땅을 모두 차지하였다. 신문왕 때 웅천주로 고치고, 도독을 두었다.

① 김윤후가 몽골 장수 살리타를 사살하였다.

② 강주룡이 을밀대에 올라가 고공 농성을 전개하였다.

③ 임진왜란 당시 신립이 왜군과 싸우다가 전사하였다.

④ 김헌창이 반란을 일으켜 장안국을 세웠다.

바로 채점하기

정답 및 해설 p.129

01	①	02	③	03	③	04	②	05	③
06	②	07	④	08	②	09	①	10	④

맞은 개수: ______개 / 10개

마무리 OX 퀴즈

☑ 모의고사에 출제된 개념을 OX 문제 풀이를 통해 한번 더 점검해보세요.

전근대사

01 청동기 시대에는 반달 돌칼을 이용하여 벼를 수확하였다. □ O □ X

02 내물 마립간 재위 시기에는 사방에 우역(郵驛)을 처음으로 두었다. □ O □ X

03 궁예는 광평성을 비롯한 여러 관서를 설치하였다. □ O □ X

04 제관은 『천태사교의』를 저술하였다. □ O □ X

05 의천은 귀법사의 초대 주지에 임명되었다. □ O □ X

06 충주에서는 김윤후가 몽골 장수 살리타를 사살하였다. □ O □ X

07 『경국대전』은 이·호·예·병·형·공전으로 나뉘어 정리되었다. □ O □ X

근현대사

08 을사의병 때 전 참판 민종식이 봉기하여 홍주성을 점령하였다. □ O □ X

09 을미의병은 이인영을 총대장, 허위를 군사장으로 한 연합 부대를 조직하였다. □ O □ X

10 정미의병은 각국 영사관에 국제법상 교전 단체로 승인해 줄 것을 요구하였다. □ O □ X

11 국채 보상 운동은 대한매일신보 등 언론사의 후원을 받았다. □ O □ X

12 물산 장려 운동 때는 자작회, 토산 애용 부인회 등의 단체가 활동하였다. □ O □ X

정답 | 01 O 02 X 03 O 04 O 05 X 06 X 07 O 08 O 09 X 10 O 11 O 12 O

해설 | 02 소지 마립간 재위 시기이다. 05 균여에 대한 설명이다. 06 용인에 해당한다. 09 정미의병에 해당한다.

제한 시간 **7분 타이머**를 맞추고 시작하세요.

01 다음 사건이 일어난 시기로 옳은 것은?

> 명학소 사람 망이가 무리를 불러모아서 반란을 일으키자, 조정에서 명학소를 충순현으로 승격시키고, 현령과 현위를 두어 달래었다. 그 후 망이의 무리가 항복하였다가 다시 반란을 일으키자 곧 이 현을 폐지하였다.

	(가)	(나)	(다)	(라)	

묘청의 난 / 무신 정변 / 정방 설치 / 처인성 전투 / 개경 환도

① (가) ② (나)
③ (다) ④ (라)

02 다음 개헌이 이루어진 정부 시기의 사실로 옳은 것은?

> 제55조 대통령과 부통령의 임기는 4년으로 한다. 단, 재선에 의하여 1차 중임할 수 있다. 대통령이 궐위된 때에는 부통령이 대통령이 되고 잔임 기간 중 재임한다.
> 부　칙 이 헌법 공포 당시의 대통령에 대하여는 제55조 제1항 단서의 제한을 적용하지 아니한다.

① 한·미 상호 방위 조약을 체결하였다.
② 지방 자치제를 전면적으로 실시하였다.
③ 대통령이 긴급 조치 1호를 발동하였다.
④ 학생들을 중심으로 6·3 항쟁이 일어났다.

03 다음 사건이 일어난 왕의 재위 기간에 있었던 사실로 옳은 것은?

> 명나라 조정에서 우리나라에 군사를 파견하기를 청하였는데 …… 명나라 장수 교일기는 우리나라 군사 만여 명을 독촉하여 원수 강홍립 등을 거느리고 그 동쪽을 쳤다. …… 강홍립이 말하기를 "우리나라가 너희들과 본래 원수진 일이 없는데 무엇 때문에 서로 싸우겠느냐. 지금 여기 들어온 것은 부득이한 것임을 너희 나라에서는 모르느냐."라고 하였다.

① 훈련도감을 신설하였다.
② 삼정이정청을 설치하였다.
③ 『대전회통』을 편찬하였다.
④ 일본과 기유약조를 체결하였다.

04 다음 취지서가 발표된 민족 운동에 대한 설명으로 옳은 것은?

> 우리들의 운명을 어떻게 개척할까? 정치냐? 외교냐? 산업이냐? 물론 이러한 사업들이 모두 다 필요하다. 그러나 그 기초가 되고 요건이 되며, 가장 급무가 되고 가장 선결의 필요가 있으며, 가장 힘있고 가장 필요한 수단은 교육이 아니면 불능하도다. …… 이제 우리 조선인도 세계의 일각에서 다른 나라 사람과 어깨를 나란히 하려면 대학의 설립을 빼고는 다시 다른 길이 없도다.

① 신간회를 중심으로 진행되었다.
② 사립 학교령이 제정되는 계기가 되었다.
③ 광주에서 시작되어 전국적으로 확산되었다.
④ 이상재 등을 중심으로 모금 운동이 전개되었다.

05 다음 내용을 발표한 단체에 대한 설명으로 옳은 것을 모두 고른 것은?

> 조선의 좌·우 합작은 민주 독립의 단계요, 남북 통일의 관건인 점에서 3천만 민족의 지상 명령이며 국제 민주화의 필연적 요청이었음에도 불구하고 저간의 복잡 다단한 내외 정세로 오랫동안 파란곡절을 거듭해 오던 바, …… 좌측의 5원칙과 우측의 8원칙을 절충하여 7원칙을 결정하였다.

> ㉠ 이승만의 정읍 발언을 지지하였다.
> ㉡ 미·소 공동 위원회의 속개를 주장하였다.
> ㉢ 토지를 무상 몰수, 무상 분배할 것을 주장하였다.
> ㉣ 여운형과 김규식 등이 주도하여 조직하였다.

① ㉠, ㉡　　② ㉠, ㉢
③ ㉡, ㉣　　④ ㉢, ㉣

06 (가) 재위 시기의 사실로 옳은 것은?

> (가) 10년에 도적이 서남쪽에서 일어나 붉은 바지를 입고 스스로를 남과 구별하였으므로 사람들이 적고적(赤袴賊)이라 불렀다. 그들은 주현의 백성을 도륙하고 서울의 서부 모량리까지 와서 민가를 약탈하여 갔다.

① 단양 적성비를 세웠다.
② 대공의 난이 일어났다.
③ 경주에 첨성대를 축조하였다.
④ 최치원이 시무책 10여 조를 올렸다.

07 밑줄 친 '왕'에 대한 설명으로 옳은 것은?

> 왕 9년, 내외관의 녹읍을 폐지하고 해마다 차등을 두어 조(租)를 주도록 하교하였다. …… 이 해 왕은 달구벌로 서울을 옮기려다 실현하지 못하였다.

① 독서삼품과를 실시하였다.
② 김흠돌의 반란을 진압하였다.
③ 백성들에게 정전을 지급하였다.
④ '건원'이라는 연호를 처음 사용하였다.

08 밑줄 친 '그'에 대한 설명으로 옳은 것은?

> 그는 '경의(敬義)' 두 자를 벽 위에 크게 써 붙여놓고 말하기를 '우리 집에 이 두 자가 있으니, 하늘의 해와 달이 만고(萬古)를 밝혀 변하지 않는 것과 같다. 성현의 천만 가지 말의 의의를 요약하면 이 두 자 밖에 벗어나지 않는다.' 하였다. …… 배우는 자들이 그를 남명 선생이라고 불렀다.

① 일본의 성리학 발전에 크게 영향을 주었다.
② 『성학집요』와 『격몽요결』 등을 집필하였다.
③ 노장 사상을 포용하고 학문의 실천성을 강조하였다.
④ 경북 안동 지방에서 예안 향약을 만들어 보급하였다.

09 1920년대의 사회 모습으로 옳지 않은 것은?

① 식민지 현실의 계급 모순을 비판하는 프로 문학이 등장하였다.

②『신여성』 등의 잡지를 통해 새로운 패션과 화장법이 소개되었다.

③ 극단 토월회가 결성되어 민중 계몽을 위한 작품을 공연하였다.

④ 매일신보에 이광수의 소설「무정」이 연재되었다.

10 다음 호소문이 발표된 이후의 사실로 옳은 것은?

> 황제의 특명에 의해 대표로 파견된 이상설, 이준, 이위종은 존경하는 각하 제위들에게 우리나라 독립이 여러 강대국에 보장·승인되었음을 주지시켜 드리고자 합니다. …… 일본이 완전히 국제법을 무시하고 무력으로 우리나라와 여러분들 나라와의 사이에 오늘날까지도 유지되는 우호적인 외교 관계를 강제적으로 단절하고자 했던 그 음모를 목격하였습니다. 이러한 결과를 유도하기 위해 폭력으로 위협함은 물론, 인권과 국법을 침탈하는 데 조금도 주저하지 않았던 일본의 소행을 각하 제위 여러분께 알려 드리고자 합니다.

① 원수부가 설치되었다.

② 독립 협회가 설립되었다.

③ 고종이 아관 파천을 단행하였다.

④ 일제가 남한 대토벌 작전을 전개하였다.

바로 채점하기 정답 및 해설 p.132

01	②	02	①	03	④	04	④	05	③
06	④	07	②	08	③	09	④	10	④

맞은 개수: ______개 / 10개

마무리 OX 퀴즈

☑ 모의고사에 출제된 개념을 OX 문제 풀이를 통해 한번 더 점검해보세요.

전근대사

01 법흥왕은 '건원'이라는 연호를 처음 사용하였다. □ O □ X

02 신문왕은 김흠돌의 반란을 진압하였다. □ O □ X

03 진성 여왕 때는 대공의 난이 일어났다. □ O □ X

04 조식은 일본의 성리학 발전에 크게 영향을 주었다. □ O □ X

05 이이는 『성학집요』와 『격몽요결』 등을 집필하였다. □ O □ X

06 광해군 때는 일본과 기유약조를 체결하였다. □ O □ X

근현대사

07 1910년대에는 매일신보에 이광수의 소설 「무정」이 연재되었다. □ O □ X

08 민립 대학 설립 운동 때는 이상재 등을 중심으로 모금 운동이 전개되었다. □ O □ X

09 1920년대에는 식민지 현실의 계급 모순을 비판하는 프로 문학이 등장하였다. □ O □ X

10 좌·우 합작 위원회는 여운형과 김규식 등이 주도하여 조직하였다. □ O □ X

11 이승만 정부 시기에는 지방 자치제를 전면적으로 실시하였다. □ O □ X

12 박정희 대통령이 긴급 조치 1호를 발동하였다. □ O □ X

정답 | 01 O 02 O 03 X 04 X 05 O 06 O 07 O 08 O 09 O 10 O 11 X 12 O

해설 | **03** 대공의 난은 혜공왕 때 일어났다. **04** 일본의 성리학 발전에 영향을 준 것은 이황이다.
11 지방 자치제를 전면적으로 실시한 것은 김영삼 정부 때이다.

⏱ 제한 시간 **7분 타이머**를 맞추고 시작하세요.

01 밑줄 친 '왕' 대의 사실로 옳은 것은?

> ○ 기해년에 백제가 맹세를 어기고 왜와 화통하였다. 왕이 순행하여 평양으로 내려갔는데, 신라에서 사신을 보내어 아뢰기를, "왜인이 국경에 가득 차 성지를 파괴하고 있습니다.
> ○ 경자년에 왕이 보병과 기병 5만 명을 보내서 신라를 구원하게 하였다. 군대가 남거성을 거쳐 신라성에 이르니 왜적이 많았다. 군대가 도착하자 왜적이 퇴각하였다.

① 율령을 반포하고 태학을 설립하였다.
② 『유기』를 간추려 『신집』 5권을 편찬하였다.
③ 숙신과 비려를 정벌하여 만주 일대를 차지하였다.
④ 백제의 수도 한성을 함락하고 개로왕을 살해하였다.

02 다음 기념사를 발표한 정부 시기의 경제 상황으로 옳은 것은?

> 오늘 국민 교육 헌장 선포 1주년에 즈음하여, 나는 온 국민과 더불어 뜻 깊은 이날을 경축하면서, 헌장 이념의 구현을 위한 우리들의 결의를 새로이 하게 된 것을 매우 기쁘게 생각하는 바입니다. 국민 교육 헌장은 우리 민족이 지녀야 할 시대적 사명감과 윤리관을 정립한 역사적 장전이며, 조국 근대화의 물량적 성장을 보완, 촉진시켜 나갈 정신적 지표이며, 국가의 백년대계를 기약하는 국민 교육의 실천 지침인 것입니다.

① 한·미 경제 조정 협정을 체결하였다.
② 최고 소작료 결정의 건을 공포하였다.
③ 마산을 자유 무역 지역으로 지정하였다.
④ 경제 협력 개발 기구(OECD)에 가입하였다.

03 다음 내용의 기반이 된 사상에 대한 설명으로 옳은 것은?

> 짐은 삼한의 산천 신령의 도움에 힘입어 대업을 성취하였다. 서경은 수덕이 순조로워 우리나라 지맥의 근본이 되며 대업을 만대에 전할 땅인 까닭에 마땅히 사중월(四仲月)에는 행차하여 100일 이상 머물며 안녕을 이루도록 하라.

① 하늘에 제사를 지내는 초제로 행하여졌다.
② 고구려가 평양으로 천도하는 데 영향을 끼쳤다.
③ 조선 시대에 집터나 묘지를 선정하는 기준이 되었다.
④ 고려 시대에 향도가 매향 활동을 하는 근거가 되었다.

04 다음 글을 쓴 인물에 대한 설명으로 옳은 것은?

> 누구나 어릿어릿하는 사람을 보면 '얼' 빠졌다고 하고, '멍'하니 앉은 사람을 보면 '얼' 하나 없다고 한다. '얼'이란 이같이 쉬운 것이다. 그런데 '얼' 하나의 있고 없음으로써 그 광대 웅맹함이 혹 저렇기도 하고 그 잔루 구차함이 이렇기도 하니, '얼'에 대하여 명찰통조(明察通眺)함은 실로 거론하기 어렵다 할 수도 있다.

① 조선사 편수회에 참여하였다.
② 『조선사연구초』를 저술하였다.
③ 『한국독립운동지혈사』를 저술하였다.
④ 광개토 대왕릉비에 대한 새로운 해석 방법을 제시하였다.

05 밑줄 친 '왕' 재위 시기의 사실로 옳은 것은?

> 남곤은 조광조 등에게 교류를 청하였으나 허락하지 않자 유감을 품었다. 이에 조광조 등을 죽이고자 나뭇잎의 감즙을 갉아 먹는 벌레를 잡아 모으고 꿀로 나뭇잎에다 '주초위왕' 네 글자를 쓰고서 벌레를 놓아 갉아먹게 하여 자연적으로 생긴 것 같이 하였다. …… 벌레가 갉아먹은 나뭇잎을 왕에게 고변하여 화를 조성하였다.

① 호패법을 처음 시행하였다.

② 최윤덕과 김종서가 4군 6진을 개척하였다.

③ 양주 백정 출신인 임꺽정이 난을 일으켰다.

④ 삼포에서 4~5천 명의 일본인이 난을 일으켰다.

06 다음 글을 작성한 인물에 대한 설명으로 옳은 것은?

> 불교는 몸을 닦는 근본이며 유교는 나라를 다스리는 근원이니, 몸을 닦는 것은 내생을 위한 것이며, 나라를 다스리는 일은 곧 오늘의 할 일입니다. 오늘은 극히 가깝고 내생은 지극히 먼 것이니, 가까운 것을 버리고 먼 것을 구하는 일이 그릇된 일이 아니겠습니까?

① 9재 학당을 설립하여 경전과 역사를 가르쳤다.

② 왕에게 봉사 10조를 올려 개혁안을 제시하였다.

③ 5대 왕의 치적을 평가한 글을 작성하여 왕에게 올렸다.

④ 유교적 합리주의 사관에 기초하여 『삼국사기』를 편찬하였다.

07 다음 문화재에 대한 설명으로 옳지 않은 것은?

> 조선 시대에 국가적으로 실시한 행사의 주요 장면을 그린 그림과 참가자, 비용 등을 상세히 글로 기록한 서적으로, 그 우수성과 독창성을 인정받아 2007년에 유네스코 세계 기록유산으로 등재되었다.

① 병인양요 때 프랑스군에게 약탈당하였다.

② 기록의 공정성을 위해 왕은 절대 열람할 수 없었다.

③ 이두와 차자 및 우리의 고유한 한자어 연구에 귀중한 자료이다.

④ 조선 초기부터 제작되었으나 현재는 임진왜란 이후의 것만 남아있다.

08 다음 유언을 남긴 왕에 대한 사실로 옳은 것은?

> 과인은 나라의 운이 어지럽고 전란의 시기를 맞이하여, 서쪽을 정벌하고 북쪽을 토벌하여 능히 영토를 안정시켰고 배반하는 자들을 치고 협조하는 자들을 불러 마침내 멀고 가까운 곳을 평안하게 하였다. …… 죽고 나서 10일 뒤에 곧 고문(庫門) 바깥의 뜰에서 화장을 하라.

① 독서삼품과를 실시하였다.

② 최초의 진골 출신 왕이다.

③ 외사정을 처음 파견하였다.

④ 집사부 이하 14관부를 완성하였다.

09 **다음과 같은 주장을 한 단체에 대한 설명으로 옳은 것은?**

> 지금 일본 공사 하기와라가 우리 정부에 산림, 강, 평지, 황무지에 대한 권리를 청구했습니다. 우리나라는 땅이 좁고 척박하여 사람들은 산림, 강, 평지, 황무지를 이용해 2~3년 걸러 윤작을 해야만 먹고 살 수 있습니다. 그런데 만일 이를 외국인에게 줘 버린다면 전국의 강토를 모두 빼앗기게 되며 수많은 사람이 참혹한 빈곤에 빠져 구제할 수 없게 될 것입니다.

① 헌정 연구회를 계승하여 설립되었다.

② 원세성, 송수만 등의 주도로 설립되었다.

③ 관민 공동회를 개최하고 헌의 6조를 채택하였다.

④ 황권 강화를 위한 보부상 중심의 어용 단체이다.

10 **각 시기별 교육 기관에 대한 설명으로 옳지 않은 것은?**

① 고구려의 경당에서는 청소년에게 한학과 무술 등을 가르쳤다.

② 통일 신라의 국학에는 공자와 그 제자들의 화상을 안치하였다.

③ 고려의 국자감에서는 국자학, 태학, 사문학으로 나누어 교육하였다.

④ 조선의 향교에서는 시험을 치러 성적 우수자에게 성균관 입학 자격을 주었다.

바로 채점하기 정답 및 해설 p.135

01	③	02	③	03	③	04	④	05	④
06	③	07	②	08	③	09	②	10	④

맞은 개수: ______개 / 10개

마무리 OX 퀴즈

☑ 모의고사에 출제된 개념을 OX 문제 풀이를 통해 한번 더 점검해보세요.

전근대사

01 광개토 대왕 때는 『유기』를 간추려 『신집』 5권을 편찬하였다. □ O □ X

02 문무왕은 최초의 진골 출신 왕이다. □ O □ X

03 최승로는 5대 왕의 치적을 평가한 글을 작성하여 왕에게 올렸다. □ O □ X

04 중종 재위 시기에는 양주 백정 출신인 임꺽정이 난을 일으켰다. □ O □ X

05 풍수지리 사상은 조선 시대에 집터나 묘지를 선정하는 기준이 되었다. □ O □ X

06 『의궤』는 조선 초기부터 제작되었으나 현재는 임진왜란 이후의 것만 남아있다. □ O □ X

근현대사

07 독립 협회는 관민 공동회를 개최하고 헌의 6조를 채택하였다. □ O □ X

08 보안회는 원세성, 송수만 등의 주도로 설립되었다. □ O □ X

09 신채호는 『조선사연구초』를 저술하였다. □ O □ X

10 정인보는 『한국독립운동지혈사』를 저술하였다. □ O □ X

11 박정희 정부 시기에는 한·미 경제 조정 협정을 체결하였다. □ O □ X

12 김영삼 정부 시기에는 경제 협력 개발 기구(OECD)에 가입하였다. □ O □ X

정답 | 01 X 02 X 03 O 04 X 05 O 06 O 07 O 08 O 09 O 10 X 11 X 12 O

해설 | 01 영양왕 대의 사실이다. 02 태종 무열왕에 대한 설명이다. 04 명종 재위 시기의 사실이다. 10 박은식에 대한 설명이다.
11 이승만 정부 시기에 해당한다.

7일 / 하프모의고사 07

제한 시간 **7분 타이머**를 맞추고 시작하세요.

01 ㉠ 국가에 대한 설명으로 옳은 것은?

> 웅녀는 혼인할 사람이 없었으므로 자주 단수(檀樹) 아래서 잉태하기를 빌었다. 환웅이 이에 잠시 사람으로 변하여 그녀와 혼인하였다. 웅녀가 잉태하여 아들을 낳으니 단군왕검이라 하였다. 요임금이 즉위한 지 50년인 경인년에 평양성에 도읍하고 비로소 [㉠](이)라 하였다.

① 사자·조의·선인 등의 관직이 있었다.
② 요서 지방을 경계로 연나라와 대립하기도 하였다.
③ 『삼국사기』와 『제왕운기』에 건국 신화가 기록되어 있다.
④ 송국리식 토기의 출토지를 통해 세력 범위를 짐작할 수 있다.

02 (가) 제도에 대한 설명으로 옳은 것은?

> 설계두는 "신라에서는 사람을 등용하는데 [(가)]을/를 따진다. 때문에 진실로 그 족속이 아니면, 비록 큰 재주와 뛰어난 공이 있더라도 넘을 수가 없다. 나는 원컨대, 서쪽 중국으로 가서 세상에서 보기 드문 지략을 떨쳐서 특별한 공을 세워 스스로 영광스러운 관직에 올라 고관대작의 옷을 갖추어 입고 칼을 차고서 천자의 곁에 출입하면 만족하겠다."고 하였다.

① 진흥왕 때 정비되었다.
② 삼국 통일 이후에는 실시되지 않았다.
③ 계급 간의 갈등을 완화하는 역할을 하였다.
④ 가옥의 규모와 수레 등 일상생활까지 규제하였다.

03 고려 시대의 대외 교류에 대한 설명으로 옳지 않은 것은?

① 송나라에는 금, 은, 인삼 등을 수출하였다.
② 아라비아 상인으로부터 수은, 산호, 향료 등을 수입하였다.
③ 북진 정책을 추진하였기 때문에 여진과는 교류하지 않았다.
④ 대외 교류가 활발해짐에 따라 벽란도가 국제 무역항으로 번성하였다.

04 다음 사건이 일어난 이후의 사실로 옳은 것은?

> 황제가 우리 나라에서 화친을 무너뜨렸다고 하여 노해서 곧바로 정벌에 나서 동쪽으로 향하니, 감히 저항하는 자가 없었다. 그 때 우리 임금은 남한산성에 피신하여 있으면서 봄날 얼음을 밟듯이, 밤에 밝은 대낮을 기다리듯이 두려워한 지 50일이나 되었다.

① 인조반정이 일어났다.
② 금위영이 설치되었다.
③ 경기도에서 대동법을 처음 실시하였다.
④ 임시 기구로 비변사를 처음 설치하였다.

05 (가), (나)에 대한 설명으로 옳지 않은 것은?

> 심하도다. 몽골의 환란이여. 잔인한 것은 말할 것도 없고, 지극히 어리석기는 짐승보다 심하니, 어찌 천하에서 공경하는 바를 알겠으며, 불법(佛法)이 있음을 알겠습니까? 그들은 지나가는 곳마다 불상과 불서를 모두 불태워 부인사에 소장된 (가) 을/를 남기지 않고 쓸어버렸습니다. …… 이런 큰 보물이 없어졌는데 어찌 감히 역사(役事)가 클 것을 염려하며, (나) 을/를 만드는 일을 주저할 수 있겠습니까?

① (가) – 현종 때 판각한 고려 최초의 대장경이다.
② (나) – 강화도에 설치된 대장도감에서 만들어졌다.
③ (가) – 부처의 도움으로 거란을 격퇴하기 위해 만들어졌다.
④ (나) – 송·요·일본 등의 불교 자료를 모은 목록이다.

06 다음 사건이 발생한 시기를 연표에서 옳게 고른 것은?

> 중국 북양 대신 이홍장이 보내온 편지에, "귀국의 제주 동북쪽으로 100여 리 떨어진 곳에 섬이 있는데, 바다 가운데 외로이 솟아 있으며 서양 이름으로는 해밀톤 섬이라고 부릅니다. 러시아가 군함을 블라디보스톡에 집결시키므로 영국 사람들은 그들이 남하하여 홍콩을 침략할까봐 섬에 군사와 군함을 주둔시키고 그들이 오는 길을 막고 있습니다."

고종 즉위	(가)	강화도 조약 체결	(나)	갑신정변	(다)	제1차 갑오개혁	(라)	을사늑약 체결

① (가)　② (나)
③ (다)　④ (라)

07 밑줄 친 '이 지역'에서 있었던 사실로 옳은 것은?

> 1914년 이 지역에서 이상설, 이동휘, 이종호, 정재관의 주도로 흩어져 있는 동지들을 규합하여 대한 광복군 정부를 조직하고 정통령을 선거하여 군사 업무를 지휘하게 하니 정통령은 이상설 씨가 되었고, 부통령은 이동휘 씨가 당선되었다.

① 자치 기관으로 부민단이 만들어졌다.
② 독립운동 단체인 권업회가 조직되었다.
③ 장인환이 외교 고문 스티븐스를 사살하였다.
④ 독립군 양성을 위해 숭무 학교가 설립되었다.

08 밑줄 친 정치 세력에 대한 설명으로 옳은 것은?

> 김종직은 학문이 뛰어나고, 문장을 잘 지으며, 가르치기를 즐겼다. 그에게 배워 과거에 급제한 사람이 많았다. 경상도 선비로 조정에 벼슬하는 사람들은 그를 우두머리로 모셨다. 스승은 제자를 칭찬하고 제자는 제 스승을 칭찬하는 것이 정도에 지나쳤다. 조정에 새로 진출한 무리는 그른 것을 깨닫지 못하고 함께 어울리는 자가 많았다.

① 향촌 자치와 왕도 정치를 강조하였다.
② 성리학 이외의 타 사상에 대해 개방적이었다.
③ 세조가 즉위하는데 공을 세워 권력을 장악하였다.
④ 주로 대지주층이었으며 관학파의 학풍을 계승하였다.

09 (가) 신문에 대한 설명으로 옳은 것은?

> 영국인 베델이 서울에 신문사를 창설하여 (가) (이)라고 하고, 박은식을 주필로 맞이하였다. …… 각 신문사에서도 의병들을 폭도나 비류(匪類)로 칭하였지만 오직 (가) 은/는 의병으로 칭하며, 그 논설도 조금도 굴하지 않고 일본인의 악행을 게재하여 들으면 들은 대로 모두 폭로하였다.

① 을사늑약의 불법성을 폭로한 고종의 친서를 게재하였다.

② 우리나라 신문 최초로 상업 광고를 게재하였다.

③ 순한글판으로 발간되어 부녀자들에게 인기가 있었다.

④ 10일에 한 번씩 발간되었으며, 관보적 성격을 띠었다.

10 다음 글을 발표한 정부의 통일 정책으로 옳은 것은?

> 지난 5년 동안 우리 국민은 세계가 놀라워하는 업적을 이룩해냈습니다. 외환 위기를 맞이하자 우리 국민은 '금 모으기'를 전개하여 전 세계를 감동시켰습니다. …… 금융, 기업, 공공, 노사의 4대 개혁을 지지하고 협력함으로써 우리 경제는 3년을 앞당겨 IMF 관리 체제에서 벗어날 수 있었습니다.

① 남북 조절 위원회를 설치하였다.

② 한반도 비핵화 공동 선언을 채택하였다.

③ 분단 이후 최초로 남북 정상 회담을 개최하였다.

④ 최초로 남북한 이산가족 고향 방문을 실시하였다.

바로 채점하기 정답 및 해설 p.138

01	②	02	④	03	③	04	②	05	④
06	③	07	②	08	①	09	①	10	③

맞은 개수: ______개 / 10개

마무리 OX 퀴즈

☑ 모의고사에 출제된 개념을 OX 퀴즈를 통해 한 번 더 점검해보세요.

전근대사

01 고조선에는 사자·조의·선인 등의 관직이 있었다. □ O □ X

02 고조선은 요서 지방을 경계로 연나라와 대립하기도 하였다. □ O □ X

03 골품제는 가옥의 규모와 수레 등 일상생활까지 규제하였다. □ O □ X

04 고려 시대에는 아라비아 상인으로부터 수은, 산호, 향료 등을 수입하였다. □ O □ X

05 재조대장경은 송·요·일본 등의 불교 자료를 모은 목록이다. □ O □ X

06 사림은 향촌 자치와 왕도 정치를 강조하였다. □ O □ X

07 병자호란 이후에는 경기도에서 대동법을 처음 실시하였다. □ O □ X

근현대사

08 연해주에는 독립군 양성을 위해 숭무 학교가 설립되었다. □ O □ X

09 연해주에서는 독립운동 단체인 권업회가 조직되었다. □ O □ X

10 대한매일신보는 을사늑약의 불법성을 폭로한 고종의 친서를 게재하였다. □ O □ X

11 한성주보는 우리나라 신문 최초로 상업 광고를 게재하였다. □ O □ X

12 김대중 정부는 남북 조절 위원회를 설치하였다. □ O □ X

정답 | 01 X 02 O 03 O 04 O 05 X 06 O 07 X 08 X 09 O 10 O 11 O 12 X

해설 | **01** 고구려에 대한 설명이다. **05** 『신편제종교장총록』에 대한 설명이다. **07** 병자호란 이전인 광해군 때의 사실이다. **08** 멕시코에 대한 설명이다. **12** 박정희 정부 시기의 사실이다.

제한 시간 **7분 타이머**를 맞추고 시작하세요.

01 (가) 시기에 일어난 사실로 옳은 것은?

> 동학 농민군이 백산에 집결하여 격문과 4대 강령을 선언하였다.

↓

> (가)

↓

> 동학 농민군이 전주에서 정부와 화약을 체결하였다.

① 남접군과 북접군이 논산에서 집결하였다.
② 전봉준의 주도로 고부 농민 봉기가 일어났다.
③ 동학 농민군이 황토현에서 관군에게 승리하였다.
④ 동학 농민군이 우금치에서 일본군과 관군에게 패배하였다.

02 밑줄 친 '그'에 대한 설명으로 옳은 것은?

> 고종 12년에 그는 자신의 집에 정방을 두고 백관의 인사를 다루었는데 문사(文士)를 뽑아 이에 속하게 하고 필자적(必者赤)이라 불렀다.

① 척준경과 함께 난을 일으켰다.
② 강화도로 천도할 것을 주장하였다.
③ 『직지심체요절』의 간행을 주도하였다.
④ 천민 출신으로 김보당의 난 때 의종을 시해하였다.

03 밑줄 친 '왕'에 대한 설명으로 옳은 것은?

> 옛 기록에 이르기를, "백제는 나라를 연 이래 문자로 일을 기록한 적이 없는데 이 왕 때에 이르러 박사 고흥을 얻어 비로소 『서기』를 갖추게 되었다."고 하였다.

① 왕위의 부자 상속을 확립하였다.
② 사비로 천도하고 국호를 남부여로 변경하였다.
③ 목지국을 병합하여 한강 유역을 완전히 장악하였다.
④ 북위에 사신을 보내 고구려를 공격해 줄 것을 요청하였다.

04 ㉠에 대한 설명으로 옳은 것은?

> ○ 경덕왕 16년 3월에 중앙과 지방의 여러 관리에게 매달 주던 녹봉을 없애고 다시 ㉠ 을/를 주었다.
> ○ 소성왕 원년 3월에 청주(현재의 진주) 거로현을 국학생의 ㉠ (으)로 삼았다.

① 하급 관료와 군인의 유가족에게 지급하였다.
② 토지의 비옥도에 따라 6등급으로 구분하였다.
③ 조세를 수취하고 노동력을 징발할 권리가 주어졌다.
④ 전쟁에서 공을 세운 사람에게 보상하기 위해 지급하였다.

05 (가)에 대한 설명으로 옳은 것은?

> 고려의 토지 제도는 대체로 당(唐)의 제도를 모방하였다. 경작하는 토지의 수를 헤아리고 그 비옥함과 척박함을 나누어, 문무의 백관으로부터 부병과 한인에 이르기까지 과(科)에 따라 받지 않은 자가 없었으며, 또한 과에 따라 땔나무를 베어낼 땅도 지급하였으니, 이를 일컬어 [(가)] (이)라고 하였다.

① 후삼국 통일의 공로와 인품에 따라 차등 지급하였다.

② 문종 때 토지 지급 대상을 현직 관리로 제한하였다.

③ 관직 복무의 대가로 토지의 소유권과 수조권을 지급하였다.

④ 중앙과 지방의 각 관청에는 내장전을 지급하여 경비를 충당하게 하였다.

06 (가) 단체에 대한 설명으로 옳은 것은?

> [(가)] 은/는 한글 맞춤법 통일안을 제정하여 일반 사회에 발표한다. 이 통일안이 이루어짐에 대하여 그 경과의 개략을 말하면, 1930년 12월 13일 본회 총회의 결의로 한글 맞춤법의 통일안을 제정하기로 되어, 처음에 위원 12인으로써 2개년간 심의를 거듭하여 1932년 12월에 이르러 맞춤법 원안의 작성을 마치었다.

①『우리말 큰 사전』 편찬을 시도하였다.

② 주시경, 지석영 등을 중심으로 활동하였다.

③ 한글 연구를 목적으로 학부 아래에 설립되었다.

④ 잡지『한글』을 발간하고 가갸날을 제정하였다.

07 밑줄 친 '나' 재위 시기의 사실로 옳은 것은?

> 나는 덕이 부족하여 위로는 천명을 두려워하지 못하고 아래로는 민심에 답하지 못하였으므로, 밤낮으로 잊지 못하고 근심하며 두렵게 여기면서 혹시라도 선대왕께서 물려주신 소중한 유업이 잘못되지 않을까 걱정하였다. 그런데 지난번 가산의 토적이 변란을 일으켜 청천강 이북의 수많은 생령이 도탄에 빠지고 어육(魚肉)이 되었으니 나의 죄이다.

① 신해통공을 반포하였다.

② 초계문신제를 시행하였다.

③ 최제우가 동학을 창시하였다.

④ 공노비 6만여 명을 해방시켰다.

08 개항 이후 열강의 이권 침탈에 관한 설명으로 옳지 않은 것은?

① 영국은 은산 광산 채굴권을 획득하였다.

② 미국은 전등·전차·전화 부설권을 얻었다.

③ 일본은 경부선, 경의선 부설권을 확보하였다.

④ 프랑스는 압록강·두만강의 삼림 벌채권을 차지하였다.

09 밑줄 친 '스님'에 대한 설명으로 옳은 것은?

> 스님은 불교 이외의 학문에도 해박하였으며, 향가 형식의 보현십원가를 지어 일반 백성들이 공덕을 닦을 수 있도록 대중 교화에 힘을 쏟았다.

① 『대승기신론소』를 저술하였다.

② 수행법으로 교관겸수를 제시하였다.

③ 남중국에 파견되어 천태학을 전했다.

④ 화엄 사상을 중심으로 성상융회를 주창하였다.

10 다음 사건을 시기순으로 바르게 나열한 것은?

> ㉠ 대규모 해상 철수 작전인 흥남 철수가 이루어졌다.
> ㉡ 국군이 서울을 빼앗기고 낙동강 유역까지 후퇴하였다.
> ㉢ 이승만 정부가 거제도 등에 있던 반공 포로들을 석방하였다.
> ㉣ 애치슨이 미국의 태평양 극동 방위선에서 한국과 대만을 제외한다고 발표하였다.

① ㉡ - ㉠ - ㉢ - ㉣

② ㉡ - ㉣ - ㉠ - ㉢

③ ㉣ - ㉡ - ㉠ - ㉢

④ ㉣ - ㉡ - ㉢ - ㉠

바로 채점하기 정답 및 해설 p.141

01	③	02	②	03	①	04	③	05	②
06	①	07	④	08	④	09	④	10	③

맞은 개수: ______개 / 10개

마무리 OX 퀴즈

☑ 모의고사에 출제된 개념을 OX 퀴즈를 통해 한 번 더 점검해보세요.

전근대사

01 근초고왕은 목지국을 병합하여 한강 유역을 완전히 장악하였다. □ O □ X

02 개로왕은 북위에 사신을 보내 고구려를 공격해 줄 것을 요청하였다. □ O □ X

03 녹읍은 전쟁에서 공을 세운 사람에게 보상하기 위해 지급하였다. □ O □ X

04 최우는 강화도로 천도할 것을 주장하였다. □ O □ X

05 중앙과 지방의 각 관청에는 내장전을 지급하여 경비를 충당하게 하였다. □ O □ X

06 균여는 남중국에 파견되어 천태학을 전했다. □ O □ X

07 정조는 초계문신제를 시행하였다. □ O □ X

근현대사

08 동학 농민군이 황토현에서 관군에게 승리하였다. □ O □ X

09 미국은 전등·전차·전화 부설권을 얻었다. □ O □ X

10 프랑스는 압록강·두만강의 삼림 벌채권을 차지하였다. □ O □ X

11 조선어 학회는 『우리말 큰 사전』 편찬을 시도하였다. □ O □ X

12 애치슨이 미국의 태평양 극동 방위선에서 한국과 대만을 제외한다고 발표하였다. □ O □ X

정답 | 01 O 02 O 03 X 04 O 05 X 06 X 07 O 08 O 09 O 10 X 11 O 12 O

해설 | 03 식읍에 대한 설명이다. 05 공해전에 대한 설명이다. 06 제관에 대한 설명이다. 10 러시아에 대한 설명이다.

제한 시간 **7분 타이머**를 맞추고 시작하세요.

01 밑줄 친 '왕'의 업적으로 옳은 것은?

> 왕 4년 동옥저를 정벌하고 그 땅을 빼앗아 성읍으로 삼았다. 영토를 넓혀 동쪽으로 창해에 이르고 남쪽으로 살수에 이르렀다.

① 평양으로 천도하였다.
② 구휼 제도로 진대법을 실시하였다.
③ 계루부 고씨의 왕위 세습권을 확립하였다.
④ 낙랑군을 축출하여 대동강 유역을 차지하였다.

02 밑줄 친 '이 탑'의 명칭으로 옳은 것은?

> 이 탑은 7세기 초에 세워진 석탑으로 국내에서 현존하는 가장 오래된 석탑이며 국보 제11호로 지정되어 있다. 오랜 세월 동안 훼손되어 절반만 남아 있어 해제 및 보수 작업을 시작하였으며, 그 과정에서 2009년에 백제 무왕의 왕비인 사택왕후가 절을 창건하고 사리를 봉안하였다는 기록이 담긴 금제 사리 봉안기와 은제 관식 등의 유물이 출토되었다.

① 익산 미륵사지 석탑
② 부여 정림사지 5층 석탑
③ 양양 진전사지 3층 석탑
④ 경주 감은사지 3층 석탑

03 (가)가 세운 왕조 때의 사실로 옳지 않은 것은?

> 조선 후(侯) 준이 분수를 모르고 왕을 칭하다가 연에서 망명한 (가) 의 공격을 받아 나라를 빼앗기자, 그 측근 신하와 궁인들을 거느리고 달아나 한(韓) 땅에 들어가 스스로 한왕이라고 불렀다. – 『삼국지』 「위서」 동이전

① 군대를 보내 요동 동부도위 섭하를 살해하였다.
② 예(濊)의 남려가 주민을 이끌고 한(漢)에 투항하였다.
③ 부왕(否王)과 같은 강력한 왕이 등장하여 왕위를 세습하였다.
④ 철기 문화를 본격적으로 수용하여 철제 무기와 농기구를 제작하였다.

04 (가)를 지급한 토지 제도에 대한 설명으로 옳지 않은 것은?

> 고려 말기에 토지 제도가 문란하고, 지방 호족들이 토지를 겸병하여, 창고가 텅 비고, 재판이 날로 많아지며 골육끼리 서로 해쳤는데, 전하께서 즉위할 당초에 제도를 정비하여 토지의 경계를 바르게 하여, 경기 좌·우도와 6도의 토지로 전지를 정하고, 사대부들은 경성에 거주하여 왕실을 호위하므로 (가) 을/를 주었습니다.

① 수조율은 공전·사전을 막론하고 1결당 30두로 정하였다.
② 관등에 따라 최고 150결에서 10결까지 차등 지급하였다.
③ 현직 관리에게만 토지의 수조권을 지급하였다.
④ 지방 거주의 한량품관에게 군전으로 5결 혹은 10결씩 지급하였다.

05 다음 내용의 비석을 세운 조직에 대한 설명으로 옳은 것은?

> 빈도와 수천 명의 사람들이 함께 커다란 서원을 일으켜 침향목을 묻고 미륵불의 하생과 용화삼회를 기다리려 합니다. 이 향을 지니고 있다가 미륵 여래에게 봉헌 공양하여 청정한 법을 듣고 무생인을 깨달아 불퇴지를 이루고자 합니다.

① 향안이라는 명부를 작성하였다.
② 향음주례와 향사례 등을 거행하였다.
③ 정부의 주도로 결성된 신앙 공동체이다.
④ 점차 농민 공동체 성격으로 변화되었다.

06 다음 정책을 시행한 정부에서 추진한 개혁 내용으로 옳은 것은?

> 지계 업무를 소관 지방으로 가서 실시하되 전답·산림·천택·가옥 모두 조사 측량하여 결부와 사표의 분명함과 칸수 및 척량의 적확함과 시주 및 구권의 증거를 반드시 확인한 후 발급할 것

① 연좌법 등과 같은 봉건적 악습을 폐지하였다.
② 군제를 개혁하여 훈련대와 시위대를 설치하였다.
③ 근대적 우편 사무를 재개하기 위해 우체사를 설치하였다.
④ 광산·홍삼 전매 등의 수입을 궁내부 내장원으로 이관하였다.

07 밑줄 친 '이 조약'이 체결된 결과로 옳은 것은?

> 지난번에 이토 후작이 한국에 왔을 때, 어리석은 우리 인민은 서로 말하기를, "후작은 평소 동양 삼국의 정족(鼎足)의 안녕을 주선하겠다고 자처하던 사람이었다. …… 이 조약은 비단 우리 한국뿐만 아니라 동양 삼국이 분열하는 조짐을 만들어낼 것인즉, 그렇다면 이토 후작의 본의는 어디에 있는가. …… 아, 원통하고 분하도다. 우리 2000만 남의 노예가 된 동포여, 살았는가, 죽었는가? 단군과 기자 이래의 4000년 국민정신이 하룻밤 사이에 별안간 멸망하고 말 것인가? 원통하고 원통하다. 동포여, 동포여.

① 각 부에 일본인이 차관으로 임명되었다.
② 우리나라의 외교권이 박탈되었고 통감부가 설치되었다.
③ 외국인이 우리나라의 재정과 외교 고문으로 임명되었다.
④ 일본이 전략상 필요한 지역을 마음대로 사용할 수 있게 되었다.

08 밑줄 친 '이 사상'에 대한 설명으로 옳지 않은 것은?

> 이 사상은 인의를 해치고 천하를 어지럽히는 것이다. 심즉리라는 말을 만들어내어 "천하의 이(理)는 내 마음속에 있지 밖의 사물에 있는 것이 아니니, 다만 마음을 보존하여 기르는 데 힘쓸 뿐 사물에서 이(理)를 구해서는 안 된다."라고 한다. …… 그렇다면 사물에 오륜과 같이 중요한 것이 있어도 되고 없어도 된다는 것인데, 불교와 무엇이 다른가?

① 지행합일을 주장하며 학문의 실천성을 강조하였다.
② 정제두가 체계적으로 연구하여 강화 학파를 형성하였다.
③ 정권에서 소외된 소론들 사이에서 가학으로 계승되었다.
④ 백성들을 가르치고 일깨워야 한다는 신민설을 강조하였다.

09 다음 격문이 발표된 민족 운동에 대한 설명으로 옳은 것을 모두 고른 것은?

> 조선 민중아! 우리의 철천지 원수는 자본·제국주의 일본이다. 2천만 동포야! 죽음을 각오하고 싸우자! 만세 만세 조선 독립 만세! 조선은 조선인의 조선이다. 횡포한 총독 정치를 몰아내고 일제를 타도하자.

> ㉠ 동양 척식 주식회사의 철폐를 주장하였다.
> ㉡ 조선 청년 총동맹이 결성되는 계기가 되었다.
> ㉢ 민족 유일당 운동이 일어나게 되는 배경이 되었다.
> ㉣ 3·1 운동 이후 최대 규모의 항일 학생 운동이었다.

① ㉠, ㉢　　② ㉡, ㉢
③ ㉡, ㉣　　④ ㉢, ㉣

10 다음 사실을 순서대로 바르게 나열한 것은?

> ㉠ 전국 민주 노동 조합 총연맹이 결성되었다.
> ㉡ 대통령 직속 자문 기관인 노사정 위원회가 설립되었다.
> ㉢ 우리나라가 국제 노동 기구(ILO)에 가입하였다.
> ㉣ 전태일이 근로 기준법의 준수를 요구하며 분신 자살하였다.

① ㉠ - ㉡ - ㉢ - ㉣
② ㉡ - ㉠ - ㉣ - ㉢
③ ㉣ - ㉢ - ㉡ - ㉠
④ ㉣ - ㉢ - ㉠ - ㉡

바로 채점하기　　정답 및 해설 p.144

01	③	02	①	03	③	04	③	05	④
06	④	07	②	08	④	09	①	10	④

맞은 개수: ______개 / 10개

마무리 OX 퀴즈

☑ 모의고사에 출제된 개념을 OX 퀴즈를 통해 한 번 더 점검해보세요.

전근대사

01 위만 조선 때는 예(濊)의 남려가 주민을 이끌고 한(漢)에 투항하였다. □ O □ X

02 태조왕은 낙랑군을 축출하여 대동강 유역을 차지하였다. □ O □ X

03 고국천왕은 구휼 제도로 진대법을 실시하였다. □ O □ X

04 향도는 향안이라는 명부를 작성하였다. □ O □ X

05 과전법은 관등에 따라 최고 150결에서 10결까지 차등 지급하였다. □ O □ X

06 양명학은 지행합일을 주장하며 학문의 실천성을 강조하였다. □ O □ X

근현대사

07 대한 제국 정부는 광산·홍삼 전매 등의 수입을 궁내부 내장원으로 이관하였다. □ O □ X

08 대한 제국 정부는 연좌법 등과 같은 봉건적 악습을 폐지하였다. □ O □ X

09 제1차 한·일 협약으로 외국인이 우리나라의 재정과 외교 고문으로 임명되었다. □ O □ X

10 을사늑약으로 인해 각 부에 일본인이 차관으로 임명되었다. □ O □ X

11 6·10 만세 운동은 민족 유일당 운동이 일어나게 되는 배경이 되었다. □ O □ X

12 전태일이 근로 기준법의 준수를 요구하며 분신 자살하였다. □ O □ X

정답 | 01 O 02 X 03 O 04 X 05 O 06 O 07 O 08 X 09 O 10 X 11 O 12 O

해설 | 02 미천왕에 대한 설명이다. 04 유향소에 대한 설명이다. 08 제1차 갑오개혁 때의 사실이다.
10 한·일 신협약의 비밀 각서에 대한 설명이다.

10일 / 하프모의고사 10

제한 시간 **7분 타이머**를 맞추고 시작하세요.

01 유네스코 세계 문화유산에 대한 설명으로 옳은 것을 모두 고른 것은?

> ㉠ 종묘 – 토지를 관장하는 신과 곡식을 주관하는 신에게 제사를 지냈다.
> ㉡ 석굴암 – 인공 석굴 사원으로 김대성에 의하여 건립되었다.
> ㉢ 가야 고분군 – 고령 지산동, 김해 대성동, 함안 말이산 고분군 등이 포함되었다.
> ㉣ 능산리 고분군 – 벽돌무덤인 6호분과 무령왕릉이 있다.

① ㉠, ㉢　② ㉠, ㉣
③ ㉡, ㉢　④ ㉡, ㉣

02 (가) 인물에 대한 설명으로 옳지 않은 것은?

> (가) 이/가 왕이 자기의 딸을 맞아들이지 않는 것을 원망하며 청해진을 근거지로 하여 반란을 일으켰다. 조정에서는 장차 그를 토벌하자니 뜻하지 않을 우환이 있을까 두렵고, 그냥 방치해 두자니 그 죄를 용서할 수 없었으므로 근심하고 염려하여 어떻게 해야 할 바를 알지 못하였다. …… (가) 이/가 술에 취하자 염장이 칼을 빼앗아 목을 벤 후 그 무리를 불러 달래니 엎드려 감히 움직이지 못하였다.

① 산둥성 적산촌에 법화원을 건립하였다.
② 당나라에서 서주 무령군 소장으로 복무하였다.
③ 회역사, 견당매물사 등의 교역 사절을 파견하였다.
④ 장안(長安)이라는 나라를 세우고 연호를 경운이라 하였다.

03 밑줄 친 '그'에 대한 설명으로 옳은 것은?

> 그는 항상 중국 강남에서 오는 상인이 있으면 곧바로 만나보고 화약 만드는 법을 물었다. 어떤 상인 하나가 대강은 안다고 대답하자, 자기 집에 데려다가 의복과 음식을 주고 수십 일 동안 물어 대강의 요령을 터득했다. …… 왜선 3백여 척이 전라도 진포에 침입했을 때 조정에서 그가 만든 화약을 시험해 보고자 하였다.

① 『불씨잡변』을 저술하였다.
② 왕에게 화통도감 설치를 건의하였다.
③ 처음으로 성리학을 국내에 소개하였다.
④ 공민왕 때 전민변정도감의 책임자가 되었다.

04 ㉠에 대한 설명으로 옳은 것은?

> 주세붕이 비로소 ㉠ 을/를 창건할 적에 세상에서 자못 의심했으나, 그의 뜻은 더욱 독실해져 무리들의 비웃음을 무릅쓰고 비방을 극복하여 전례에 없던 장한 일을 이루었습니다.

① 좌수와 별감을 임원으로 선출하였다.
② 중앙에서 교수와 훈도를 파견하였다.
③ 지방의 군현에 있던 유일한 관학이다.
④ 국가의 사액을 받으면 면세의 특권이 주어졌다.

05 고려 시대의 수공업에 대한 설명으로 옳지 않은 것은?

① 사찰에서 승려가 베, 모시, 기와 등을 생산하기도 하였다.
② 소(所)에서는 먹, 금·은 세공품, 종이 등의 제품을 생산하였다.
③ 고려 후기에는 관청 수공업이 쇠퇴하면서 민간 수공업이 발달하였다.
④ 수공업자가 자금과 원료를 미리 받아 제품을 만드는 선대제가 성행하였다.

06 (가) ~ (다)를 제정된 순서대로 바르게 나열한 것은?

> (가) 소학교는 국민 도덕의 함양과 국민 생활의 필수적인 보통의 지능을 갖게 함으로써 충량한 황국 신민을 육성하는 데 있다.
> (나) 보통학교의 수업 연한은 6년으로 한다. 단, 지역의 정황에 따라 5년 또는 4년으로 할 수 있다. 보통학교에 입학하는 자는 연령 6년 이상의 자로 한다.
> (다) 보통 교육은 보통의 지식, 기능을 부여하고, 특히 국민된 성격을 함양하며, 국어(일본어)를 보급함을 목적으로 한다.

① (가) - (다) - (나)
② (나) - (다) - (가)
③ (다) - (가) - (나)
④ (다) - (나) - (가)

07 ㉠이 중심이 된 조직에 대한 설명으로 옳지 않은 것은?

> 처음으로 원화를 받들었다. 처음에 임금과 신하들이 인재를 알아볼 수 있는 방법이 없어 근심하다가, 사람들로 하여금 무리를 지어 놀게 하고 그 행실을 관찰한 연후에 발탁해서 등용하고자 하였다. …… 그 후에 다시 미모의 남자를 선발하여 곱게 꾸미고 [㉠]이라 이름하고 받들었다.

① 국선도, 풍류도, 풍월도라고도 불렸다.
② 진흥왕 때 국가적인 조직으로 개편되었다.
③ 사군이충, 사친이효 등을 행동 규범으로 삼았다.
④ 진골 출신의 화랑과 6두품으로만 이루어진 낭도로 구성되었다.

08 밑줄 친 '이곳'에 대한 설명으로 옳은 것은?

> 안용복이 오랑도 도주에게 "울릉과 <u>이곳</u>은 원래 조선에 속해 있으며, 조선은 가깝고 일본은 먼데 어찌 나를 감금하고 돌려보내지 않는가?" 하니, 오랑도 도주가 백기주로 보냈다. …… 안용복이 전후 사실을 말하고 이르기를, "침략을 금지하여서 이웃 나라끼리 친선을 도모함이 소원이다."라고 하였다. 백기주 태수가 이를 승낙하고 에도 막부에 보고하여 문서를 주고 돌아가게 하였다.

① 이승만이 평화선에 포함하여 영유권을 보호하였다.
② 영국이 러시아를 견제하기 위해 점령하였다.
③ 일본이 청·일 전쟁 중에 불법적으로 강탈하였다.
④ 신라 하대에 혈구진을 설치하였다.

09 다음 주장을 한 인물에 대한 설명으로 옳은 것은?

> 1. 이 강화는 일본의 강요에 의한 것이므로, 그들의 탐욕을 당해낼 수 없다.
> 2. 일본의 상품은 수공업품으로 무한하나, 우리의 상품은 필수품이고 땅에서 나는 유한한 것이므로, 서로 교역하면 우리는 곧 황폐해질것이다.
> 3. 일본은 실제로는 양적이므로 강화를 체결하면 사교의 서적 등이 들어와 인륜이 쇠퇴할 것이다.

① 대동강으로 침입한 제너럴셔먼호를 불태웠다.
② 『화서아언』에서 프랑스와의 통상을 반대하였다.
③ 흥선 대원군의 정책에 반대하며 고종의 친정을 주장하였다.
④ 『조선책략』의 유포와 정부의 개화 정책에 반대하는 상소를 올렸다.

10 다음 사건과 관련된 개헌에 대한 설명으로 옳은 것은?

> 개헌안에 대한 국회 표결 결과, 재적 의원 203명, 재석 의원 202명, 찬성 135표, 반대 60표, 기권 7표였다. 이것은 헌법 개정에 필요한 의결 정족수인 136표에 1표가 부족한 135표 찬성이므로 부결된 것이었다. 그러나 자유당 간부회는 재적 의원 203명의 3분의 2는 135.333이므로 이를 사사오입하면 135명이 개헌 정족수가 된다고 주장하였다. 이들은 이 주장을 자유당 의원 총회에서 채택하고, 국회에서 야당 의원들이 퇴장한 가운데 번복 가결 동의안을 상정하여 통과시켰다.

① 개헌 이후 치러진 제3차 대선에서 이기붕이 부통령에 당선되었다.
② 간선제로는 재선이 어려워진 이승만 정부가 이 개헌을 단행하였다.
③ 초대 대통령에 한하여 중임 제한을 철폐하는 것을 주요 내용으로 하였다.
④ 장준하 등의 인사들이 이 개헌안에 반대하며 개헌 청원 서명 운동 전개하였다.

바로 채점하기 정답 및 해설 p.147

01	③	02	④	03	②	04	④	05	④
06	④	07	④	08	①	09	③	10	③

맞은 개수: ______개 / 10개

마무리 OX 퀴즈

☑ 모의고사에 출제된 개념을 OX 퀴즈를 통해 한 번 더 점검해보세요.

전근대사

01 능산리 고분군에는 벽돌무덤인 6호분과 무령 왕릉이 있다. □ O □ X

02 화랑도는 국선도, 풍류도, 풍월도라고도 불렸다. □ O □ X

03 장보고는 회역사, 견당매물사 등의 교역 사절을 파견 하였다. □ O □ X

04 고려 시대에 사찰에서 승려가 베, 모시, 기와 등을 생산하기도 하였다. □ O □ X

05 최무선은 왕에게 화통도감 설치를 건의하였다. □ O □ X

06 서원에서는 좌수와 별감을 임원으로 선출하였다. □ O □ X

근현대사

07 박규수는 대동강으로 침입한 제너럴셔먼호를 불태웠다. □ O □ X

08 최익현은 『화서아언』에서 프랑스와의 통상을 반대하였다. □ O □ X

09 독도는 이승만이 평화선에 포함하여 영유권을 보호하였다. □ O □ X

10 독도는 영국이 러시아를 견제하기 위해 점령하였다. □ O □ X

11 사사오입 개헌 이후 치러진 제3차 대선에서 이기붕이 부통령에 당선되었다. □ O □ X

12 사사오입 개헌은 초대 대통령에 한하여 중임 제한을 철폐하는 것을 주요 내용으로 하였다. □ O □ X

정답 | 01 X 02 O 03 O 04 O 05 O 06 X 07 O 08 X 09 O 10 X 11 X 12 O

해설 | 01 송산리 고분군에 대한 설명이다. 06 유향소에 대한 설명이다. 08 이항로에 대한 설명이다. 10 거문도에 대한 설명이다.
11 장면이 부통령으로 당선되었다.

11일 / 하프모의고사 11

제한 시간 **7분 타이머**를 맞추고 시작하세요.

01 다음에서 설명하는 시대에 제작된 유물로 옳은 것은?

> ○ 약 70만 년 전부터 시작되었다.
> ○ 주로 동굴이나 강가의 막집에서 살았다.
> ○ 사냥이나 물고기 잡이 등을 통해 식량을 얻었다.

① 고인돌 ② 빗살무늬 토기
③ 주먹 도끼 ④ 세형동검

02 (가) 국가의 사회와 문화에 대한 설명으로 옳지 않은 것은?

> (가) 에서 귀하게 여기는 것에는 태백산의 토끼, 남해부의 곤포(다시마), 책성부의 된장, 부여부의 사슴, 막힐부의 돼지, 솔빈부의 말, 현주의 포(베), 옥주의 면(누에솜), 용주의 주(명주), 위성의 철, 노성의 쌀, 미타호의 붕어 등이 있고, 과일에는 환도의 오얏, 낙유의 배가 있다.

① 주민은 고구려 유민과 말갈인으로 구성되었다.
② 당과 교류하면서 빈공과의 합격자를 배출하였다.
③ 당나라 장안을 본떠 직사각형의 내·외성과 주작대로를 만들었다.
④ 대표적인 유물로는 고구려의 영향을 받아 축조된 영광탑이 있다.

03 다음 사건이 일어난 이후의 사실로 옳은 것은?

> 황해 감사 한준의 비밀 장계가 들어왔다. …… 그 내용은, 수찬을 지낸 전주에 사는 정여립이 모반하여 괴수가 되었는데, 그 일당인 안악에 사는 조구가 밀고한 것이었다.

① 김종직이 부관참시 되었다.
② 역법서인『칠정산』이 편찬되었다.
③ 함길도에서 이시애가 반란을 일으켰다.
④ 강홍립이 이끄는 부대가 명에 파견되었다.

04 다음 조약에 대한 설명으로 옳지 않은 것은?

> 제4조 조선 상인이 북경에서 규정에 따라 교역하고, 중국 상인이 조선의 양화진과 서울에 들어가 영업소를 개설한 경우를 제외하고 각종 화물을 내지로 운반하여 상점을 차리고 파는 것을 허가하지 않는다.

① 임오군란의 영향으로 체결되었다.
② 조선과 청의 무역량이 늘어나는 계기가 되었다.
③ 개항장 객주의 활동이 위축되는 결과를 초래하였다.
④ 다른 나라의 압박을 받으면 거중조정한다는 조항을 명시하였다.

05 밑줄 친 '이 운동'에 대한 설명으로 옳은 것은?

> 동아일보가 여름 직전에 발표한 이 운동은 감격스러운 반응을 받아 이제는 운동에 참여하는 이들이 전 조선 13도 200여 주에 가득 차게 되었다. 강습을 위한 교본도 이미 한글, 산수에 관한 것이 인쇄되어 각지의 대원에게 발송되고 있다. …… 한글 강습회의 강사들이나 운동 대원들이나 이 폭염 속에서 아무런 보수 없이 동포를 위해 수고하는 것은 아무리 감사하더라도 부족한 것이다.

① 신간회가 결성되는 계기가 되었다.
② 일제가 문화 통치를 실시하는 계기가 되었다.
③ "아는 것이 힘, 배워야 산다!"라는 구호 아래 전개되었다.
④ 학생들이 중심이 되어 미신 타파, 구습 제거 등을 추진하였다.

06 ㉠과 ㉡에 들어갈 기구로 옳은 것은?

> ○ 조준 등이 아뢰기를, [㉠]은/는 본래 가난한 사람을 구휼하기 위해 설치한 것이니 농사철에 가난한 백성들에게 양식과 종자를 나누어 주고, 추수 후에는 나누어 준 양만큼만 바치게 하여야 합니다.
> ○ 집현전 직제학 이계전이 동궁에게 글을 올리기를, "[㉡]을/를 만든 이유는 곡식이 귀할 때에는 값을 내려 국가에서 곡식을 팔고, 곡식이 천할 때에는 값을 올려 국가에서 곡식을 사들이기 위함입니다."

	㉠	㉡
①	상평창	의창
②	의창	경시서
③	경시서	상평창
④	의창	상평창

07 다음 조약에 대한 설명으로 옳은 것은?

> 제4조 제3국의 침해 또는 내란으로 대한 제국 황실의 안녕과 영토의 보전에 위험이 있을 경우에 대일본 제국 정부는 곧 필요한 조치를 취하고, 대한 제국 정부는 대일본 제국이 용이하게 행동할 수 있도록 충분히 편의를 제공한다. 대일본 제국 정부는 전 항의 목적을 달성하기 위하여 전략상 필요한 지점을 수시로 사용할 수 있다.

① 고종의 강제 퇴위 직후에 체결되었다.
② 서울에 통감부를 설치할 것을 규정하였다.
③ 간도가 청나라의 영토로 귀속되는 결과를 낳았다.
④ 러·일 전쟁 수행을 위해 일제가 강제로 체결하였다.

08 다음을 주장한 인물에 대한 설명으로 옳은 것은?

> 대저 우리나라는 지역이 좁은 데다가 물길이 사방으로 통해 있기 때문에 동전이 필요치 않다. …… 지금 동전을 사용한 지 겨우 70년밖에 되지 않았으나, 폐단이 매우 심하다. 동전은 탐관오리에게 편리하고 사치하는 풍속에 편리하며 도둑에게 편리하나, 농민에게는 불편하다. 많은 사람들이 돈꿰미를 차고 저잣거리에 나아가 무수한 돈을 허비하니, 인심이 날로 각박해진다.

① 신분에 따라 차등 있게 토지를 지급하는 균전론을 내세웠다.
② 『북학의』에서 소비를 권장하여 생산을 촉진하자고 주장하였다.
③ 생활에 필요한 최소한의 토지를 영업전으로 설정할 것을 주장하였다.
④ 한 마을을 단위로 토지를 공동 소유하고 공동 경작할 것을 제안하였다.

09 (가)에 대한 설명으로 옳은 것은?

> 윤관이 아뢰어 처음으로 (가) 을/를 설치하였다. 무릇 말을 가진 자는 신기(神騎)로 삼고, …… 나이 20세 이상인 자로 과거 응시자가 아니면 모두 신보(神步)에 속하게 하고, 또 승려를 선발하여 항마군으로 삼았다.

① 고려 정종 때 설치되었다.

② 군인전을 지급받는 상비군이었다.

③ 여진족에 대처하기 위해 조직되었다.

④ 쌍성총관부 탈환에 주도적인 역할을 수행하였다.

10 다음 법령과 관련된 설명으로 옳은 것은?

> 제1조 일본 정부와 통모하여 한·일 합병에 적극 협력한 자, 한국의 주권을 침해하는 조약 또는 문서에 조인한 자와 모의한 자는 사형 또는 무기 징역에 처하고 그 재산과 유산의 전부 혹은 2분의 1 이상을 몰수한다.
>
> 제2조 일본 정부에서 작위를 받은 자 또는 일본 제국 의회의 의원이 되었던 자는 무기 또는 5년 이상의 징역에 처하고 그 재산과 유산의 전부 또는 2분의 1 이상을 몰수한다.

① 남조선 과도 입법 의원에서 제정되었다.

② 반민족 행위 특별 조사 위원회가 설치되었다.

③ 정부의 적극적인 협조로 공소 시효가 연장되었다.

④ 이 법에 의거하여 실형을 선고 받은 사람은 한 명도 없었다.

바로 채점하기 정답 및 해설 p.150

01	③	02	④	03	④	04	④	05	④
06	④	07	④	08	③	09	③	10	②

맞은 개수: ______개 / 10개

마무리 OX 퀴즈

☑ 모의고사에 출제된 개념을 OX 퀴즈를 통해 한 번 더 점검해보세요.

전근대사

01 발해의 주민은 고구려 유민과 말갈인으로 구성되었다. □ O □ X

02 발해의 대표적인 유물로는 고구려의 영향을 받아 축조된 영광탑이 있다. □ O □ X

03 별무반은 여진족에 대처하기 위해 조직되었다. □ O □ X

04 세종 때 역법서인 『칠정산』이 편찬되었다. □ O □ X

05 광해군 때 강홍립이 이끄는 부대가 명에 파견되었다. □ O □ X

06 이익은 생활에 필요한 최소한의 토지를 영업전으로 설정할 것을 주장하였다. □ O □ X

07 정약용은 한 마을을 단위로 토지를 공동 소유하고 공동 경작할 것을 제안하였다. □ O □ X

근현대사

08 조·청 상민 수륙 무역 장정은 개항장 객주의 활동이 위축되는 결과를 초래하였다. □ O □ X

09 한·일 의정서는 러·일 전쟁 수행을 위해 일제가 강제로 체결하였다. □ O □ X

10 브나로드 운동은 "아는 것이 힘, 배워야 산다!"라는 구호 아래 전개되었다. □ O □ X

11 반민족 행위 처벌법은 남조선 과도 입법 의원에서 제정되었다. □ O □ X

12 반민족 행위 처벌법에 따라 반민족 행위 특별 조사 위원회가 설치되었다. □ O □ X

정답 | 01 O 02 X 03 O 04 O 05 O 06 O 07 O 08 O 09 O 10 X 11 X 12 O

해설 | **02** 당나라의 영향을 받았다. **10** 문자 보급 운동에 대한 설명이다. **11** 제헌 국회에서 제정하였다.

12일 / 하프모의고사 12

제한 시간 **7분 타이머**를 맞추고 시작하세요.

01 밑줄 친 '능묘'에 대한 설명으로 옳지 않은 것은?

> 돈 1만매. 이상 1건. 을사년 8월 12일 영동 대장군 백제 사마왕은 상기의 금액으로 매주인 토왕, 토백, 토부모, 상하 2,000석 이상의 여러 관리에게 문의하여 신지를 매입해서 능묘를 만들었기에 문서를 작성하여 명확한 증험으로 삼는다.

① 백제 금동 대향로가 출토되었다.
② 중국 남조의 영향을 받은 벽돌무덤이다.
③ 일본산 금송으로 만든 관이 발견되었다.
④ 무덤 입구에는 석수(石獸)가 배치되어 있다.

02 다음 업적이 있는 왕에 대한 설명으로 옳은 것은?

> ○ 중국식 의복을 착용하게 하고, 아홀을 지니게 하였다.
> ○ 당의 연호인 '영휘'를 사용하였다.

① 신라 최초의 여왕이다.
② 원광에게 걸사표를 짓게 하였다.
③ 집사부와 창부를 설치하였다.
④ 수도에 서시와 남시를 설치하였다.

03 (가) 인물에 대한 설명으로 옳은 것은?

> 임금이 교지를 내렸다. "지금 (가) 의 제자 김일손이 찬수한 사초 내에 부도덕한 말로 선왕의 일을 터무니없이 기록하였다. …… 성덕을 속이고 논평하여 김일손으로 하여금 역사에 거짓을 쓰는 지경에까지 이르렀다."

① 백운동 서원을 세웠다.
② 갑자사화로 탄압받았다.
③ 현량과 실시를 주장하였다.
④ 「조의제문」을 작성하였다.

04 조선 시대 화폐 유통에 대한 설명으로 옳은 것은?

① 건원중보를 주조하여 유통시켰다.
② 주전도감을 설치하여 은병을 주조하였다.
③ 화폐의 유통이 원활하지 않아 전황이 발생하기도 하였다.
④ 다점, 주점 등의 관영 상점에서 제한적으로 사용되었다.

05 1910년대 일제의 산업 침탈에 대한 설명으로 옳지 않은 것은?

① 조선 어업령을 통해 한국 어민의 활동을 억압하였다.

② 회사령을 폐지하여 일본 자본의 침투를 본격화하였다.

③ 토지 조사령을 제정하여 토지 조사 사업을 실시하였다.

④ 조선 광업령을 공포하여 한국인의 광산 개발을 통제하였다.

06 다음 내용이 발표된 이후에 일어난 사실로 옳은 것은?

> 제1조 대한국은 세계 만국이 공인한 자주 독립 제국이다.
> 제2조 대한국의 정치는 만세불변의 전제 정치이다.
> 제3조 대한국 대황제는 무한한 군권을 누린다.

① 별기군을 창설하였다.

② 태양력을 사용하기 시작하였다.

③ 일본이 명성 황후를 시해하였다.

④ 고종이 국외 중립을 선언하였다.

07 다음 사건을 시기순으로 바르게 나열한 것은?

> ㉠ 귀주성에서 박서가 몽골군에 맞서 싸웠다.
> ㉡ 김윤후가 처인성에서 살리타를 사살하였다.
> ㉢ 충주에서 방호별감 김윤후가 몽골을 격퇴하였다.
> ㉣ 몽골의 침입에 대응하기 위해 강화도로 천도하였다.

① ㉠ - ㉡ - ㉣ - ㉢

② ㉠ - ㉣ - ㉡ - ㉢

③ ㉡ - ㉠ - ㉢ - ㉣

④ ㉡ - ㉢ - ㉠ - ㉣

08 밑줄 친 '이 지역'에 대한 설명으로 옳은 것은?

> 이현과 종루, 그리고 칠패는 <u>이 지역</u>의 3대 시장이라네. 온갖 수공업자가 다 모여 있고 사람들은 분주한데 수많은 화물이 값을 다투며 수레가 줄을 이었네. 봉성의 털모자, 연경의 비단실, 함경도의 마포와 한산의 모시, 쌀, 콩, 기장, 조, 피, 보리 …… 소에 실은 나무를 사려고 고삐를 끌기도 하고 말 이빨을 보고 나이를 알려는 사람은 허리에 채찍을 꽂고 있으며 눈을 껌뻑이며 말 중개인을 부르는 사람도 있네.

① 지눌이 수선사 결사 운동을 전개한 곳이다.

② 일제 강점기 최대 규모의 노동 쟁의가 일어난 곳이다.

③ 정도전이 궁궐의 전각, 도성 성문 등의 이름을 지었다.

④ 조선 후기에 송상이 근거지로 삼아 활동하였다.

09 밑줄 친 '그'에 대한 설명으로 옳은 것은?

> 그는 『과농소초』를 저술하는 등 영농 방법의 혁신, 농기구의 개량 등을 통한 농업 생산력의 향상을 주장하였으며, 「양반전」 등의 단편 소설을 통해 지배층의 허례 허식을 비판하였다.

① 우리나라에서 처음으로 지전설을 주장하였다.

② 청에 다녀온 기행문인 『열하일기』를 저술하였다.

③ 『지봉유설』을 저술하여 문화 인식의 폭을 확대하였다.

④ 『경세유표』를 저술하여 정치 제도와 토지 제도의 개혁을 주장하였다.

10 다음 헌법이 시행된 시기의 사실로 옳지 않은 것은?

> 제39조 대통령은 통일 주체 국민회의에서 토론 없이 무기명 투표로 선거한다.
> 제40조 통일 주체 국민회의는 국회의원 정수의 1/3에 해당하는 수의 국회의원을 선거한다. 이 국회의원 후보는 대통령이 일괄 추천한다.
> 제59조 대통령은 국회를 해산할 수 있다.

① 한·일 회담에 반대하는 6·3 항쟁이 전개되었다.

② YH 무역의 노동자들이 신민당 당사에서 농성을 벌였다.

③ 부산 및 마산 지역을 중심으로 독재 반대 시위가 전개되었다.

④ 함석헌 등을 중심으로 개헌 청원 1백만인 서명 운동이 전개되었다.

바로 채점하기 정답 및 해설 p.153

01	①	02	③	03	④	04	③	05	②
06	④	07	②	08	③	09	②	10	①

맞은 개수: ______개 / 10개

마무리 OX 퀴즈

☑ 모의고사에 출제된 개념을 OX 퀴즈를 통해 한 번 더 점검해보세요.

전근대사

01 무령왕릉에서는 백제 금동 대향로가 출토되었다. □ O □ X

02 진덕 여왕은 집사부와 창부를 설치하였다. □ O □ X

03 김윤후가 처인성에서 살리타를 사살하였다. □ O □ X

04 김종직은 「조의제문」을 작성하였다. □ O □ X

05 조광조는 현량과 실시를 주장하였다. □ O □ X

06 조선 시대에는 건원중보를 주조하여 유통시켰다. □ O □ X

07 박지원은 『지봉유설』을 저술하여 문화 인식의 폭을 확대하였다. □ O □ X

08 서울은 조선 후기에 송상이 근거지로 삼아 활동하였다. □ O □ X

근현대사

09 일제는 조선 어업령을 통해 한국 어민의 활동을 억압하였다. □ O □ X

10 1910년에 일제는 회사령을 폐지하여 일본 자본의 침투를 본격화하였다. □ O □ X

11 유신 헌법 시행 시기에 한·일 회담에 반대하는 6·3 항쟁이 전개되었다. □ O □ X

12 YH 무역의 노동자들이 신민당 당사에서 농성을 벌였다. □ O □ X

정답 | 01 X 02 O 03 O 04 O 05 O 06 X 07 X 08 X 09 O 10 X 11 X 12 O

해설 | 01 능산리 고분군 인근 절터에서 출토되었다. 06 고려 시대의 사실이다. 07 이수광에 대한 설명이다. 08 개성에 대한 설명이다. 10 1920년에 회사령을 폐지하였다. 11 유신 헌법 시행 이전인 1964년의 사실이다.

제한 시간 **7분 타이머**를 맞추고 시작하세요.

01 밑줄 친 '이 시대'에 해당하는 사실로 옳은 것은?

> 이 시대의 대표적인 유적인 부산 동삼동 유적에서는 집단의 공동체 의식에 사용되었을 것으로 추정되는 조개 껍데기 가면이 출토되었다. 이를 통해 이 시대에 자연의 섭리에 대한 관념을 바탕으로 원시 신앙이 등장하였다는 것을 추정할 수 있다.

① 검은 간 토기를 주로 사용하였다.
② 취사와 난방이 가능한 움집에서 거주하였다.
③ 군장이 부족의 풍요를 기원하는 제사를 지냈다.
④ 덩이쇠를 생산하여 화폐처럼 이용하기도 하였다.

02 밑줄 친 '임금'에 대한 설명으로 옳은 것은?

> 이찬 이사부가 아뢰어 말하였다. "나라의 역사는 임금과 신하의 선악을 기록하여 좋은 것 나쁜 것을 먼 후손에게까지 보이는 것입니다. 역사를 편찬하지 않으면 후손들이 무엇을 보겠습니까?" 임금이 진심으로 그렇다고 여겨 대아찬 거칠부 등에게 명하여 문사들을 널리 모아 역사를 편찬하게 하였다.

① 황룡사 9층 목탑을 건립하였다.
② 품주를 집사부와 창부로 분리하였다.
③ 이사부를 파견하여 우산국을 정벌하였다.
④ 개국, 태창, 홍제라는 연호를 사용하였다.

03 고려 시대의 중앙 정치 기구에 대한 설명으로 옳지 않은 것은?

① 중서문하성은 이후 도평의사사로 개편되었다.
② 상서성은 밑에 6부를 두고 정책을 집행하였다.
③ 삼사는 화폐와 곡식의 출납을 담당하는 단순 회계 기구였다.
④ 중추원은 추밀과 승선이 군사 기밀과 왕명 출납을 담당하였다.

04 밑줄 친 '왕' 재위 시기의 사실로 옳은 것은?

> 의정부에서 상소하기를, "서울과 외방의 고할 데 없는 백성이 원통하고 억울한 일을 소재지의 관사에 고하였으나, 소재지의 관사에서 이를 처리해 주지 않는 자는 나와서 등문고를 치도록 허락하고, 등문(登聞)한 일은 헌사(憲司)로 하여금 추궁해 밝혀서 아뢰어 처결하여 원통하고 억울한 것을 펴게 하소서." 하니, 왕이 그대로 따르고, 등문고를 고쳐 신문고라 하였다.

① 집현전을 혁파하고 경연을 폐지하였다.
② 이종무를 파견하여 대마도를 정벌하였다.
③ 사간원을 독립시켜 대신들을 견제하였다.
④ 삼군도총제부를 의흥삼군부로 개편하였다.

05 (가) 인물에 대한 설명으로 옳지 않은 것은?

> (가) 은/는 만동묘를 철폐하고 폐단이 큰 서원을 각 도에 명하여 철폐하도록 하였다. 선비들 수만 명이 대궐 앞에 모여 만동묘와 서원을 다시 설립할 것을 청하니, (가) 이/가 크게 노하여 한성부의 조례(皂隷)와 병졸로 하여금 한강 밖으로 몰아내게 하고 드디어 1,000여 개소의 서원을 철폐하고 그 토지를 몰수하여 관에 속하게 하였다.

① 은결을 색출하고 호포제를 실시하였다.
② 경복궁 중건을 위해 원납전을 징수하였다.
③ 통리기무아문을 폐지하고 5군영을 부활시켰다.
④『대전통편』을 편찬하여 법률 체제를 정비하였다.

06 밑줄 친 '이 법'에 대한 설명으로 옳은 것은?

> 영의정 이원익이 아뢰기를, "각 고을에서 바치는 공물이 각급 관청의 방납인들에 의해 중간에서 막혀 물건 하나의 가격이 몇 배 또는 몇십 배, 몇백 배가 되어 그 폐단이 이미 고질화되었습니다. 그러니 지금 마땅히 별도로 하나의 청을 설치하여 이 법을 시행하도록 하소서."라고 하니 왕이 따랐다.

① 과세 기준이 가호에서 토지로 바뀌었다.
② 풍흉에 관계없이 1결당 4~6두를 거두었다.
③ 현물 징수가 완전히 없어지는 계기가 되었다.
④ 운영 과정에서 유치미는 증가하고 상납미는 감소하였다.

07 밑줄 친 '조약'에 대한 설명으로 옳은 것은?

> 대조선국과 대아메리카 합중국은 우호 관계를 두터이 하여 피차 인민을 돌보기를 간절히 바란다. 그러므로 대조선국 군주는 특별히 전권대관 신헌, 전권부관 김홍집을 파견하고, 내미국 대통령은 특별히 전권대신 수사총병 슈펠트(Robert W. Shufeldt)를 파견하여, 각각 받들고 온 전권 위임장을 상호 대조하여 살펴보고 모두 타당하기에 조약을 체결하여 아래에 열거한다.

① 청의 알선 없이 독자적으로 체결되었다.
② 조선 연해의 자유로운 측량을 허가하였다.
③ 천주교 포교 문제로 조약 체결이 지연되었다.
④ 거중조정과 최혜국 대우 조항이 포함되어 있다.

08 일제가 문화 통치 시기에 시행한 정책으로 옳은 것은?

① 국민학교령을 공포하였다.
② 경찰범 처벌 규칙을 제정하였다.
③ 도 평의회와 부·면 협의회를 설치하였다.
④ 조선 사상범 보호 관찰령을 제정하였다.

09 다음 선언문이 발표된 민주화 운동에 대한 설명으로 옳은 것은?

> 상아의 진리탑을 박차고 거리에 나선 우리는 질풍과 같은 역사의 조류에 자신을 참여시킴으로써 이성과 진리, 그리고 자유의 대학정신을 현실의 참담한 박토(薄土)에 뿌리려 하는 바이다. 오늘의 우리는 자신들의 지성과 양심의 엄숙한 명령으로 하여 사악(邪惡)과 잔학(殘虐)의 현상을 규탄광정(匡正)하려고 주체적 판단과 사명감의 발로임을 떳떳이 선명하는 바이다.

① 유신 체제가 붕괴되는 계기가 되었다.
② 이한열 최루탄 피격 사건으로 시위가 확대되었다.
③ 계엄군의 무력 진압으로 광주 시민들이 희생되었다.
④ 대통령이 하야하고 과도 정부가 수립되는 결과를 낳았다.

10 다음 내용을 지침으로 삼은 단체의 활동으로 옳은 것은?

> 조선 민족의 생존을 유지하자면 강도 일본을 쫓아낼 것이며, 강도 일본을 쫓아내자면 오직 혁명으로써 할 뿐이니, 혁명이 아니고는 강도 일본을 쫓아낼 방법이 없는 바이다. …… 그러나 오늘날 혁명으로 말하면 민중이 곧 자신을 위하여 하는 혁명이기에 '민중혁명', '직접혁명'이라 부르며, …… 이제 폭력(암살·파괴·폭동)의 목적물을 대략 열거하면 ……

① 경성 부민관에 폭탄을 설치하였다.
② 강우규가 사이토 총독에게 폭탄을 던졌다.
③ 김지섭이 도쿄 궁성 앞 이중교에 폭탄을 던졌다.
④ 상하이 육삼정에서 일본 공사를 암살하려 하였다.

바로 채점하기 정답 및 해설 p.156

01	②	02	④	03	①	04	③	05	④
06	①	07	④	08	③	09	④	10	③

맞은 개수: ______개 / 10개

마무리 OX 퀴즈

☑ 모의고사에 출제된 개념을 OX 퀴즈를 통해 한 번 더 점검해보세요.

전근대사

01 신석기 시대에는 취사와 난방이 가능한 움집에서 거주하였다. □ O □ X

02 진흥왕은 품주를 집사부와 창부로 분리하였다. □ O □ X

03 고려 시대의 중서문하성은 이후 도평의사사로 개편되었다. □ O □ X

04 태종 때는 사간원을 독립시켜 대신들을 견제하였다. □ O □ X

05 세종 때는 이종무를 파견하여 대마도를 정벌하였다. □ O □ X

06 대동법의 시행은 현물 징수가 완전히 없어지는 계기가 되었다. □ O □ X

근현대사

07 흥선 대원군은 『대전통편』을 편찬하여 법률 체제를 정비하였다. □ O □ X

08 조·미 수호 통상 조약에는 거중조정과 최혜국 대우 조항이 포함되어 있다. □ O □ X

09 노인 동맹단의 강우규가 사이토 총독에게 폭탄을 던졌다. □ O □ X

10 의열단의 김지섭이 도쿄 궁성 앞 이중교에 폭탄을 던졌다. □ O □ X

11 문화 통치 시기에 일제는 도 평의회와 부·면 협의회를 설치하였다. □ O □ X

12 4·19 혁명은 대통령이 하야하고 과도 정부가 수립되는 결과를 낳았다. □ O □ X

정답 | 01 O 02 X 03 X 04 O 05 O 06 X 07 X 08 O 09 O 10 O 11 O 12 O

해설 | 02 진덕 여왕에 대한 설명이다. 03 도병마사에 해당한다. 06 대동법 시행 이후에도 별공·진상 등 현물 징수가 남아있었다.
07 정조에 대한 설명이다.

제한 시간 **7분 타이머**를 맞추고 시작하세요.

01 밑줄 친 '왕'에 대한 설명으로 옳은 것은?

> 당나라 현종은 대문예를 유주로 보내 군사를 일으켜 발해 왕인 대무예를 토벌하게 하였다. 또한 경신년에 태복 원외경 김사란을 신라에 사신으로 보내 군사를 일으켜 발해의 남쪽을 공격하게 하였다. 때마침 큰 눈이 1장(丈) 가까이 내리고 산길이 험하여 신라의 군졸이 절반이나 죽으니 공도 세우지 못하고 돌아갔다.

① 스스로 전륜성왕을 자처하였다.
② 장문휴를 보내 당의 등주를 공격하였다.
③ 5경 15부 62주의 지방 체제를 완비하였다.
④ 수도를 동경 용원부에서 상경 용천부로 옮겼다.

02 밑줄 친 '그'에 대한 설명으로 옳은 것은?

> 그가 죽으니 시호를 '문헌'이라 하였다. 후에 대개 과거에 응시하려는 사람은 역시 모두 9재의 명부에 이름을 올렸으니, 이들을 일러 문헌공도라 하였다.

① 역사서인 『사략』을 편찬하였다.
② 왕에게 시무 28조의 개혁안을 올렸다.
③ 왕에게 섬학전의 설치를 건의하였다.
④ 9경과 3사를 중심으로 학생들을 교육하였다.

03 (가) 인물에 대한 설명으로 옳은 것은?

> (가) 이/가 임금에게 아뢰기를 "군사들은 병법(兵法)을 알지 않아서는 안 될 것입니다." 하였다. 마침내 (가) 이/가 『진도(陣圖)』를 찬술하여 임금에게 올리고, 여러 도(道)의 절제사와 군사들로 하여금 약속을 정하여 갑자기 연습하게 하고 군사들을 매질하니, 이를 원망하는 사람들이 많았다. -『태조실록』

① 『경제문감』을 저술하였다.
② 훈구의 위훈 삭제를 주장하였다.
③ 만권당에서 원의 성리학자와 교류하였다.
④ 일본에 다녀온 후 『해동제국기』를 저술하였다.

04 다음 자료와 관련된 역사서로 옳은 것은?

> 신 부식은 아뢰옵니다. 옛날에는 여러 나라들도 각각 사관을 두어 일을 기록하였습니다. …… 해동의 삼국도 지나온 세월이 장구하니, 마땅히 그 사실이 책으로 기록되어야 하므로 마침내 늙은 신에게 명하여 편집하게 하셨사오나, 아는 바가 부족하여 어찌할 바를 모르겠습니다. ……

① 『제왕운기』
② 『삼국유사』
③ 『삼국사기』
④ 『본조편년강목』

05 밑줄 친 '이 문서'에 대한 설명으로 옳지 않은 것은?

> 이 문서는 1933년 일본 도다이사 쇼소인에서 발견된 것으로 당시 서원경 부근 4개 촌락의 상황을 전하고 있다. 이 문서에서 토지는 논, 밭, 촌주위답, 내시령답 등 토지의 종류와 면적을 기록하고, 사람들은 인구, 가호, 노비의 수 등 변동 내용을 기록하였다.

① 촌주가 변동 사항을 매년 조사하여 3년마다 작성하였다.
② 소와 말의 수 및 뽕나무, 잣나무 등의 수까지 기록하였다.
③ 토지의 비옥도에 따라 토지의 종류와 면적을 기록하였다.
④ 호구는 사람이 많고 적음에 따라 9등급으로 나누어 파악하였다.

06 다음 글을 쓴 왕에 대한 설명으로 옳은 것은?

> 내 나이 이제 팔순인데 무슨 일을 했던고 내게 물었더니 마음 부끄러워 그 무어라 답하리오?
> 첫번째, 당색 타파 힘썼으나 '탕평' 두 글자 부끄럽네.
> 두번째, 균역 실시하여 한 필을 감해주자.
> 세번째, 청계천을 준설하여 만세에 드리울만 하네.
> …(중략)…
> 여섯째, 예전 정치법 개정해 속대전 편찬했네.

① 서원의 수를 대폭 줄였다.
② 설점수세제를 처음 실시하였다.
③ 『해동농서』를 편찬하도록 하였다.
④ 수령이 향약을 직접 주관하게 하였다.

07 밑줄 친 '이곳'에 대한 설명으로 옳은 것은?

> 이곳에는 외국인으로 성품이 선량하고 재간 있으며 총명한 사람 3명을 초빙하여 '교사'라고 부를 것이며 가르치는 일을 전적으로 맡도록 한다. …… 좌원과 우원을 설립하고 각각 학생을 채워서 매일 공부한다.

① 우리나라 최초의 근대식 관립 학교이다.
② 교육 입국 조서 반포를 계기로 설립되었다.
③ 묄렌도르프가 설립한 외국어 교육 기관이다.
④ 선교사 스크랜튼이 설립한 여성 교육 기관이다.

08 다음 법령에 따라 시행된 사업에 대한 설명으로 옳지 않은 것은?

> 제9조 임시 토지 조사 국장은 지방 토지 조사 위원회에 자문하고 토지의 소유자 및 그 경계를 사정(査定)한다. 임시 토지 조사 국장은 이 사정을 할 때에는 30일간 이를 공시한다.
> 제17조 임시 토지 조사국은 토지 대장 및 지도를 작성하고 토지의 조사 및 측량에 대해 사정으로 확정한 사항 또는 재결을 거친 사항을 이에 등록한다.

① 농민의 관습적인 경작권을 인정하지 않았다.
② 동양 척식 주식회사가 설립되는 계기가 되었다.
③ 역둔토, 궁장토가 조선 총독부 소유가 되는 결과를 낳았다.
④ 많은 농민들이 기한부 계약에 의한 소작농으로 전락하였다.

09 밑줄 친 '난'이 발생한 시기로 옳은 것은?

> 임오년 서울의 영군들이 큰 소란을 피웠다. …… 호조와 선혜청의 창고도 고갈되어 서울의 관리들은 봉급을 못 받았으며, 5영의 병사들도 가끔 결식을 하여 급기야 5영을 2영으로 줄이고 노병과 약졸들을 쫓아냈는데, 내쫓긴 사람들은 발 붙일 곳이 없으므로 그들은 난을 일으키려 했다.

	(가)	(나)	(다)	(라)	

신미양요 – 강화도 조약 체결 – 갑신정변 – 동학 농민 운동 – 러·일 전쟁

① (가)　② (나)
③ (다)　④ (라)

10 밑줄 친 '이 회담'에 대한 설명으로 옳은 것은?

> 지금 미국은 한국의 독립을 위해 노력하고 있어 사람들의 관심이 커지고 있다. 그럴수록 충칭에 망명 중인 대한민국 임시 정부의 독립 운동은 더욱 거세질 것이다. …… 이 회담에서 루스벨트 대통령은 한국 해방을 약속했다. 적당한 기회가 마련되면 한국인은 일제 군국주의에 마지막 결정타가 될 봉기를 일으킬 것이다.
>
> – 뉴욕타임스

① 소련이 대일전 참전을 결정하였다.
② 미국, 영국, 중국의 대표들이 참가하였다.
③ 4개국에 의한 한반도 신탁 통치를 결정하였다.
④ 독일 항복 이후 전후 처리 문제를 협의하기 위해 개최되었다.

바로 채점하기　정답 및 해설 p.159

01	②	02	④	03	①	04	③	05	③
06	①	07	①	08	②	09	②	10	②

맞은 개수: ______개 / 10개

마무리 OX 퀴즈

☑ 모의고사에 출제된 개념을 OX 퀴즈를 통해 한 번 더 점검해보세요.

전근대사

01 신라 촌락 문서는 촌주가 변동 사항을 매년 조사하여 3년마다 작성하였다. □ O □ X

02 발해 무왕은 5경 15부 62주의 지방 체제를 완비하였다. □ O □ X

03 최충은 역사서인 『사략』을 편찬하였다. □ O □ X

04 정도전은 훈구의 위훈 삭제를 주장하였다. □ O □ X

05 신숙주는 일본에 다녀온 후 『해동제국기』를 저술하였다. □ O □ X

06 영조는 설점수세제를 처음 실시하였다. □ O □ X

07 정조는 수령이 향약을 직접 주관하게 하였다. □ O □ X

근현대사

08 동문학은 묄렌도르프가 설립한 외국어 교육 기관이다. □ O □ X

09 육영 공원은 우리나라 최초의 근대식 관립 학교이다. □ O □ X

10 토지 조사 사업에서는 농민의 관습적인 경작권을 인정하지 않았다. □ O □ X

11 카이로 회담에서는 소련이 대일전 참전을 결정하였다. □ O □ X

12 모스크바 3국 외상 회의에서 4개국에 의한 한반도 신탁 통치를 결정하였다. □ O □ X

정답 | 01 O 02 X 03 X 04 X 05 O 06 X 07 O 08 O 09 O 10 O 11 X 12 O

해설 | 02 발해 선왕에 대한 설명이다. 03 이제현에 대한 설명이다. 04 조광조에 대한 설명이다. 06 효종에 대한 설명이다.
11 얄타 회담에 대한 설명이다.

제한 시간 **7분 타이머**를 맞추고 시작하세요.

01 청동기 시대의 유적과 유물에 대한 설명으로 옳은 것을 모두 고른 것은?

> ㉠ 창원 다호리 유적에서 붓이 출토되었다.
> ㉡ 대표적인 토기로는 민무늬 토기가 있다.
> ㉢ 여주 흔암리 유적에서 불에 탄 쌀이 발견되었다.
> ㉣ 집터는 원형을 띠고 있으며 가운데에 불을 땐 흔적이 확인된다.

① ㉠, ㉡　② ㉠, ㉢
③ ㉡, ㉢　④ ㉢, ㉣

02 다음 중 신라 하대의 유학자에 대한 설명으로 옳지 않은 것은?

① 김대문은 『계원필경』을 저술하였다.
② 최치원은 당에서 「토황소격문」을 지어 문장가로 이름을 떨쳤다.
③ 최승우는 견훤의 책사로 활약하며 「대견훤기고려왕서」를 작성하였다.
④ 최언위는 낭원대사 오진탑비의 비문을 작성하였다.

03 밑줄 친 '왕'의 업적으로 옳은 것은?

> ○ 왕이 원구단에서 풍작을 기원하고 태조를 배향하였으며, 몸소 적전(籍田)을 갈고, 신농씨에게 제사지내고 후직을 배향하였다. 풍작을 기원하는 제사를 올리고 적전을 가는 것이 여기에서부터 비롯되었다.
> ○ 왕이 처음으로 12목(牧)을 설치하고, 금유(今有)와 조장(租藏)을 폐지하였다.

① 광학보를 설치하였다.
② 주현공부법을 실시하였다.
③ 문신 월과법을 실시하였다.
④ 남경개창도감을 설치하였다.

04 다음 자료에 해당하는 사건의 명칭으로 옳은 것은?

> 왕은 생모 윤씨를 폐비하는 의논에 참여한 자와 어머니에게 존호를 올려서는 안 된다고 주장한 자를 모두 중형으로 다스려, 죽은 자는 그 시체를 베고 가산을 몰수하였으며, 그 가족이나 친족은 연좌하였다. 살아 있는 자는 매를 때리며 심문한 후 멀리 귀양 보냈다.

① 무오사화　② 갑자사화
③ 기묘사화　④ 을사사화

05 ㉠에 대한 설명으로 옳은 것은?

> 왕이 서경에서 안북부까지 나아가 머물렀는데, ㉠ 의 소손녕이 봉산군을 공격하여 파괴하였다는 소식을 듣자 더 가지 못하고 돌아왔다. …… 서희를 보내 화의를 요청하니 침공을 중지하였다.

① 경주의 황룡사 9층 목탑을 불태웠다.
② 윤관이 이끄는 별무반에 의해 토벌되었다.
③ 강조의 정변을 구실로 고려에 침입하였다.
④ 고려에 정동행성을 설치하여 내정을 간섭하였다.

06 밑줄 친 '그'에 대한 설명으로 옳은 것은?

> 그는 조선 후기의 실학자로 『주례』에 나타난 주나라 제도를 모범으로 하여 중앙과 지방의 정치 제도를 개혁할 것을 주장하는 『경세유표』를 저술하였다. 또한 살인 사건의 조사·심리·처형 과정이 매우 형식적이고 무성의하게 진행되는 것을 바로잡을 필요성을 느껴 형법서인 『흠흠신서』를 저술하였다.

① 『자산어보』를 저술하였다.
② 토지 개혁론으로 여전론을 주장하였다.
③ 지구가 우주의 중심이 아니라는 무한 우주론을 주장하였다.
④ 『우서』에서 상업적 경영을 통한 농업 생산성의 증대를 주장하였다.

07 다음 사건에 대한 설명으로 옳은 것은?

> 양헌수는 은밀하게 정족산성으로 들어갔습니다. 성은 강화부의 동남쪽에 위치하였으며 높은 곳에서 곧바로 내리 찧는 것이 마치 높은 데서 물을 쏟아버리는 것과 같은 형세입니다. …… 양헌수가 힘을 다해 방어하면서 총포를 일제히 쏘니 한바탕 전투가 벌여져, 말을 탄 자들은 총알을 맞고 떨어졌으며 저들 군대가 연이어 나가떨어지는 것이 마치 삼대와 같았습니다.

① 박규수가 평양 군민들과 함께 화공으로 물리쳤다.
② 프랑스 선교사들을 처형한 것을 빌미로 일어났다.
③ 우리나라 최초의 근대적 조약이 체결되는 계기가 되었다.
④ 어재연이 이끄는 부대가 광성보에서 결사 항전하였다.

08 밑줄 친 '국왕'의 재위 시기의 사실로 옳은 것은?

> 국왕께서 왕위에 즉위한 첫 해에 맨 먼저 도서집성 5천여 권을 연경의 시장에서 사오고, 또 옛날 홍문관에 간직했던 책과 강화부 행궁에 소장했던 책과 명에서 보내온 책들을 모았다. …… 창덕궁 안 규장각 서남쪽에 열고 관을 건립하여 중국본을 저장하고, 북쪽에는 국내본을 저장하니, 총 3만 권 이상이 되었다.

① 『속대전』을 편찬하여 법률 체제를 정비하였다.
② 백두산 정계비를 세워 청나라와의 국경을 확정하였다.
③ 『수성윤음』을 반포하여 도성 방어 체제를 강화하였다.
④ 당파의 옳고 그름을 명백히 가리는 준론 탕평을 실시하였다.

09 밑줄 친 '정치' 시기의 사실로 옳은 것은?

> 한국 인민은 자국이 일본에 강제로 합병되고 일왕이 위임한 식민지 관리가 압제 정치를 펼치자 이에 항거했습니다. 한국 인민의 조직적인 항거는 마침내 이번의 대규모 독립운동으로 표출되었습니다. 3월 1일 오후 1시 한국 인민은 대한민국이 독립 국가임을 만천하에 선언했습니다.

① 창씨개명 조치가 시행되었다.

② 학도 지원병 제도가 시행되었다.

③ 헌병이 일반 경찰의 업무를 수행하였다.

④ 조선일보와 동아일보 등 민족 신문의 발행을 허가하였다.

10 다음 글을 저술한 인물에 대한 설명으로 옳은 것은?

> 옛 사람들이 말하기를 나라는 가히 멸할 수 있으나 역사는 가히 멸할 수 없으니, 대개 나라는 형(形)이나 역사는 신(神)이기 때문이다. 지금 한국의 형은 허물어졌으나 신은 가히 홀로 존재하지 못하겠는가. 이것이 내가 역사를 쓰는 까닭이다.

① 민족 정신으로 '조선얼'을 강조하였다.

② 양명학을 토대로 대동 사상을 주창하였다.

③ 『조선불교유신론』을 통해 불교의 혁신을 주장하였다.

④ 역사를 '아(我)와 비아(非我)의 투쟁'이라고 정의하였다.

바로 채점하기 정답 및 해설 p.162

01	③	02	①	03	③	04	②	05	③
06	②	07	②	08	④	09	③	10	②

맞은 개수: ______개 / 10개

마무리 OX 퀴즈

☑ 모의고사에 출제된 개념을 OX 퀴즈를 통해 한 번 더 점검해보세요.

전근대사

01 청동기 시대의 대표적인 토기로는 민무늬 토기가 있다. □ O □ X

02 김대문은 『계원필경』을 저술하였다. □ O □ X

03 고려 성종은 문신 월과법을 실시하였다. □ O □ X

04 거란은 경주의 황룡사 9층 목탑을 불태웠다. □ O □ X

05 정조는 당파의 옳고 그름을 명백히 가리는 준론 탕평을 실시하였다. □ O □ X

06 정약용은 『우서』에서 상업적 경영을 통한 농업 생산성의 증대를 주장하였다. □ O □ X

근현대사

07 병인양요는 프랑스 선교사들을 처형한 것을 빌미로 일어났다. □ O □ X

08 신미양요 때 어재연이 이끄는 부대가 광성보에서 결사 항전하였다. □ O □ X

09 무단 통치 시기에 헌병이 일반 경찰의 업무를 수행하였다. □ O □ X

10 무단 통치 시기에 창씨개명 조치가 시행되었다. □ O □ X

11 박은식은 양명학을 토대로 대동 사상을 주창하였다. □ O □ X

12 신채호는 역사를 '아(我)와 비아(非我)의 투쟁'이라고 정의하였다. □ O □ X

정답 | 01 O 02 X 03 O 04 X 05 O 06 X 07 O 08 O 09 O 10 X 11 O 12 O

해설 | **02** 『계원필경』은 최치원이 저술하였다. **04** 몽골에 해당한다. **06** 유수원에 해당한다. **10** 민족 말살 통치 시기의 사실이다.

제한 시간 **7분 타이머**를 맞추고 시작하세요.

01 밑줄 친 '왕' 재위 시기의 사실로 옳은 것은?

> ○ 왕 4년에 처음으로 병부를 설치하였다.
> ○ 왕 7년에 율령을 반포하고, 처음으로 모든 관리의 공복을 제정하였다.
> ○ 왕 23년에 처음으로 연호를 칭하여 건원 원년이라 하였다.

① 상대등 제도를 처음 시행하였다.
② 관리들에게 관료전을 처음 지급하였다.
③ 역사서인 『국사』를 편찬하게 하였다.
④ 시장 감독 기구인 동시전을 설치하였다.

02 (가) 국가에 대한 설명으로 옳은 것은?

> (가) 의 왕 김구해가 왕비와 세 아들, 즉 큰아들은 노종이라 하고, 둘째 아들은 무덕이라 하고, 막내아들은 무력이라 하였는데, 이들과 함께 나라의 재산과 보물을 가지고 와 항복하였다. 왕이 예로써 그들을 대우하고 높은 관등을 주었으며 본국을 식읍으로 삼도록 하였다. 아들 무력은 벼슬이 각간에 이르렀다.

① 대대로가 국정을 총괄하였다.
② 진흥왕의 공격으로 멸망하였다.
③ 우수한 철을 생산하여 왜에 수출하였다.
④ 화백 회의를 통해 국가 중대사를 결정하였다.

03 밑줄 친 '이 기구'에 대한 설명으로 옳은 것은?

> 이 기구를 설치한 시초의 이유는 알 수 없으나 명칭으로 그 뜻을 생각해보면 반드시 변방의 방비에 대한 긴급한 일 등이 있을 경우 대신과 지변재신들이 한 자리에 모여 계책을 세우기 위하여 설치한 것입니다. 그런데 지금은 팔도와 육조의 업무가 거의 모두 이곳으로 들어가고 있습니다.

① 흥선 대원군에 의해 기능이 강화되었다.
② 사간원, 사헌부와 함께 삼사에 속하였다.
③ 삼포왜란을 계기로 상설 기구화 되었다.
④ 세도 정치 시기에 핵심적인 정치 기구였다.

04 밑줄 친 '역사서'에 대한 설명으로 옳은 것은?

> 이 역사서는 고려 충렬왕 때 이승휴가 펴낸 책으로, 상권에서는 중국의 역사를 7언시로, 하권에서는 우리나라 역사를 5언시로 운율감 있게 서술하였다.

① 신라의 역사를 상대, 중대, 하대로 구분하였다.
② 열전에 김유신을 비롯한 신라인이 편중되었다.
③ 단군을 강조하고 발해에 대한 내용을 포함시켰다.
④ 「왕력」, 「기이」, 「흥법」, 「탑상」, 「의해」 등으로 구성되었다.

05 **다음 격문과 관련된 사건에 대한 설명으로 옳은 것을 모두 고른 것은?**

> 평서 대원수는 급히 격문을 띄우노니 관서의 어른과 어린아이, 공·사 천민들은 모두 이 격문을 들으라. 무릇 관서는 성인 기자의 옛 터요 단군 시조의 옛 근거지로서 의관이 뚜렷하고 문물이 아울러 발달한 곳이다. …… 그러나 조정에서는 관서를 버림이 분토(糞土)와 다름없다. 심지어 권세 있는 집의 노비들도 서로의 사람을 보면 반드시 "평안도 놈"이라 말한다.

> ㉠ 선천, 정주 등의 청천강 이북을 점령하였다.
> ㉡ 정부에서 박규수를 안핵사로 파견하였다.
> ㉢ 가난한 농민과 광산 노동자, 중소 상인 등이 참여하였다.
> ㉣ 농민들이 탐관오리의 횡포에 저항하여 진주성을 점령하였다.

① ㉠, ㉡　② ㉠, ㉢
③ ㉡, ㉢　④ ㉢, ㉣

06 **밑줄 친 '왕'의 업적으로 옳은 것은?**

> 삼국 시대 이전에는 과거법이 없었고, 태조께서 먼저 학교를 세웠으나 과거로 인재를 뽑는 데까지는 이르지 못하였다. 이에 <u>왕</u>께서 쌍기의 의견을 받아들여 과거로 인재를 뽑자, 이때부터 학문을 숭상하는 풍습이 일어나기 시작하였다.

① 주현공거법을 실시하였다.
② 전시과 제도를 처음 시행하였다.
③ 2성 6부의 중앙 관제를 마련하였다.
④ 광덕, 준풍 등의 독자적인 연호를 사용하였다.

07 **다음 민족 운동에 대한 설명으로 옳은 것은?**

> 서상돈 씨 등 뜻있는 신사 수백 명이 대회를 열고 박정동 씨가 연단에 올라 통론하기를 "빚쟁이가 독촉하면 필경 강토를 보존할 수 없을 것이니 우리 백성은 장차 어디서 기거하여 생활할 것인가." …… "우리가 일용에 무익한 연초를 3개월 기한으로 끊고 그 비용으로 각자 1원씩만 모으면 전국 인구에 담배 피우지 않는 부녀자를 제하여도 1,200만 원이 될 것이니 어찌 걱정이랴." 하였다.

① 한·일 신협약 체결에 따라 중지되었다.
② 황국 중앙 총상회를 중심으로 전개되었다.
③ 대구에서 시작되어 전국적으로 확대되었다.
④ '내 살림 내 것으로'라는 표어를 내걸었다.

08 **다음 내용을 발표한 단체에 대한 설명으로 옳은 것은?**

> 대전자령의 공격은 이천만 대한 인민을 위하여 원수를 갚는 것이다. 총알 한 개 한 개가 우리 조상 수천 수만의 영혼이 보우하여 주는 피의 사자이니 제군은 단군의 아들로 굳세게 용감히 모든 것을 희생하고 만대 자손을 위하여 최후까지 싸우라.

① 양세봉이 총사령관을 역임하였다.
② 조선 혁명당 소속의 독립군 부대였다.
③ 일부 대원이 한국광복군에 합류하였다.
④ 중국군과 연합하여 쌍성보 전투에서 승리하였다.

09 (가) 인물에 대한 설명으로 옳은 것은?

> (가) 이/가 이종암 등과 조선 내 중요 건물, 친일 선인의 파괴, 암살을 급선무로 삼아 폭탄 제조법 및 그 사용법을 목적으로 상해에 이르렀을 때, 마침 상해에서는 임시 정부의 별동대라고 할 수 있는 구국모험단에서 독립 운동 계획의 목적으로 폭탄 제조를 연구하고 있었다. …… 이곳에서 이종암과 함께 폭탄 제조법을 배운 (가) 은/는 길림으로 돌아와 급진적인 독립운동을 표방한 결사를 조직하였는데, 이것이 곧 의열단의 탄생이다.

① 조선 건국 동맹을 조직하였다.
② 신민족주의를 내세운 국민당을 창당하였다.
③ 제헌 국회에서 초대 대통령으로 선출되었다.
④ 중국 국민당과 협력하여 조선 의용대를 창설하였다.

10 다음 강령을 발표한 단체에 대한 설명으로 옳지 않은 것은?

> ○ 우리는 완전한 독립 국가의 건설을 기함
> ○ 우리는 전 민족의 정치적, 경제적, 사회적 기본 요구를 실현할 수 있는 민주주의적 정권의 수립을 기함
> ○ 우리는 일시적 과도기에 있어서 국내 질서를 자주적으로 유지하며 대중생활의 확보를 기함

① 여운형을 중심으로 결성되었다.
② 좌·우 합작 7원칙을 결정하였다.
③ 전국 각지에 치안대를 설치하였다.
④ 조선 인민 공화국 수립을 선언하였다.

바로 채점하기 정답 및 해설 p.165

01	①	02	③	03	④	04	③	05	②
06	④	07	③	08	④	09	④	10	②

맞은 개수: ______개 / 10개

마무리 OX 퀴즈

☑ 모의고사에 출제된 개념을 OX 퀴즈를 통해 한 번 더 점검해보세요.

전근대사

01 법흥왕 재위 시기에 시장 감독 기구인 동시전을 설치하였다. □ O □ X

02 금관가야는 우수한 철을 생산하여 왜에 수출하였다. □ O □ X

03 광종은 주현공거법을 실시하였다. □ O □ X

04 『제왕운기』는 「왕력」, 「기이」, 「흥법」, 「탑상」, 「의해」 등으로 구성되었다. □ O □ X

05 비변사는 삼포왜란을 계기로 상설 기구화 되었다. □ O □ X

06 홍경래의 난에는 가난한 농민과 광산 노동자, 중소 상인 등이 참여하였다. □ O □ X

근현대사

07 국채 보상 운동은 대구에서 시작되어 전국적으로 확대되었다. □ O □ X

08 김원봉은 중국 국민당과 협력하여 조선 의용대를 창설하였다. □ O □ X

09 물산 장려 운동 때는 '내 살림 내 것으로'라는 표어를 내걸었다. □ O □ X

10 한국 독립군은 중국군과 연합하여 쌍성보 전투에서 승리하였다. □ O □ X

11 조선 혁명군은 양세봉이 총사령관을 역임하였다. □ O □ X

12 조선 건국 준비 위원회는 좌·우 합작 7원칙을 결정하였다. □ O □ X

정답 | 01 X 02 O 03 X 04 X 05 X 06 O 07 O 08 O 09 O 10 O 11 O 12 X

해설 | 01 지증왕 재위 시기의 사실이다. 03 고려 현종에 대한 설명이다. 04 『삼국유사』에 대한설명이다.
05 비변사는 을묘왜변을 계기로 상설 기구화 되었다. 12 좌·우 합작 위원회에 대한 설명이다.

17일 하프모의고사 17

제한 시간 **7분 타이머**를 맞추고 시작하세요.

01 (가) 국가에 대한 설명으로 옳은 것은?

> (가) 에서는 사람이 죽으면 시체는 모두 가매장하고, 가죽과 살이 모두 썩은 다음 뼈만 커다란 나무 곽 속에 안치하였다. 그리고 온 식구의 뼈를 하나의 곽 속에 넣어 두었다.

① 1세기 초 왕호를 사용하였다.
② 혼인 풍속으로 민며느리제가 있었다.
③ 중범죄자는 제가 회의를 통해 처벌하였다.
④ 특산물로 단궁, 반어피, 과하마 등이 유명하였다.

02 밑줄 친 '그'에 대한 설명으로 옳은 것은?

> 건봉 원년에 그가 죽고 아들인 남생이 대신 막리지가 되었다. 남생은 아우인 남건·남산과 화목하지 못하여 각자 붕당을 만들어 서로 공격하였다. 남생은 두 아우에게 쫓겨 국내성으로 달아났다.

① 살수에서 수나라의 군대를 물리쳤다.
② 한강 유역을 수복하려다 아단성 전투에서 전사하였다.
③ 숙달 등 8명의 도사를 맞아들이고 도교를 육성하였다.
④ 안승을 왕으로 추대하고 고구려 부흥 운동을 전개하였다.

03 다음과 같이 주장한 인물에 대한 설명으로 옳은 것은?

> 자기의 본성을 보면, 이 성품에는 본래 번뇌가 없다. 번뇌가 없는 지혜의 성품은 본래 스스로 갖추어져 있어서 모든 부처와 털끝만큼도 다르지 않다. 이를 돈오라고 한다. …… 비록 본래의 성품이 부처와 다르지 않음을 깨달았지만 오랜 세월의 습관은 갑자기 제거하기 어렵다. 따라서 그 깨달음에 의지해 닦고 점차 익혀 공(功)을 이루고, 오랫동안 성태를 기르면 성(聖)을 이루게 되니, 이를 점수라 한다.

① 원으로부터 임제종을 들여와 전파하였다.
② 국청사를 중심으로 해동 천태종을 창시하였다.
③ 거조암, 길상사 등에서 정혜 결사를 주도하였다.
④ 성속무애 사상을 주장하며 종파를 통합하려 하였다.

04 밑줄 친 '왕'의 업적으로 옳은 것은?

> 이전에 주조한 활자가 크고 고르지 않았다. 이에 왕께서 경자년에 다시 주조하셨다. 그리하여 그 모양이 작고 바르게 되었으니, 이것으로 인쇄하지 않은 책이 없었다. 갑인년에 다시 『위선음즐』의 글자 모양을 본떠 갑인자를 주조하니, 이전 것에 비하여 조금 크고 활자 모양이 매우 좋았다.

① 도평의사사를 개편하여 의정부를 설치하였다.
② 사병을 모두 혁파하고 양인 개병제를 처음 실시하였다.
③ 우리 풍토에 맞는 약재를 정리한 『향약집성방』을 편찬하였다.
④ 『국조오례의』를 완성하여 국가의 예법과 절차를 정하였다.

05 다음 사건이 일어난 왕 대의 사실로 옳은 것은?

> 궐내에 보관하던 기름 먹인 장막을 허적이 다 가져갔음을 듣고, 왕이 노하여 "궐내에 쓰는 장막을 마음대로 가져가는 것은 한명회도 못하던 짓이다."라고 말하였다. 시종에게 알아보게 하니, 잔치에 참석한 서인은 몇 사람뿐이었고, 허적의 당파가 많아 기세가 등등하였다고 아뢰었다. 이에 왕이 남인을 제거할 결심을 하였다. …… 허적이 잡혀오자 왕이 모든 관직을 삭탈하였다.

① 왕의 친위 부대인 장용영을 설치하였다.
② 제주도에 표류한 하멜을 훈련도감에 배속시켰다.
③ 김육 등의 건의로 새로운 역법인 시헌력을 채택하였다.
④ 안용복이 일본으로부터 울릉도와 독도가 조선의 영토임을 확인받았다.

06 밑줄 친 '거사'의 결과로 옳은 것은?

> 일본에 머물고 있는 신(臣) 박영효는 삼가 네 번 절하며 대군주 폐하께 상소를 올립니다. …… 성은의 만분의 일이나마 제 마음으로 삼으려 했지만 일의 순리를 헤아리지 못하고 갑신년에 이르러 멋대로 경솔한 <u>거사</u>를 행했습니다. …… 그럼에도 나가서 명을 받고 엎드려 벌을 받지 않은 이유는, 그 <u>거사</u>가 사실은 충군애국의 마음에서 벌인 것이지 찬탈이나 반란의 뜻이 아니었기 때문입니다.

① 군국기무처가 설치되었다.
② 일본 공사관의 경비병 주둔을 허용하게 되었다.
③ 마젠창과 묄렌도르프가 조선의 고문으로 파견되었다.
④ 청·일 양국이 조선에 군대 파견 시 상호 통보키로 합의하였다.

07 다음 서문이 실린 서적에 대한 설명으로 옳은 것은?

> 세상에서는 동명왕의 신통하고 이상한 일을 많이 말하니, 비록 시골의 어리석은 남녀들도 자못 그 일을 말할 수 있을 정도다. 내가 일찍이 그 얘기를 듣고 웃으며 말하기를, "선사 중니께서는 괴력난신에 대해 말씀하지 않으셨으니, 동명왕의 일은 실로 황당하고 기괴하여 우리들이 얘기할 것이 못 된다."라고 하였다. 후일 『위서』와 『통전』을 읽어 보니 또한 동명왕의 일을 싣고 있었지만 간략하여 자세하지 않았다.

① 남북국이라는 용어를 처음으로 사용하였다.
② 시간순으로 기록하는 편년체로 서술되었다.
③ 민간 설화와 신라의 향가 14수를 수록하였다.
④ 이규보의 시문집인 『동국이상국집』에 수록되어 있다.

08 (가)에 들어갈 사절단으로 옳은 것은?

> 통리기무아문에서 아뢰기를, "무기 제조법을 배워 오는 일과 관련하여 …… 사신의 호칭은 (가) (이)라고 부르고, 무기 제조는 먼저 공도들을 파견하여 만드는 법을 배우고, 기술은 교사를 초청해서 연습하며, 군사들을 정해서 보내기로 한 일은 당분간 보류한다는 내용으로 상세히 말을 구성해서 보내도록 하는 것이 어떻겠습니까?"라고 하니, 모두 윤허하였다.

① 수신사　　② 영선사
③ 보빙사　　④ 조사 시찰단

09 다음 선언서가 발표된 이후의 사실로 옳은 것은?

> 조선 청년 독립단은 우리 2천만 민족을 대표하여 정의와 자유가 승리를 거둔 세계 여러 나라의 앞에서 기필코 독립을 이루겠다는 뜻을 널리 알리노라. …… 우리 민족은 정당한 방법으로 우리 민족의 자유를 추구할 것이나 만일 이것이 성공하지 못한다면 우리 민족은 생존의 권리를 위하여 온갖 자유 행동을 감행하여 마지막 한 사람까지 자유를 위해 뜨거운 피를 쏟을 것이니 어찌 동양 평화에 화근이 되지 않겠는가?

① 박용만이 대조선 국민 군단을 창설하였다.

② 연해주에서 대한 광복군 정부가 수립되었다.

③ 신규식, 박은식 등이 대동 단결 선언을 발표하였다.

④ 일제가 제암리의 주민들을 무차별적으로 학살하였다.

10 다음 자료에 나타난 민주화 운동에 대한 설명으로 옳은 것은?

> 껍데기 과도 정부와 계엄 당국은 민주의 피맺힌 이 소리를 들으라! 전세계의 이목은 광주에 집중하고 있다. …… 모든 시민과 학생들은 처음부터 끝까지 평화적이고 질서정연한 투쟁을 전개하려고 노력해 왔다. 그러나 계엄 당국은 진지하고도 순수한 데모 대열에 무차별한 사격을 가하여 남녀노소를 불문하고 1천여 명에 이르는 사망자가 발생하였고, 부상자 및 연행자는 추계가 불가능한 실정이다.

① 호헌 철폐와 독재 타도를 주장하였다.

② 박종철 고문 치사 사건이 배경이 되었다.

③ 신민당 총재의 국회의원직 제명으로 촉발되었다.

④ 관련 자료가 유네스코 세계 기록유산으로 등재되었다.

바로 채점하기 정답 및 해설 p.168

01	②	02	③	03	③	04	③	05	④
06	④	07	④	08	②	09	④	10	④

맞은 개수: ______개 / 10개

마무리 OX 퀴즈

☑ 모의고사에 출제된 개념을 OX 퀴즈를 통해 한 번 더 점검해보세요.

전근대사

01 옥저는 특산물로 단궁, 반어피, 과하마 등이 유명하였다. □ O □ X

02 연개소문은 살수에서 수나라의 군대를 물리쳤다. □ O □ X

03 지눌은 거조암, 길상사 등에서 정혜 결사를 주도하였다. □ O □ X

04 『동명왕편』은 민간 설화와 신라의 향가 14수를 수록하였다. □ O □ X

05 세종은 우리 풍토에 맞는 약재를 정리한 『향약집성방』을 편찬하였다. □ O □ X

06 숙종 때는 왕의 친위 부대인 장용영을 설치하였다. □ O □ X

근현대사

07 임오군란의 결과 일본 공사관의 경비병 주둔을 허용하게 되었다. □ O □ X

08 갑신정변의 결과 청·일 양국이 조선에 군대 파견 시 상호 통보키로 합의하였다. □ O □ X

09 2·8 독립 선언서가 발표된 이후 시기에 일제가 제암리의 주민들을 무차별적으로 학살하였다. □ O □ X

10 부·마 민주 항쟁은 신민당 총재의 국회의원직 제명으로 촉발되었다. □ O □ X

11 5·18 민주화 운동 관련 자료가 유네스코 세계 기록유산으로 등재되었다. □ O □ X

12 6월 민주 항쟁에서는 호헌 철폐와 독재 타도를 주장하였다. □ O □ X

정답 | 01 X 02 X 03 O 04 X 05 O 06 X 07 O 08 O 09 O 10 O 11 O 12 O

해설 | **01** 동예에 대한 설명이다. **02** 을지문덕에 대한 설명이다. **04** 『삼국유사』에 대한 설명이다. **06** 정조 대의 사실이다.

18일 / 하프모의고사 18

제한 시간 **7분 타이머**를 맞추고 시작하세요.

01 밑줄 친 '그'의 업적에 대한 설명으로 옳은 것은?

> 그는 정예 기병 5,000으로 공산에서 견훤을 맞아 크게 싸웠지만, 김락과 신숭겸이 전사하였고 모든 군대가 패하여 간신히 탈출할 수 있었다. 그리하여 견훤에게 대적하지 못하고 그가 마음대로 하도록 둘 수밖에 없었다. 견훤은 승세를 타고 대목성·경산부·강주 등을 약탈하고 부곡성을 공격하였다. 또 의성부의 태수 공술은 항전하였지만 전사하였다. 그가 이 소식을 듣고 말하였다. "나의 오른팔을 잃었구나!"

① 백관의 공복을 제정하였다.
② 교육 기관인 국자감을 설치하였다.
③ 빈민 구제를 위해 흑창을 설치하였다.
④ 거란의 침략에 대비하여 광군을 조직하였다.

02 밑줄 친 '그'에 대한 설명으로 옳은 것은?

> 그는 이미 계를 범한 이후 속인의 복장으로 갈아입고, 스스로 소성 거사라 불렀다. …… 화엄경의 "모든 것에 거침없는 사람은 한 가지 길로 나고 죽는다."는 대목을 가지고 무애라 이름짓고, 노래를 지어 세상에 유행시켰다.

① 백련 결사를 제창하였다.
② 『십문화쟁론』을 저술하였다.
③ 수나라에 군사를 청하는 글을 지었다.
④ 황룡사 9층 목탑의 건립을 건의하였다.

03 밑줄 친 '왕' 재위 시기의 사실로 옳은 것은?

> 당 태종이 붉은색·자주색·흰색의 세 가지 색으로 그린 모란과 그 씨 석 되를 보내왔는데, 왕이 그 그림을 보고 말하였다. "이 꽃은 정녕 향기가 없을 것이다." 그리고는 씨를 뜰에 심도록 명하였다. 그 꽃이 피었다 지기를 기다렸는데, 과연 그 말과 같이 향기가 없었다.

① 녹읍을 부활시켰다.
② 인평(仁平)이라는 연호를 사용하였다.
③ 관직과 주현의 이름을 중국식 한자로 바꾸었다.
④ 위홍 등이 향가를 수집하여 『삼대목』을 편찬하였다.

04 우리나라의 유네스코 세계 기록유산으로 바르게 연결된 것은?

① 『조선왕조실록』 – 『비변사등록』 – 제주 4·3 사건 기록물
② 『삼국사기』 – 『동의보감』 – 4·19 혁명 기록물
③ 『일성록』 – 『열하일기』 – 국채 보상 운동 기록물
④ 『의궤』 – 『난중일기』 – 산림녹화 기록물

05 ㉠에 들어갈 사건으로 옳은 것은?

> 『징비록』이란 무엇인가? (㉠)이/가 발생한 후의 일을 기록한 것이다. 수십일 동안에 삼도(三都)를 지키지 못하였고 팔방이 산산이 무너져 임금께서 수도를 떠나 피란하였는데, 그럼에도 우리나라가 오늘날이 있게 된 것은 하늘이 도운 까닭이다. …… 『시경』에 "내가 지난 일의 잘못을 징계하여 뒤에 환난이 없도록 조심한다"고 하였으니, 이것이 내가 『징비록』을 저술한 까닭이다.

① 정묘호란
② 임진왜란
③ 을묘왜변
④ 이괄의 난

06 다음 토지 제도에 대한 설명으로 옳은 것은?

> 문종 30년, 양반 전시과를 다시 고쳤다. 제1과는 중서령, 상서령, 문하시중으로 전지 100결과 시지 50결을 주며, …… 제18과는 한인(閑人), 잡류(雜類)로 전지 17결을 주었다.

① 토지의 소유권을 지급한 제도이다.
② 모든 관리를 과내로 포함시키면서 한외과가 소멸되었다.
③ 관직의 고하와 인품을 함께 반영하여 토지를 지급하였다.
④ 고려 건국 과정에서 충성도와 공로에 따라 차등 지급하였다.

07 다음을 주장한 인물에 대한 설명으로 옳은 것은?

> 대저 땅덩이는 하루 동안에 한 바퀴를 도는데, 땅 둘레는 9만 리이고 하루는 12시(時)다. 9만 리 넓은 둘레를 12시간에 도니 번개나 포탄보다도 더 빠른 셈이다. 땅이 이미 빨리 돌매 하늘 기(氣)와 격하게 부딪치며 허공에서 쌓이고 땅에서 모이게 된다.

① 『곽우록』에서 화폐 유통을 금지할 것을 주장하였다.
② 「양반전」, 「호질」 등을 통해서 놀고먹는 양반을 비판하였다.
③ 『임하경륜』에서 성인 남성에게 2결의 토지를 나누어 줄 것을 주장하였다.
④ 『반계수록』에서 신분에 따라 차등을 두어 토지를 재분배할 것을 주장하였다.

08 다음 사건 이후에 일어난 사실로 옳은 것은?

> 조선군은 근대적인 무기를 한 자루도 보유하지 못한 채 노후한 전근대적인 무기를 가지고서 근대적인 화기로 무장한 미군에 대항하여 용감히 싸웠다. 조선군은 그들의 진지를 사수하기 위해서 용맹스럽게 싸우다가 모두 전사하였다. 아마도 우리는 가족과 국가를 위해 그토록 강력하게 싸우다가 죽은 국민을 다시는 볼 수 없을 것이다.

① 제너럴셔먼호가 평양 주민을 약탈하였다.
② 오페르트가 남연군 묘 도굴을 시도하였다.
③ 일본 군함 운요호가 초지진을 공격하였다.
④ 조선 정부가 프랑스인 선교사를 처형하였다.

09 다음과 같은 통치 이념이 적용된 시기에 일제의 정책으로 옳은 것은?

> 무릇 내선일체라는 국시는 고매하고 장엄한 것으로, 그 궁극의 목적은 반도 동포로 하여금 충량한 황국 신민으로 만들고, 객관적·주관적으로 일본인과 조선인 간에 어떤 구별도 발견할 수 없는 지경에 도달하는 데 있습니다.

① 회사령을 제정하였다.
② 식량 배급제를 실시하였다.
③ 치안 유지법을 제정하였다.
④ 산미 증식 계획을 수립하였다.

10 (가) 인물에 대한 설명으로 옳은 것은?

> (가) 은/는 엔도를 만나 다섯 가지 요구 사항을 제시하였다.
> 첫째, 전국에 구속되어 있는 정치·경제범을 즉시 석방하라.
> 둘째, 3개월간의 식량을 확보하여 달라.
> 셋째, 치안 유지와 건설 사업에 아무 간섭하지 말라.
> 넷째, 학생 훈련과 청년 조직에 대해 간섭하지 말라.
> 다섯째, 전국 사업장에 있는 노동자를 우리들의 건설 사업에 협력시키며 아무 괴로움을 주지 말라.

① 조선 인민당을 창당하였다.
② 미 군정의 민정 장관을 역임하였다.
③ 남조선 과도 입법 의원 의장을 역임하였다.
④ 평양에서 열린 남북 지도자 회의에 참석하였다.

바로 채점하기 정답 및 해설 p.171

01	③	02	②	03	②	04	④	05	②
06	②	07	③	08	③	09	②	10	①

맞은 개수: ______개 / 10개

마무리 OX 퀴즈

☑ 모의고사에 출제된 개념을 OX 퀴즈를 통해 한 번 더 점검해보세요.

전근대사

01 선덕 여왕 재위 시기에는 위홍 등이 향가를 수집하여 『삼대목』을 편찬하였다. □ O □ X

02 원광은 수나라에 군사를 청하는 글을 지었다. □ O □ X

03 원효는 황룡사 9층 목탑의 건립을 건의하였다. □ O □ X

04 고려 태조는 거란의 침략에 대비하여 광군을 조직하였다. □ O □ X

05 경정 전시과에서는 모든 관리를 과내로 포함시키면서 한외과가 소멸되었다. □ O □ X

06 유형원은 『반계수록』에서 신분에 따라 차등을 두어 토지를 재분배할 것을 주장하였다. □ O □ X

07 홍대용은 『임하경륜』에서 성인 남성에게 2결의 토지를 나누어 줄 것을 주장하였다. □ O □ X

근현대사

08 신미양요 이후 시기에 일본 군함 운요호가 초지진을 공격하였다. □ O □ X

09 문화 통치 시기에 일제는 회사령을 제정하였다. □ O □ X

10 민족 말살 통치 시기에 일제는 식량 배급제를 실시하였다. □ O □ X

11 여운형은 미 군정의 민정 장관을 역임하였다. □ O □ X

12 김규식은 남조선 과도 입법 의원 의장을 역임하였다. □ O □ X

정답 | 01 X 02 O 03 X 04 X 05 O 06 O 07 O 08 O 09 X 10 O 11 X 12 O

해설 | 01 진성 여왕 재위 시기이다. 03 자장이 건의하였다. 04 고려 정종(3대)에 대한 설명이다. 09 무단 통치 시기의 사실이다.
11 안재홍에 대한 설명이다.

19일 / 하프모의고사 19

제한 시간 **7분 타이머**를 맞추고 시작하세요.

01 (가) 국가에 대한 설명으로 옳은 것은?

> (가) 에는 왕이 있고, 벼슬로는 상가·대로·패자·고추가·주부·우태·승·사자·조의·선인이 있다. 신분이 높고 낮음에 따라 각각 등급을 두었다. 왕의 종족으로서 대가는 모두 고추가로 불린다. 모든 대가들은 사자·조의·선인을 두었는데, 명단을 반드시 왕에게 보고해야 한다.

① 사출도라는 행정 구역이 있었다.
② 10월에 동맹이라는 제천 행사를 열었다.
③ 철이 많이 생산되어 왜와 낙랑에 수출하였다.
④ 읍락의 우두머리들이 스스로 '삼로(三老)'라고 불렀다.

02 고려 후기의 문화 동향에 대한 설명으로 옳지 않은 것은?

① 유학자들에 의해 성리학이 확산되었다.
② 『백운소설』, 『역옹패설』 등의 패관 문학이 유행하였다.
③ 대리석을 재료로 한 경천사지 10층 석탑이 제작되었다.
④ 지역 특색이 반영된 관촉사 석조 미륵 보살 입상 등의 대형 석불이 만들어졌다.

03 (가), (나)에 대한 설명으로 옳은 것은?

> 김효원이 알성시에 장원으로 합격하여 이조 전랑의 물망에 올랐으나, 그가 윤원형의 문객이었다 하여 심의겸이 반대하였다. 이후 심의겸의 동생인 심충겸이 장원 급제하여 전랑으로 천거되었으나, 그가 외척이라 하여 김효원이 반대하였다. 이로 인해 이들을 지지하는 세력이 서로 상대를 배척하여 붕당이 형성되었는데, 심의겸을 지지하는 기성 사림을 중심으로 (가) 이/가 형성되고, 김효원을 지지하는 신진 사림을 중심으로 (나) 이/가 형성되었다.

① (가) - 정여립 모반 사건에 연루되어 많은 피해를 입었다.
② (가) - 광해군 재위 시기에 정권을 장악하였다.
③ (나) - 대체로 이이와 성혼의 학맥을 계승하였다.
④ (나) - 정철의 처벌 문제를 두고 분열하였다.

04 다음 지방 행정 제도를 시대순으로 바르게 나열한 것은?

> ㉠ 지방을 5부로 나누고 욕살을 파견하였다.
> ㉡ 5도 양계를 두고 그 밑에 4도호부와 8목을 두었다.
> ㉢ 전국을 9주로 나누고 주요 거점에 5소경을 설치하였다.
> ㉣ 전국을 8도로 나누고, 그 아래에 부·목·군·현을 설치하였다.

① ㉠ - ㉡ - ㉢ - ㉣
② ㉠ - ㉢ - ㉡ - ㉣
③ ㉡ - ㉢ - ㉠ - ㉣
④ ㉢ - ㉣ - ㉠ - ㉡

05 (가) 인물에 대한 설명으로 옳은 것은?

> 영휘 초에 마침 당나라 사신의 배가 돌아가려고 하자 얻어 타고 중국으로 들어갔다. …… (가) 은/는 또 『화엄일승법계도』를 저술하고 아울러 간략한 주석을 붙여 일승(一乘)의 요긴한 알맹이를 모두 포괄하였으니 1000년을 두고 볼 귀감이 되어 저마다 보배로 여겨 지니고자 하였다.

① 무애가를 지어 불교의 대중화에 기여하였다.
② 세속오계를 제시하고 호국 불교의 전통을 세웠다.
③ 당에 유학하여 유식론을 독자적으로 발전시켰다.
④ 당에서 유학하고 돌아와 부석사를 창건하였다.

06 다음 내용을 발표한 단체에 대한 설명으로 옳은 것은?

> 제1조 기채 정액은 4천만 원으로 하고 명칭은 독립 공채라 함
> 제2조 본 공채의 이율은 연 100분의 5로 정함
> 제4조 상환 기간은 대한민국이 완전히 독립한 후 만 5년부터 30개년 이내에 수시로 상환하는 것으로 하며, 그 방법은 재무 총장이 이를 정함
> 제17조 본 공채는 외국인도 응모할 수 있는 것으로 함

① 산하 부대로 조선 혁명군을 창설하였다.
② 신흥 강습소를 설립하여 독립군을 양성하였다.
③ 비밀 조직으로 연통제와 교통국을 운영하였다.
④ 안창호가 샌프란시스코에서 동포들을 모아 조직하였다.

07 다음 자료에 나타난 시기의 가족 제도에 대한 설명으로 옳은 것은?

> 손변이 안찰부사로 있을 당시 어떤 남매간에 송사가 벌어졌다. 남동생은 "다 한 부모에게서 태어났는데 어째서 부모의 유산을 누이 혼자서만 독차지하고 동생인 나에게는 나누어 주지 않느냐?"고 주장하였다. …… 누이와 동생이 그의 말을 듣고 비로소 깨닫고 감동하여 서로 붙들고 울었고, 손변은 재산을 반으로 나누어 남매에게 주었다.

① 과부의 재가를 허용하지 않았다.
② 아들이 없을 경우에는 딸이 제사를 지내기도 하였다.
③ 같은 성씨를 가진 아이를 양자로 들이는 것이 일반화되었다.
④ 결혼 후에 여자가 바로 남자 집에서 생활하는 친영 제도가 널리 시행되었다.

08 (가) 단체에 대한 설명으로 옳은 것은?

> 경상남북도·충청남도·경성 등지의 부호들에게 (가) 의 명의로 국권 회복 운동 자금을 제공하라는 불온한 통고문이 빈번하게 발송되었다. …… 이 사건의 주범인 박상진은 전 규장각 부제학 박시규의 장남이다. …… 그 이익으로 국권 회복 자금에 충당한 동시에 무기 구입을 계획하여 하루아침에 일본과 외국의 국교가 단절되면, 한꺼번에 봉기하여 결국 일본으로 하여금 조선을 포기시키려고 하였다.

① 시회를 가장하여 조직된 비밀 단체이다.
② 공화정체의 국민 국가 수립을 목표로 삼았다.
③ 중추원 개편을 통한 의회 설립을 추진하였다.
④ 일제가 조작한 105인 사건으로 인해 와해되었다.

09 다음 법령에 따라 시행된 정책에 대한 사실로 옳지 않은 것은?

> 구 백동화 교환에 관한 건
> 제1조 구 백동화 교환에 관한 사무는 금고로 처리하도록 하며 탁지부 대신이 이를 감독한다.
> 제3조 구 백동화의 품질, 무게, 인상(印象), 모양이 소재 가치와 액면가가 일치하는 화폐로 인정받을 만한 것은 한 개당 금(金) 1전 9리의 비율로 새로운 화폐로 교환한다. 이 기준에 합당하지 않은 부정 백동화는 개당 금 1전의 가격으로 정부에서 사들인다. 만약 매수를 원하지 않는 경우 정부에서 절단하여 돌려준다.

① 재정 고문인 메가타의 주도로 시행되었다.
② 은본위제가 본격적으로 실시되는 배경이 되었다.
③ 일본 제일은행이 중앙 은행의 역할을 하게 되었다.
④ 일본이 정책 시행 자금 조달을 위해 차관 제공을 강제하였다.

10 밑줄 친 '정권' 시기의 사실로 옳은 것은?

> 저는 지금도 중앙 상무 위원회를 할 때 총리가 거의 목멘 소리로 "민주 국가에서는 소급 입법을 해서는 안 된다."라고 설득한 것을 기억하고 있습니다. 불행히도 소급 입법은 되고 말았습니다만 총리는 저를 만날 때마다 이런 일을 하면 안 된다고 굉장히 개탄하였습니다. 그 당시 내각 책임제하에 국회가 모든 것을 좌우하는 시대였고 의원들의 각성과 자질이 부족해서 지도자의 그러한 훌륭한 말씀을 여야간에 귀를 기울이는 사람이 적었던 것입니다. ……
> "이 <u>정권</u>을 그대로 두었으면 나라가 망할 것 같아서 5·16을 일으켰다." 이렇게 말한 것은 사실이 아닙니다.

① 잡지 『사상계』가 창간되었다.
② 화폐 단위가 '환'에서 '원'으로 바뀌었다.
③ 정부에 비판적이던 경향신문이 폐간되었다.
④ '중립화 통일론'과 '남북 협상론'이 제기되었다.

바로 채점하기 정답 및 해설 p.174

01	②	02	④	03	④	04	②	05	④
06	③	07	②	08	②	09	②	10	④

맞은 개수: ______개 / 10개

마무리 OX 퀴즈

☑ 모의고사에 출제된 개념을 OX 문제 풀이를 통해 한번 더 점검해보세요.

전근대사

01 고구려에서는 읍락의 우두머리들이 스스로 '삼로(三老)'라고 불렀다. □ O □ X

02 통일 신라는 전국을 9주로 나누고 주요 거점에 5소경을 설치하였다. □ O □ X

03 의상은 당에 유학하여 유식론을 독자적으로 발전시켰다. □ O □ X

04 고려 시대에는 아들이 없을 경우에는 딸이 제사를 지내기도 하였다. □ O □ X

05 고려 후기에는 『백운소설』, 『역옹패설』 등의 패관 문학이 유행하였다. □ O □ X

06 동인은 정철의 처벌 문제를 두고 분열하였다. □ O □ X

근현대사

07 화폐 정리 사업은 재정 고문인 메가타의 주도로 시행되었다. □ O □ X

08 대한 광복회는 공화정체의 국민 국가 수립을 목표로 삼았다. □ O □ X

09 대한민국 임시 정부는 산하 부대로 조선 혁명군을 창설하였다. □ O □ X

10 흥사단은 안창호가 샌프란시스코에서 동포들을 모아 조직하였다. □ O □ X

11 이승만 정부 시기에 잡지 『사상계』가 창간되었다. □ O □ X

12 장면 내각 정부 시기에 '중립화 통일론'과 '남북 협상론'이 제기되었다. □ O □ X

정답 | 01 X 02 O 03 X 04 O 05 O 06 O 07 O 08 O 09 X 10 O 11 O 12 O

해설 | 01 동예·옥저에 대한 설명이다. 03 원측에 대한 설명이다. 09 조선 혁명당에 대한 설명이다.

제한 시간 **7분 타이머**를 맞추고 시작하세요.

01 밑줄 친 '왕'의 업적으로 옳은 것은?

> 왕 31년 7월에 신라가 동북쪽 변경을 빼앗아 신주를 설치하였다. 이듬해 7월에 왕이 신라를 습격하려고 몸소 보병과 기병 50명을 거느리고 밤에 구천에 이르렀다. 신라의 복병이 일어나 싸웠으나 적의 병사들에게 살해되었다.

① 『서기』를 편찬하게 하였다.
② 수도를 한성에서 웅진으로 옮겼다.
③ 중앙 관청을 22부로 확대하였다.
④ 동진으로부터 불교를 수용하였다.

02 밑줄 친 '왕' 재위 시기의 사실로 옳은 것은?

> 대사헌 양성지가 왕에게 상소하길 "과전은 사대부를 기르는 것입니다. 장차 직전을 두려고 한다는데, 조정의 신하는 직전을 받겠으나 직에서 물러난 신하와 옛 공경 대부의 자손들은 1결의 토지도 가질 수 없게 되니 이는 대대로 국록을 주는 뜻에 어긋납니다."라고 하였다.

① 진관 체제를 실시하였다.
② 이인좌의 난이 발생하였다.
③ 『경국대전』을 완성하였다.
④ 의정부 서사제를 실시하였다.

03 다음 역사적 사실들을 순서대로 바르게 나열한 것은?

> ㉠ 영양왕이 요서 지방을 선제공격하였다.
> ㉡ 안시성의 군·민이 당나라 군대를 격퇴하였다.
> ㉢ 고구려의 군대가 살수에서 수나라 군대를 격파하였다.
> ㉣ 외적의 침입을 대비하여 천리장성을 축조하기 시작하였다.

① ㉠ - ㉡ - ㉢ - ㉣
② ㉠ - ㉢ - ㉣ - ㉡
③ ㉢ - ㉣ - ㉡ - ㉠
④ ㉢ - ㉣ - ㉠ - ㉡

04 (가) 지역에 대한 설명으로 옳은 것은?

> 적은 진도로 들어가서 근거지로 삼고 인근 고을들을 노략질하였으므로 왕이 김방경에게 명령하여 토벌케 하였는데, 이듬해 김방경은 몽골 원수 흔도 등과 함께 3군을 통솔하고 적을 격파하였다. 적은 모두 처자를 버리고 멀리 도망쳤으며 적장 김통정은 패잔병을 거느리고 (가) (으)로 들어갔다.

① 제1차 남북 정상 회담이 개최되었다.
② 조선 후기에 만상이 근거지로 삼아 활동하였다.
③ 유엔군과 공산군이 처음으로 휴전 회담을 개최하였다.
④ 원 간섭기에 탐라총관부를 설치하고 목마장을 운영하였다.

05 밑줄 친 '왕'에 대한 설명으로 옳은 것은?

> 왕이 명하기를 "소금세는 옛날부터 천하가 공용하는 것인데, 지금 여러 궁원과 절, 권세가가 모두 다투어 차지해버리고 그 세금을 내지 않아서 국가의 재정이 부족하다. 해당 관서는 끝까지 조사해서 모두 혁파하라" 라고 하였다.

① 섬학전을 설치하였다.
② 사림원을 설치하였다.
③ 정치도감을 설치하였다.
④ 원나라의 연호를 폐지하였다.

06 다음 사건과 관련된 민족 운동에 대한 설명으로 옳지 않은 것은?

> 오후 2시 10분 파고다 공원에 모였던 수백 명의 학생들이 '만세, 독립 만세'를 외치자 공원 근처에 살던 시민들이 크게 놀랐다. 공원 문을 쏟아져 나온 학생들은 몸에 숨겼던 선언서들을 뿌리며 종로 거리를 누볐다. …… 학생들은 덕수궁 문 앞에 이르자 돌아가신 고종에게 조의를 표하였다.

① 국외 약소 민족의 독립운동에 영향을 주었다.
② 대한민국 임시 정부가 수립되는 계기가 되었다.
③ 일제의 통치 방침이 이른바 '문화 통치'로 바뀌었다.
④ 국내외에서 민족 유일당 운동이 전개되는 계기가 되었다.

07 다음과 같은 상황을 해결하기 위해 실시한 제도에 대한 설명으로 옳지 않은 것은?

> 나라의 100여 년에 걸친 고질 병폐로서 가장 심한 것은 양역(良役)이니 호포, 구전, 유포, 결포의 말이 어지러이 번갈아 나왔으나 적절히 따를 바가 없습니다. …… 또 한 이웃의 이웃이 견책을 당하고, 친척의 친척이 징수를 당하며, 어린아이는 젖 밑에서 군정으로 편성되고, 백골은 지하에서 징수를 당하며 ……

① 군포를 2필에서 1필로 감면하였다.
② 양반에게도 군포를 부담하게 하였다.
③ 지주에게 토지 1결당 2두의 결작미를 징수하였다.
④ 균역청에서 관리하다가 선혜청이 통합하여 관리하였다.

08 강화도 조약의 내용으로 옳지 않은 것은?

① 일본인 거주 지역 내에서 치외 법권을 인정한다.
② 조선은 자주국으로 일본과 평등한 권리를 가진다.
③ 일본인 상인들에게 조선의 내지 통상권을 허용한다.
④ 일본 항해자가 수시로 조선의 해안을 측량하는 것을 허락한다.

09 (가) 단체에 대한 설명으로 옳은 것은?

> (가) 소속 대원인 이봉창 의사의 의거와 윤봉길 의사의 의거, 특히 윤 의사의 의거가 있기 전에는 …… 장제스가 임정을 아무것도 아닌 것으로 알고 동전 한푼 안 도왔습니다. 윤 의사 의거를 보고서야 장제스가 전적으로 돕기 시작했던 것입니다.

① 조선 혁명 간부 학교를 설립하였다.
② 상하이에서 김구의 주도로 조직되었다.
③ 「조선혁명선언」을 활동 지침으로 삼았다.
④ 광주 학생 항일 운동에 조사단을 파견하였다.

10 다음 법령에 대한 설명으로 옳은 것은?

> 제5조 정부는 농가가 아닌 자의 농지를 매수한다.
> 제12조 농지의 분배는 1가구당 총 경영 면적 3정보를 초과하지 못한다.
> 제13조 상환은 5년간 균분 연부로 하고 매년 정부에 납입해야 한다.

① 농지 이외에 산림·임야도 포함하였다.
② 농민들에게 무상으로 토지를 분배하였다.
③ 소작농의 수가 크게 증가하는 계기가 되었다.
④ 농지를 매각한 지주에게는 지가 증권을 교부하였다.

바로 채점하기 정답 및 해설 p.177

01	③	02	①	03	②	04	④	05	②
06	④	07	②	08	③	09	②	10	④

맞은 개수: ______개 / 10개

마무리 OX 퀴즈

☑ 모의고사에 출제된 개념을 OX 문제 풀이를 통해 한번 더 점검해보세요.

전근대사

01 백제 성왕은 동진으로부터 불교를 수용하였다. □ O □ X

02 영양왕이 요서 지방을 선제 공격하였다. □ O □ X

03 충선왕은 사림원을 설치하였다. □ O □ X

04 세조 재위 시기에는 이인좌의 난이 발생하였다. □ O □ X

05 균역법은 양반에게도 군포를 부담하게 하였다. □ O □ X

06 의주는 조선 후기에 만상이 근거지로 삼아 활동하였다. □ O □ X

근현대사

07 3·1 운동은 국외 약소 민족의 독립운동에 영향을 주었다. □ O □ X

08 3·1 운동은 국내외에서 민족 유일당 운동이 전개되는 계기가 되었다. □ O □ X

09 한인 애국단은 상하이에서 김구의 주도로 조직되었다. □ O □ X

10 의열단은 「조선혁명선언」을 활동 지침으로 삼았다. □ O □ X

11 농지 개혁법은 소작농의 수가 크게 증가하는 계기가 되었다. □ O □ X

12 제주도에서는 유엔군과 공산군이 처음으로 휴전 회담을 개최하였다. □ O □ X

정답 | 01 X 02 O 03 O 04 X 05 X 06 O 07 O 08 X 09 O 10 O 11 X 12 X

해설 | 01 침류왕에 대한 설명이다. 04 영조 때 발생하였다. 05 호포법에 대한 설명이다. 08 6·10 만세 운동에 대한 설명이다. 11 소작농의 수는 감소하고 자작농이 증가하였다. 12 개성에 대한 설명이다.

제한 시간 **7분 타이머**를 맞추고 시작하세요.

01 다음 자료에 해당하는 나라에 대한 설명으로 옳은 것은?

> 귀신을 믿기 때문에 국읍에 각각 한 사람씩 세워 천신의 제사를 주관하게 하는데, 이를 천군이라 한다. 여러 나라에는 각각 별읍이 있는데, 이를 소도라 하였다. 큰 나무를 세우고 거기에 방울과 북을 매달아 놓고 귀신을 섬겼는데, 사방에서 도망해 온 사람들은 모두 여기에 모여 돌아가지 않았다.

① 책화라는 풍습이 있었다.
② 신지, 읍차 등의 정치적 지배자가 있었다.
③ 쑹화강 유역의 평야 지대에서 성장하였다.
④ 도둑질한 자에게는 12배를 변상하게 하였다.

02 (가)에 대한 설명으로 옳지 않은 것은?

> 당초에 최우는 나라에 도적이 많다고 하여 용사를 모아 밤마다 순행하며 폭력을 금하였다. 그래서 야별초라고 불렀다. 도적이 여러 도에서 일어나자 별초를 나누어 파견하여 잡으니 병사의 수가 매우 많아져 마침내 좌·우로 나누었다. 또 몽고에서 도망해서 돌아온 우리나라 사람으로 한 부대로 만들어 신의군이라고 호칭하니, 이것이 (가) 이/가 되었다.

① 몽골에 대항하기 위해 일본에 외교 문서를 보냈다.
② 승화후 온을 왕으로 옹립하고 항몽 정권을 수립하였다.
③ 진도의 용장성에 거점을 마련하고 주변 섬을 장악하였다.
④ 양계 지방에서 국경 지역 방어를 맡았던 상비군이었다.

03 밑줄 친 '왕'의 업적으로 옳은 것은?

> 왕께서는 존경각을 성균관에 세우고 경적을 내려 주어서 간직하게 하셨으며 …… 지리지를 찬(撰)하게 하여 이름을 『동국여지승람』이라고 하였다.

① 「여민락」을 짓고 정간보를 창안하였다.
② 간경도감을 설치하여 불교 경전을 언해하였다.
③ 국가가 조세를 거두어 관리에게 주는 관수 관급제를 실시하였다.
④ 일본과 임신약조를 체결하여 무역의 규모를 제한하였다.

04 다음 계율을 제시한 인물에 대한 설명으로 옳은 것은?

> 지금 세속의 5계가 있으니, 첫째는 충성으로 임금을 섬기는 것이요, 둘째는 효로 부모를 섬기는 것이요, 셋째는 벗을 사귀되 믿음이 있어야 하며, 넷째는 싸움에 임해서는 물러서지 말아야 하며, 다섯째는 산 것을 죽일 때에는 가림이 있어야 한다.

① 왕이 도성을 정비하려 하자 이를 만류하였다.
② 인도 등을 순례하고 『왕오천축국전』을 저술하였다.
③ 대국통이 되어 출가자의 규범과 계율을 주관하였다.
④ 왕의 명령으로 수나라에 군사를 청하는 글을 작성하였다.

05 밑줄 친 '그'에 대한 설명으로 옳은 것은?

> 그가 모든 재상들과 정료위를 공격할 것인지 또는 화친할 것인지를 논의하자, 모든 재상들이 화친을 요청하자고 하였다. …… 그는 모든 관리를 모아 철령 이북의 땅을 떼어 주는 여부를 논의하자 관리들이 모두 반대하였다. 우왕은 그와 비밀리에 요동을 공격할 것을 의논하였고, 그는 이를 권하였다.

① 홍산 전투에서 왜구를 격퇴하였다.
② 교정별감이 되어 국정을 장악하였다.
③ 화약 무기를 사용하여 진포 해전에서 승리하였다.
④ 압록강의 위화도에서 회군하여 정권을 장악하였다.

06 고려 시대의 건축물에 대한 설명으로 옳지 않은 것은?

① 사리원의 성불사 응진전은 대표적인 다포 양식의 건축물이다.
② 안동 봉정사 극락전은 우리나라에서 가장 오래된 목조 건물이다.
③ 영주 부석사 무량수전은 주심포 양식과 팔작 지붕으로 구성되었다.
④ 구례 화엄사 각황전은 내부가 하나로 통하는 통층 구조로 되어있다.

07 ㉠에 대한 설명으로 옳은 것은?

> 왕이 이때에 [㉠]을/를 설치하여 군사를 훈련시키라 명하시고, 나를 도제조로 삼았다. …… 얼마 안 되어 수천 명을 얻어 조총 쏘는 법과 창·칼 쓰는 기술을 가르쳐서 초관(哨官)과 파총(把摠)을 세워서 그들을 거느리고 번을 나누어 궁중에서 보초를 서게 하고, 무릇 행차의 거둥이 있을 때는 이들로써 호위하니 민심이 차츰 믿게 되었다.

① 훈련별대와 정초군을 합하여 조직하였다.
② 효종 때 북벌 계획에 따라 조직이 정비되었다.
③ 서리, 잡학인 등이 소속되어 유사시에 동원되었다.
④ 일정한 급료를 받는 상비군의 성격을 가지고 있다.

08 (가) 부대에 대한 설명으로 옳은 것은?

> 대한민국 임시 정부는 대한민국 원년에 정부가 공포한 군사 조직법에 의거하여 중화민국 총통 장개석 원수의 특별 허락으로 중화민국 영토 내에서 [(가)]을/를 창설함을 선언한다. [(가)]은/는 중화민국 국민과 합작하여 우리 두 나라의 독립을 회복하고자 공동의 적인 일본 제국주의자들을 타도하기 위하여 연합군의 일원으로 항전을 계속한다.

① 영릉가, 흥경성 전투에서 일본군을 물리쳤다.
② 러시아 적군과 연합하고자 자유시로 이동하였다.
③ 조선 의용군과 연합하여 일본에 선전 포고를 하였다.
④ 미국 전략 정보국의 지원을 받아 정진군을 편성하였다.

09 다음 내용을 발표한 정부 시기의 사실로 옳은 것은?

> 1. 대한민국 헌법을 부정·반대·왜곡 또는 비방하는 일체의 행위를 금한다.
> 2. 대한민국 헌법의 개정 또는 폐지를 주장·발의·제안 또는 청원하는 일체의 행위를 금한다.
>
> :
>
> 6. 이 조치에 위반한 자와 이 조치를 비방하는 자는 비상 군법 회의에서 심판·처단한다.

① 금 모으기 운동을 전개하였다.

② 한국과 일본의 국교가 정상화되었다.

③ 국가 보위 비상 대책 위원회를 설치하였다.

④ 소련과 중국 등 공산권 국가들과 국교를 맺었다.

10 다음 기구에서 추진한 개혁의 내용으로 옳은 것은?

> 국내의 크고 작은 일을 전적으로 의논한다. 총재 1인은 총리대신이 겸임하고, 부총재 1인은 의원 중에서 품계가 높은 사람이 겸임하며, 회의원은 10인 이상 20인 이하이고, 서기관은 3인인데 1인은 총리대신의 비서관을 겸임한다.

① 의정부를 폐지하고 8아문을 7부로 개편하였다.

② '개국' 기년을 폐지하고 '건양' 연호를 사용하였다.

③ 경무청을 설치하여 근대식 경찰 제도를 도입하였다.

④ 8도제를 폐지하여 전국을 23부 337군으로 재편하였다.

바로 채점하기 정답 및 해설 p.180

01	②	02	④	03	③	04	④	05	①
06	④	07	④	08	④	09	②	10	③

맞은 개수: ______개 / 10개

마무리 OX 퀴즈

☑ 모의고사에 출제된 개념을 OX 문제 풀이를 통해 한번 더 점검해보세요.

전근대사

01 삼한에는 신지, 읍차 등의 정치적 지배자가 있었다. □ O □ X

02 원광은 왕의 명령으로 수나라에 군사를 청하는 글을 작성하였다. □ O □ X

03 삼별초는 양계 지방에서 국경 지역 방어를 맡았던 상비군이었다. □ O □ X

04 최영은 홍산 전투에서 왜구를 격퇴하였다. □ O □ X

05 안동 봉정사 극락전은 우리나라에서 가장 오래된 목조 건물이다. □ O □ X

06 조선 성종은 일본과 임신약조를 체결하여 무역의 규모를 제한하였다. □ O □ X

07 훈련도감은 효종 때 북벌 계획에 따라 조직이 정비되었다. □ O □ X

근현대사

08 제1차 갑오개혁 때 경무청을 설치하여 근대식 경찰 제도를 도입하였다. □ O □ X

09 대한 독립 군단은 러시아 적군과 연합하고자 자유시로 이동하였다. □ O □ X

10 한국광복군은 영릉가, 흥경성 전투에서 일본군을 물리쳤다. □ O □ X

11 박정희 정부 시기에는 한국과 일본의 국교가 정상화되었다. □ O □ X

12 김영삼 정부 시기에는 금 모으기 운동을 전개하였다. □ O □ X

정답 | 01 O 02 O 03 X 04 O 05 O 06 X 07 X 08 O 09 O 10 X 11 O 12 X

해설 | 03 주진군에 대한 설명이다. 06 중종에 대한 설명이다. 07 어영청에 대한 설명이다. 10 조선 혁명군에 대한 설명이다. 12 김대중 정부 시기의 사실이다.

제한 시간 **7분 타이머**를 맞추고 시작하세요.

01 밑줄 친 '왕'의 재위 시기에 있었던 사실로 옳은 것은?

> 왕은 당이 내분으로 혼란스러워진 틈을 타서 영토를 넓히고, 수도를 중경에서 상경으로, 다시 동경으로 옮겼다. 또한 '황상'이라는 칭호를 사용하였으며, 일본에 보낸 외교 문서에는 천손이라는 표현을 사용하였다.

① 야율아보기에 의해 홀한성이 포위되었다.
② '대흥'이라는 독자적인 연호를 사용하였다.
③ 당으로부터 발해 군왕으로 처음 책봉되었다.
④ 대부분의 말갈족을 복속시키고 요동 지역으로 진출하였다.

02 (가) 왕의 업적으로 옳은 것은?

> 경인년에 천자께서 저 먼 변방에서 신묘한 도를 듣고자 함을 돌보시어 사신을 보내시고 도사 2인을 딸려 보내어 교법에 통달한 자를 골라 훈도하게 하였다. (가) 은/는 신앙이 돈독하여 정화 연간에 비로소 복원관을 세워 도가 높은 참된 도사 10여 인을 받들었다.

① 귀법사를 창건하였다.
② 주전도감을 설치하였다.
③ 향리 직제를 마련하였다.
④ 국학에 7재를 설치하였다.

03 고대 국가의 고분에 대한 설명으로 옳은 것을 모두 고른 것은?

> ㉠ 고구려는 초기에 돌무지덧널무덤을 주로 만들었다.
> ㉡ 백제는 한성 시기에 계단식 돌무지무덤을 만들었다.
> ㉢ 통일 신라는 무덤의 둘레돌에 12지 신상을 조각하기도 하였다.
> ㉣ 정혜 공주 묘는 당나라의 영향을 받아 벽돌무덤으로 만들어졌다.

① ㉠, ㉡　② ㉠, ㉢
③ ㉡, ㉢　④ ㉢, ㉣

04 (가) 인물에 대한 설명으로 옳은 것은?

> 왕이 조서를 내리기를, " (가) 은/는 선왕이 재위할 때와 과인이 처음 왕통을 계승하여 지금에 이르기까지, 충성을 다하여 나를 도와서 큰 공적이 있었다. 그러므로 부(府)를 세워 높이 상전(賞典)해야 할 것이다."라고 하였다. …… 또 사신을 보내 (가) 을/를 진강후로 책봉하고, 부를 세워 흥녕부로 하였으며, 관료를 배치하고 흥덕궁을 그에게 예속시켰다.

① 사저에 서방을 설치하였다.
② 도방을 처음으로 조직하였다.
③ 이의방을 제거하고 권력을 장악하였다.
④ 교정도감을 설치하여 국정을 장악하였다.

05 조선 후기의 미술 경향에 대한 설명으로 옳지 않은 것은?

① 신윤복은 남녀 사이의 애정 등을 감각적으로 묘사하였다.

② 우리의 자연을 사실적으로 표현한 진경 산수화가 유행하였다.

③ 김홍도가 서민들의 삶을 해학적으로 표현한 파적도를 그렸다.

④ 강세황은 서양화의 기법을 반영하여 사물을 실감나게 표현하였다.

06 밑줄 친 '왕' 대의 사실로 옳은 것은?

> ○ 왕이 명령하여 순장을 금하였다. 전에는 국왕이 죽으면 남녀 각 5명씩 순장하였는데, 이때 이르러 금한 것이다.
> ○ 왕이 친히 국내에 주·군·현의 제도를 정하고 실직주를 두어 이사부를 군주로 삼으니 군주란 이름이 여기서 시작되었다.

① 울진 봉평 신라비를 세웠다.

② 아시촌에 소경을 설치하였다.

③ 백제 동성왕과 결혼 동맹을 맺었다.

④ 고구려 승려 혜량을 승통으로 삼았다.

07 (가) 운동에 대한 설명으로 옳은 것은?

> (가) 은/는 최제우가 창시한 종교를 바탕으로 조선 후기에 일어난 농민 중심의 혁명이다. 당시 세도 정치와 탐관오리의 수탈, 삼정의 문란 등 사회적 모순에 시달리던 농민들이 결집해 반봉건·반외세 투쟁을 전개하였으며, 초기에는 전라도 고부에서 시작되어 전국으로 확산되었다.

① 단발령의 철회를 주장하였다.

② 한성 조약이 체결되는 결과를 가져왔다.

③ 집강소를 설치하고 폐정 개혁을 추진하였다.

④ 우병사 백낙신의 수탈에 반발하여 봉기를 일으켰다.

08 밑줄 친 '사절단'에 대한 설명으로 옳은 것은?

> 미국은 루시우스 푸트를 공사로 조선에 파견하였고, 조선에서는 이에 대하여 민영익을 전권대신으로 임명하여 홍영식, 서광범, 유길준 등과 함께 사절단으로 미국에 파견하였다.

① 정부의 재정 문제 등으로 조기 귀국하였다.

② 『조선책략』을 들여와 국내에 소개하였다.

③ 조·미 수호 통상 조약이 체결되는 계기가 되었다.

④ 귀국 후에 새로운 모범 농장의 설치를 건의하였다.

09 다음 민족 운동에 대한 설명으로 옳은 것은?

> 공평은 사회의 근본이고 애정은 인류의 근본 강령이다. 그런고로 우리는 계급을 타파하고 모욕적 칭호를 폐지하여 교육을 장려하며, 우리도 참다운 인간이 되는 것을 기대하는 것이 본사의 큰 뜻이다. …… 우리도 조선 민족 이천만의 일원이라. 애정으로써 상호부조하며 생명의 안정을 도모하고 공동의 번영을 도모하려 한다.

① 통감부의 탄압으로 중단되었다.

② 혜상공국의 혁파를 주장하였다.

③ 조선 형평사의 주도로 전개되었다.

④ 신분 제도가 법적으로 폐지되는 계기가 되었다.

10 다음 조약이 체결된 정부 시기의 경제 상황으로 옳은 것은?

> 제2조 무력 공격에 위협을 받는다고 인정할 때는 서로 협력한다.
> 제4조 상호 합의에 의해 미국은 육군, 해군, 공군을 한국의 영토 내와 그 부근에 배치할 수 있는 권리를 가지며 한국은 이를 허용한다.

① 제1차 경제 개발 5개년 계획을 추진하였다.

② 건설업의 중동 진출로 석유 파동을 극복하였다.

③ 제분, 제당, 면방직 등의 삼백 산업이 발달하였다.

④ 신한 공사를 설치하여 귀속 재산을 민간인에게 불하하였다.

바로 채점하기 정답 및 해설 p.183

01	②	02	④	03	③	04	④	05	③
06	②	07	③	08	④	09	③	10	③

맞은 개수: ______개 / 10개

마무리 OX 퀴즈

☑ 모의고사에 출제된 개념을 OX 문제 풀이를 통해 한번 더 점검해보세요.

전근대사

01 고구려는 초기에 돌무지덧널무덤을 주로 만들었다. □ O □ X

02 지증왕은 아시촌에 소경을 설치하였다. □ O □ X

03 발해 문왕은 당으로부터 발해 군왕으로 처음 책봉되었다. □ O □ X

04 고려 성종은 향리 직제를 마련하였다. □ O □ X

05 고려 예종은 국학에 7재를 설치하였다. □ O □ X

06 최충헌은 도방을 처음으로 조직하였다. □ O □ X

07 신윤복은 남녀 사이의 애정 등을 감각적으로 묘사하였다. □ O □ X

근현대사

08 동학 농민군은 집강소를 설치하고 폐정 개혁을 추진하였다. □ O □ X

09 보빙사는 『조선책략』을 들여와 국내에 소개하였다. □ O □ X

10 형평 운동은 조선 형평사의 주도로 전개되었다. □ O □ X

11 이승만 정부 시기에는 제분, 제당, 면방직 등의 삼백 산업이 발달하였다. □ O □ X

12 박정희 정부 시기에는 제1차 경제 개발 5개년 계획을 추진하였다. □ O □ X

정답 | 01 X 02 O 03 X 04 O 05 O 06 X 07 O 08 O 09 X 10 O 11 O 12 O

해설 | **01** 신라에 대한 설명이다. **03** 대조영(고왕)에 대한 설명이다. **06** 경대승에 대한 설명이다. **09** 제2차 수신사에 대한 설명이다.

23일 / 하프모의고사 23

제한 시간 **7분 타이머**를 맞추고 시작하세요.

01 구석기 시대의 사회 모습으로 옳은 것은?

① 처음으로 농경이 시작되었다.
② 갈돌과 갈판 등의 도구를 사용하였다.
③ 벼농사를 위하여 수리 시설을 축조하였다.
④ 슴베찌르개를 만들어 나무나 뼈에 꽂아 사용하였다.

02 밑줄 친 세력에 대한 설명으로 옳지 않은 것은?

> 근년 들어 권세 있는 자들의 무리가 자기 마음대로 겸병하여, 좋은 토지와 비옥한 땅을 모두 자기의 소유로 만들고, 높은 산과 큰 강을 토지의 경계로 삼고 있습니다. 각 집에서 파견한 간악하고 교활한 종들이 침범하여 빼앗고 제멋대로 거두어 그 해악이 온갖 방법으로 나오니 민이 삶을 이어갈 수 없으며 나라의 근본이 날로 위태로워졌습니다.

① 대체로 친원적 성향이 강하였다.
② 주로 음서를 통해 관직에 진출하였다.
③ 성리학을 수용하여 개혁을 주도하였다.
④ 도평의사사를 장악하여 권력을 독점하였다.

03 (가) 단체에 대한 설명으로 옳은 것은?

> (가) 이/가 개최한 집회에서 백정 박성춘이 "나는 대한의 가장 천한 사람이고 무지몰각합니다. 그러나 충군애국의 뜻은 대강 알고 있습니다. 이에 나라에 이롭고 백성을 편안하게 하는 길은 관과 민이 합심한 연후에야 가능하다고 생각합니다." 라고 개막 연설을 하자 만장의 박수갈채를 받았다.

① 태극 서관을 설립하여 각종 교재를 판매하였다.
② 구미 위원부를 설치하여 외교 활동을 전개하였다.
③ 의회 설립을 통한 국민 참정권 운동을 전개하였다.
④ 민족 고등 교육을 위한 민립 대학 설립을 추진하였다.

04 다음 글을 쓴 인물에 대한 설명으로 옳은 것은?

> 도는 형상이 없고 하늘은 말이 없습니다. …… 성학에는 커다란 단서가 있고 심법에는 지극한 요령이 있습니다. 이것을 드러내어 그림을 만들고, 이것을 향해서 설명을 만들어 사람들에게 도에 들어가는 문과 덕을 쌓는 토대를 보여 주니, 이것 또한 후대 현인이 부득이하게 만든 것입니다.

① 예안 향약을 만들었다.
② 서리망국론을 주장하였다.
③ 『동호문답』을 저술하였다.
④ 기호 학파 형성에 영향을 주었다.

05 다음 주장을 한 인물에 대한 설명으로 옳은 것은?

> 『기세계경』에서 이르길 "부처님 말씀에 내가 두 성인을 진단(辰旦)에 보내 교화를 펴리라 했는데, 한 사람은 노자로서 그는 가섭보살이요, 또 한 사람은 공자로서 유동보살이다."라고 하였습니다. 이 말에 따르면 유교와 도교의 종은 불법에서 흘러 나온 것이 되니 방편은 다르지만 실제는 같은 것입니다."

① 왕명을 받아 『해동고승전』을 편찬하였다.
② 거조사에서 「권수정혜결사문」을 발표하였다.
③ 『보현십원가』를 지어 불교의 대중화에 기여하였다.
④ 수선사의 2대 교주로 심성의 도야를 강조하였다.

06 (가) 시기에 들어갈 고구려의 역사적 사실로 옳은 것은?

> 백제 왕이 병사 3만을 거느리고 평양성을 공격하였다. 임금이 병사를 이끌고 방어하다가 화살에 맞았다. 이달 23일에 임금이 돌아가셨다. 고국(故國)의 언덕에 장사 지냈다.

↓

> (가)

↓

> 왕이 보병과 기병 5만 명을 보내 신라를 구원하게 하였다. 고구려 군이 남거성을 통해 신라성에 이르렀는데 그곳에 왜가 가득하였다.

① 초문사와 이불란사를 창건하였다.
② 중국의 혼란을 틈타 서안평을 점령하였다.
③ 전연 모용황의 침입으로 환도성이 함락되었다.
④ 죽령 일대부터 남양만에 이르는 영토를 확보하였다.

07 다음 선언을 계기로 설립된 단체에 대한 설명으로 옳은 것은?

> 민족주의적 세력에 대해서는 그 부르주아 민주주의적 성질을 명백하게 인식하는 한편 우리와 과정적 동맹을 맺을 수 있음을 충분히 인정하여, 그것이 타락한 형태로 나타나지 않는 것을 전제로 해서 적극적으로 제휴하여 대중의 개량적인 이익을 위해서도 이전의 소극적인 태도를 버리고 분연히 싸워야 할 것이다.

① 일제 강점기 최대 규모의 비밀 결사 단체였다.
② 기회주의자를 배격하고 정치와 경제적 각성을 촉구하였다.
③ 이동휘를 중심으로 설립된 한국 최초의 사회주의 단체이다.
④ 오산 학교와 대성 학교 등을 설립하여 민족 교육을 추진하였다.

08 조선 후기의 향전에 대한 설명으로 옳은 것은?

① 수령과 향리의 권한이 약해지는 결과를 낳았다.
② 정부는 효과적인 지방 통제를 위해 향전을 장려하였다.
③ 신향은 관권과 결탁하여 향촌 사회를 완전히 장악하였다.
④ 구향은 동족 마을을 형성하고 문중을 중심으로 서원과 사우를 세웠다.

09 다음 담화문을 발표한 정부 시기의 경제 상황으로 옳은 것은?

> 저는 오늘, 1980년 5월 광주 민주화 운동의 역사적 의미를 되새기면서, 광주의 아픔을 씻어내고, 그 명예를 회복하기 위한 정부의 방안을 말씀드리고자 합니다. …… 돌이켜보면 '80년 5월의 민주화 운동은 당시로서는 엄청난 좌절이었습니다. 그러나 문민 민주화를 향해 우리가 걸어온 고난에 찬 역경에서 볼 때, 광주 민주화 운동은 우뚝한 한 봉우리를 차지하고 있습니다. …… 마침내 우리는 이 땅에 문민 민주 정부를 세웠습니다.

① 칠레와 자유 무역 협정을 체결하였다.

② 연간 수출 총액이 100억 달러를 돌파하였다.

③ 고위 공직자 재산 등록제와 금융 실명제를 실시하였다.

④ 구조 조정과 벤처 기업 육성으로 외환 위기를 극복하였다.

10 밑줄 친 '나'에 대한 설명으로 옳은 것은?

> 아침 일찍 프랑스 공무국에서 비밀리에 통지가 왔다. 과거 10년간 프랑스 관헌이 <u>나</u>를 보호하였으나, 이번에 <u>나</u>의 부하가 일왕에게 폭탄을 던진 것에 대해서는 일본의 체포 및 인도 요구를 거절할 수 없다는 것이다. 중국 국민당 기관지 국민일보는 "한국인이 일왕을 저격했으나 불행히도 맞지 않았다."고 썼다.

① 국제 연맹에 의한 위임 통치를 주장하였다.

② 임시 정부의 초대 경무 국장을 역임하였다.

③ 대한민국 임시 의정원의 초대 의장을 맡았다.

④ 신한 청년당의 대표로 파리 강화 회의에 파견되었다.

바로 채점하기 정답 및 해설 p.186

01	④	02	③	03	③	04	①	05	④
06	①	07	②	08	④	09	③	10	②

맞은 개수: ______개 / 10개

마무리 OX 퀴즈

☑ 모의고사에 출제된 개념을 OX 문제 풀이를 통해 한번 더 점검해보세요.

전근대사

01 구석기 시대에는 슴베찌르개를 만들어 나무나 뼈에 꽂아 사용하였다. □ O □ X

02 소수림왕은 초문사와 이불란사를 창건하였다. □ O □ X

03 혜심은 수선사의 2대 교주로 심성의 도야를 강조하였다. □ O □ X

04 권문세족은 주로 음서를 통해 관직에 진출하였다. □ O □ X

05 이황은 『동호문답』을 저술하였다. □ O □ X

06 조선 후기에 향전은 수령과 향리의 권한이 약해지는 결과를 낳았다. □ O □ X

근현대사

07 독립 협회는 태극 서관을 설립하여 각종 교재를 판매하였다. □ O □ X

08 대한민국 임시 정부는 구미 위원부를 설치하여 외교 활동을 전개하였다. □ O □ X

09 신간회는 기회주의자를 배격하고 정치와 경제적 각성을 촉구하였다. □ O □ X

10 김구는 대한민국 임시 의정원의 초대 의장을 맡았다. □ O □ X

11 김영삼 정부 시기에는 연간 수출 총액이 100억 달러를 돌파하였다. □ O □ X

12 노무현 정부 시기에는 칠레와 자유 무역 협정을 체결하였다. □ O □ X

정답 | 01 O 02 O 03 O 04 O 05 X 06 X 07 X 08 O 09 O 10 X 11 X 12 O

해설 | 05 이이에 대한 설명이다. 06 수령과 향리의 권한이 강해졌다. 07 신민회에 대한 설명이다. 10 이동녕에 대한 설명이다. 11 박정희 정부 시기의 사실이다.

24일 / 하프모의고사 24

제한 시간 **7분 타이머**를 맞추고 시작하세요.

01 밑줄 친 '왕'의 업적으로 옳은 것은?

> 왕이 복주에 이르렀다. 정세운은 성품이 충성스럽고 청렴하였는데, 왕의 파천(播遷) 이래 밤낮으로 근심하고 분하게 여겨서 홍건적을 물리치고 개경을 회복하는 것을 자신의 임무로 여겼다. …… 마침내 정세운을 총병관으로 임명하였다.

① 과전법을 시행하였다.
② 화통도감을 설치하였다.
③ 삼군도총제부를 설치하였다.
④ 정동행성 이문소를 폐지하였다.

02 다음과 같이 군제를 개편한 내각 시기의 개혁으로 옳은 것은?

> 제1조 국내의 육군을 친위와 진위 2종으로 나눈다.
> 제2조 친위는 경성에 주둔하여 왕성 수비를 전적으로 맡는다.
> 제3조 진위는 부(府) 혹은 군(郡)의 중요한 지방에 주둔하여 지방 진무와 변경 수비를 전적으로 맡는다.

① 과부의 재가를 허용하였다.
② 전국에 소학교를 설치하였다.
③ 교육 입국 조서를 반포하였다.
④ 신식 화폐 발행 장정을 반포하였다.

03 밑줄 친 '이 지역'에 대한 사실로 옳은 것은?

> 이 지역은 선사 시대부터 인류의 삶의 터전으로, 동삼동 유적에서 발굴된 신석기 시대 유물들이 오랜 거주 역사를 증명하고 있다. 임진왜란 당시에는 치열했던 동래성 전투의 격전지였으며, 조선 후기에 이르러서는 내상을 중심으로 일본과의 교역 창구 역할을 담당하였다. 이후 강화도 조약이 체결됨에 따라 개항되면서 본격적인 근대 도시로 성장하는 발판을 마련하였다.

① 견훤이 후백제의 도읍으로 삼았다.
② 6·25 전쟁 중 대한민국의 임시 수도였다.
③ 남북 경제 협력 사업으로 공단이 조성되었다.
④ 우리나라 최초의 근대적 사립 학교가 설립되었다.

04 밑줄 친 '임금' 재위 시기의 사실로 옳은 것은?

> 용골대가 성 밖으로 나올 것을 재촉하였다. 이에 임금이 백마를 타고 의장은 모두 제거한 채 시종 50여 명을 거느리고 서문을 통해 성을 나갔는데, 왕세자가 따랐다. 백관으로 뒤처진 자는 가슴을 치고 뛰면서 통곡하였다. …… 용골대 등이 인도하여 들어가 단(壇) 아래에 북쪽을 향해 자리를 마련하고 청나라 사람을 시켜 여창(臚唱)하게 하였다. 임금이 세 번 절하고 아홉 번 머리를 조아리는 예를 행하였다.

① 나선 정벌에 조총 부대를 파견하였다.
② 수원에 성곽 도시인 화성을 건설하였다.
③ 서인이 경신환국을 통해 정국을 주도하였다.
④ 경기 남부 지역의 방어를 위해 수어청을 설치하였다.

05 (가) 정부 시기의 사실로 옳은 것은?

> (가) 정부는 민주화 운동을 탄압하기 위해 보도 지침을 각 언론사에 보내 신문과 방송 기사에 대한 검열을 강화하였다. 이와 동시에 컬러 TV 보급을 통한 방송의 탈정치화를 유도하였으며, 프로 야구와 프로 축구 등을 출범시키고 해외 여행 자유화를 통한 유화 정책을 펼치기도 하였다.

① 다문화 가족 지원법이 제정되었다.
② 4·13 호헌 조치가 발표되었다.
③ 서독에 광부와 간호사를 파견하였다.
④ 친일 반민족 행위 진상 규명 위원회를 조직하였다.

06 밑줄 친 '의병'에 대한 설명으로 옳은 것은?

> 5, 6명의 의병이 마당에 들어와 내 앞에서 정렬하더니 경례를 했다. 그들은 모두 18세에서 26세 정도의 청년들이었다. 영리하게 보이고 용모가 단정한 한 청년은 아직도 한국 정규군의 구식 제복을 입고 있었고, 다른 사람들은 군복 바지를 입었다. …… 두 번째 남자는 구식 한국군 총을 갖고 있었는데, 너무나도 구식이어서 그 시대 최악의 견본이라고나 할 만한 물건이었다. – 멕켄지, 『조선의 비극』

① 보국안민, 제폭구민을 기치로 내세웠다.
② 의병 잔여 세력이 활빈당을 조직하였다.
③ 13도 창의군을 결성하여 서울 진공 작전을 시도하였다.
④ 고종의 해산 권고 조칙으로 대부분 해산하였다.

07 밑줄 친 '왕' 재위 시기의 사실로 옳은 것은?

> 어느 날 왕이 부인과 함께 용화산 밑의 큰 연못 근처에 이르니 미륵삼존이 못 가운데서 나타나므로 수레를 멈추고 절을 올렸다. 부인이 왕에게 말하기를, "모름지기 이곳에 큰 절을 지어 주십시오."라고 하니, 그것을 허락했다. …… 이에 미륵 삼회를 법상으로 하여 전(殿)·탑(塔)·낭무(廊廡)를 각각 세 곳에 세우고, 절 이름을 미륵사라고 하였다.

① 탐라국을 복속시켰다.
② 금마저로 천도를 추진하였다.
③ 지방에 22담로를 설치하였다.
④ 노리사치계를 왜에 파견하였다.

08 다음 사건을 시기순으로 바르게 나열한 것은?

> ㉠ 병오박해 때 우리나라 최초의 신부인 김대건이 처형당하였다.
> ㉡ 병인박해로 인해 남종삼 등 수천 명의 천주교 신자들이 순교하였다.
> ㉢ 윤지충이 신주를 불태우고 천주교식 장례를 치러 신해박해가 일어났다.
> ㉣ 주문모를 비롯하여 실학자 이가환, 이승훈 등이 처형당하는 신유박해가 일어났다.

① ㉠ – ㉡ – ㉢ – ㉣
② ㉠ – ㉢ – ㉡ – ㉣
③ ㉢ – ㉣ – ㉠ – ㉡
④ ㉢ – ㉠ – ㉣ – ㉡

09 밑줄 친 '이 지역'에서 전개된 민족 운동으로 옳은 것은?

> 1902년부터 시작된 사탕수수 농장으로의 노동 이민을 시작으로 이 지역으로의 이민이 시작되었다. 이때부터 일제에 의하여 이민이 금지된 1905년 말까지 7천여 명이 이 지역에 이주하여 가혹한 노동에 시달렸다.

① 신한청년당을 결성하였다.

② 2·8 독립 선언이 발표되었다.

③ 대조선 국민 군단을 창설하였다.

④ 안창호 등이 공립 협회를 조직하였다.

10 (가) 국가에 대한 설명으로 옳은 것은?

> 고령군은 본래 (가) 이/가 시조 이진아시왕에서 도설지왕까지 모두 16대 520년간 이어졌던 곳이다. 신라가 (가) 을/를 공격하여 멸망시키고 그 땅을 군(郡)으로 삼았으며, 경덕왕 때 이름을 고쳐 고려까지 이르고 있다.

① 법흥왕에 의해 멸망하였다.

② 관산성 전투에서 국왕이 전사하였다.

③ 신라를 도와 왜의 침입을 격퇴하였다.

④ 전성기에는 호남 일부 지역까지 세력을 확장하였다.

바로 채점하기 정답 및 해설 p.189

01	④	02	②	03	②	04	④	05	②
06	③	07	②	08	③	09	③	10	④

맞은 개수: ______개 / 10개

마무리 OX 퀴즈

☑ 모의고사에 출제된 개념을 OX 문제 풀이를 통해 한번 더 점검해보세요.

전근대사

01 대가야는 법흥왕에 의해 멸망하였다. □ O □ X

02 고구려는 신라를 도와 왜의 침입을 격퇴하였다. □ O □ X

03 백제 무왕은 금마저로 천도를 추진하였다. □ O □ X

04 공민왕은 삼군도총제부를 설치하였다. □ O □ X

05 조선 인조 때는 나선 정벌에 조총 부대를 파견하였다. □ O □ X

06 병오박해 때 우리나라 최초의 신부인 김대건이 처형당하였다. □ O □ X

근현대사

07 을미개혁 때는 전국에 소학교를 설치하였다. □ O □ X

08 정미의병은 고종의 해산 권고 조칙으로 대부분 해산하였다. □ O □ X

09 일본 도쿄에서 2·8 독립 선언이 발표되었다. □ O □ X

10 하와이에서 대조선 국민 군단을 창설하였다. □ O □ X

11 부산은 6·25 전쟁 중 대한민국의 임시 수도였다. □ O □ X

12 전두환 정부 시기에는 다문화 가족 지원법이 제정되었다. □ O □ X

정답 | 01 X 02 O 03 O 04 X 05 X 06 O 07 O 08 X 09 O 10 O 11 O 12 X

해설 | 01 진흥왕에 의해 멸망하였다. 04 공양왕에 대한 설명이다. 05 효종 때의 사실이다. 08 을미의병에 대한 설명이다.
12 이명박 정부 시기의 사실이다.

해커스공무원
매일 하프모의고사 한국사

실전 모의고사

제1회~제3회

잠깐! 시험 전 체크리스트

시험장에서 문제를 풀 때처럼 아래와 같이 준비하여
매 회 모의고사를 실전처럼 풀어보세요.

☐ OMR 답안지를 미리 준비합니다.
OMR 답안지는 교재 p.205에 있습니다.
☐ 연필과 지우개, 컴퓨터용 사인펜을 준비합니다.
☐ 휴대전화는 비행기모드로 바꾸고, 타이머를 준비합니다.
☐ 목표 시간에 모든 문제를 정확하게 풀어봅니다.

실전모의고사 제1회

⏱ 제한 시간 **15분 타이머**를 맞추고 시작하세요. **점수 확인:** ______개 / 20개

01 고대 문화의 일본 전파에 대한 설명으로 옳지 않은 것은?

① 고구려의 혜관은 일본 삼론종의 시조가 되었다.
② 고안무는 무령왕 때 일본에 건너가 유학을 전해주었다.
③ 신라의 토기 제작 기술은 스에키 토기에 영향을 주었다.
④ 고구려의 담징은 일본에 종이와 먹의 제조 방법을 전해주었다.

02 밑줄 친 '왕' 재위 시기의 사실로 옳은 것은?

> 왕은 당나라와 신라의 병사들이 이미 백강과 탄현을 지났다는 소식을 듣고서 장군 계백을 보내 결사대 5천 명을 거느리고 황산으로 가서 신라 병사와 싸우게 하였다.

① 당이 안동 도호부를 설치하였다.
② 윤충이 신라의 대야성을 함락시켰다.
③ 겸익을 등용하여 불교를 진흥시켰다.
④ 복신과 도침이 주류성에서 당나라에 대항하였다.

03 신라의 6두품에 대한 설명으로 옳은 것은?

① 관등 승진의 상한은 대아찬까지였다.
② 관등 승진에서 중위제를 적용받았다.
③ 주의 도독으로 임명되어 지방을 통제하였다.
④ 대표적인 인물로는 김춘추, 김주원 등이 있다.

04 밑줄 친 '그'의 개혁 내용으로 옳은 것을 모두 고른 것은?

> 중종께서 훌륭한 정치를 이룩하려는 뜻을 두었는데 그가 특별히 신임을 받았으며, 당시 여러 명현들도 분발하여 정치를 개혁해서 요순 시대를 만들고자 하였다. …… 기묘년에 조정에서는 그의 건의에 따라 천거과를 설치하였는데, …… 이때 마침 한두 명의 간신들이 유언비어를 날조하여 사림(士林)을 무함하니, 중종께서는 이에 크게 노하여 마침내 명현들에게 죄를 가하였다.

> ㉠ 위훈 삭제
> ㉡ 만동묘 설치
> ㉢ 소격서 혁파
> ㉣ 도첩제 폐지

① ㉠, ㉡　　② ㉠, ㉢
③ ㉡, ㉢　　④ ㉢, ㉣

05 조선 시대의 (가) 신분에 대한 설명으로 옳은 것은?

> 우리나라에서는 (가) 을/를 재물로 삼는다. 대개, 사람이란 같은 종류인데, 어찌 사람이 사람을 재물로 삼는 이치가 있을 것인가. 옛날에는 나라의 부(富)를 물을 때에는 말[馬]의 수로써 대답하였으니, 일찍이 사람을 자기의 재물로 삼지 않은 것이다. 지금 우리나라의 풍속은 다른 사람의 부(富)를 물을 때에는 반드시 (가) 와 토지를 가지고 말하니, 역시 그 법이 그르고 풍속이 고질화되었음을 알 수 있다.

① 과거에 응시할 수 있었다.
② 중서라고 불리기도 하였다.
③ 일천즉천의 법칙을 적용받았다.
④ 나장, 일수, 봉수군 등이 해당된다.

06 ㉠ 행사에 대한 설명으로 옳지 않은 것은?

> 우리나라에서는 봄에는 연등회를 벌이고 겨울에는 [㉠]을/를 개최하는데, 사람을 많이 동원하고 쓸데없는 노동이 많으니, 원컨대 이를 대폭 줄여 백성의 수고를 덜어 주십시오. 또 갖가지 인형을 만들어 비용이 매우 많이 드는데, 한 번 쓰고 난 후에는 바로 부수어 버리니 이 또한 매우 사리에 맞지 않습니다. – 시무 28조

① 삼국 시대부터 행해졌다.

② 훈요 10조에서 억제할 것을 강조하였다.

③ 토속 신에게 나라의 안녕을 기원하였다.

④ 외국 상인이 방문하여 서로 교류하였다.

07 (가) 재위 시기의 사실로 옳은 것은?

> [(가)]와 창은 본디 왕씨가 아니므로 봉사하게 할 수가 없는데, 또 천자의 명령까지 있으니, 마땅히 거짓 임금을 폐하고 참 임금을 새로 세워야 될 것이다. 정창군 요는 신종의 7대 손으로 가장 가까우니, 마땅히 세워야 될 것이다." 하고는 요를 맞아서 왕으로 세우니, 이분이 공양왕이다.

① 경사교수도감을 설치하였다.

② 이성계가 위화도에서 회군하였다.

③ 기철 등의 부원 세력을 제거하였다.

④ 성균관을 순수 유학 교육 기관으로 개편하였다.

08 우리나라 역사서에 대한 설명으로 옳은 것은?

①『사략』은 우리나라에 현존하는 최고(最古)의 역사서이다.

②『삼국사절요』는 기전체로 삼국 시대까지의 역사를 정리하였다.

③『동사강목』은 500여 종의 중국 및 일본의 자료를 참고하여 저술되었다.

④『연려실기술』은 조선 시대의 정치와 문화를 야사 중심으로 정리하였다.

09 다음 조약이 체결된 시기를 연표에서 바르게 고른 것은?

> 제1조 양 체약 당사국 간에 외교 및 영사 관계를 수립한다.
> 제2조 1910년 8월 22일 및 그 이전에 대한 제국과 일본 제국 간에 체결된 모든 조약 및 협정이 이미 무효임을 확인한다.
> 제3조 대한민국 정부가 국제 연합 총회의 결의 제195호(Ⅲ)에서 명시된 바와 같이 한반도에 있어서의 유일한 합법 정부임을 확인한다.

	(가)		(나)		(다)		(라)	
5 · 10 총선거		5 · 16 군사 정변		10월 유신 선포		10 · 26 사태		6월 민주 항쟁

① (가) ② (나)

③ (다) ④ (라)

10 밑줄 친 '상'의 업적으로 옳은 것은?

> 청나라 사신인 이일선이 말하기를, "대국이 군병을 동원하여 나선을 토벌하려는데 군량이 매우 부족합니다. 본국에서도 군병을 도와주어야 하니 본국에서 다섯 달 치 군량을 보내 주시오" 하니 …… <u>상</u>이 이르기를, "먼 지역에 군량을 운송하자면 형세상 매우 어렵기는 하겠으나, 어찌 요구에 응하지 않을 수 있겠소"라고 하였다.

①『이륜행실도』를 간행하도록 하였다.

② 우리나라에 맞는『천세력』을 간행하였다.

③ 명과 후금 사이에서 중립 외교 정책을 실시하였다.

④ 어영청을 정비하여 화포병과 기병의 수를 늘렸다.

11 다음과 같은 주장이 발표된 배경으로 옳은 것은?

> 지금 우리나라의 지리는 아시아의 인후(咽喉)에 처해 있어서 그 위치는 유럽의 벨기에와 같고, 중국에 조공하던 지위는 터키에 조공하던 불가리아와 같다. …… 불가리아가 중립 조약을 체결한 것은 유럽 여러 대국들이 러시아를 막으려는 계책에서 나온 것이었고, 벨기에가 중립 조약을 체결한 것은 유럽의 여러 대국이 서로 자국을 보전하려는 계책이었다. 이를 가지고 논한다면, 우리나라가 아시아의 중립국이 된다면 실로 러시아를 방어하는 큰 기틀이고 또한 아시아의 여러 대국이 서로 보전하는 정략이 될 수 있다.

① 영국이 거문도를 불법 점령하였다.
② 일본이 기습적으로 경복궁을 점령하였다.
③ 삼국 간섭 이후 조선 내에 친러 내각이 형성되었다.
④ 러·일 전쟁이 발발하여 한반도 내에 긴장감이 심화되었다.

12 밑줄 친 '난'에 대한 설명으로 옳은 것은?

> 최근 남쪽에서 일어나는 난은 양민이 일으키는 것이 아니라 궁민(窮民)이 일으킨다. 이들은 생활할 만한 자산이 없으므로 밤낮 원망하고 난을 생각한지 오래되었다. 비록 의리를 말하면서 그들을 타일러도 따르지 않는다. 요사이 남쪽 농민들의 소란은 대개 이들이 주동한 것이며 양민은 단지 협조자일 뿐이다.

① 삼정이정청이 설치되는 계기가 되었다.
② 조병갑의 횡포에 반발하여 전개되었다.
③ 서북민에 대한 차별에 반발하여 시작되었다.
④ 부세 제도의 근본적인 개혁이 이루어지는 계기가 되었다.

13 (가)에 들어갈 기관의 명칭으로 옳은 것은?

> (가) 은/는 1908년에 설립되었으며 한반도 내 토지의 매매와 관리·경영, 건물의 매매, 일본 이주민의 모집 및 분배 등을 통한 식민지 수탈 업무를 주로 담당하였다. 이에 1926년에는 의열단원인 나석주가 (가) 의 경성 지점을 공격하기도 하였다.

① 농광 회사
② 일본 제일은행
③ 임시 토지 조사국
④ 동양 척식 주식회사

14 다음 헌법이 시행된 시기의 사실로 옳은 것은?

> 제39조 ① 대통령은 대통령 선거인단에서 무기명 투표로 선거한다.
> ③ 대통령 선거인단에서 재적 대통령 선거인 과반수의 찬성을 얻은 자를 대통령 당선자로 한다.

① 프로 야구가 출범하였다.
② 조선 총독부 건물이 철거되었다.
③ 판문점 도끼 만행 사건이 일어났다.
④ 3당 합당으로 민주 자유당이 창당되었다.

15 (가), (나) 사이 시기에 일어난 사실로 옳지 않은 것은?

> (가) 소정방이 군사들을 시켜 성곽에 뛰어 올라 당나라 깃발을 세우게 하였다. …… 의자와 태자 효가 여러 성과 함께 모두 항복하였다.
> (나) 이근행이 군사 20만 명을 이끌고 매소성에 주둔하였다. 신라 군사가 공격하여 달아나게 하고 말 3만여 필을 얻었는데, 남겨 놓은 병장기의 수도 그 정도 되었다.

① 당나라가 경주에 계림 도독부를 세웠다.
② 신라가 안승을 보덕국왕으로 책봉하였다.
③ 왜군이 백강에서 나·당 연합군에게 패배하였다.
④ 신라가 기벌포 전투에서 당나라 군사를 물리쳤다.

16 고려 시대의 음서 제도에 대한 설명으로 옳은 것을 모두 고른 것은?

> ㉠ 쌍기의 건의로 처음 시작되었다.
> ㉡ 음서로 등용된 사람은 5품 이상의 고위직에 오를 수 없었다.
> ㉢ 음서로 관직을 받을 수 있는 연령은 원칙적으로 18세 이상이었다.
> ㉣ 공신의 자손, 조종 묘예, 문무 5품 이상 관리의 자손 등에게 주어졌다.

① ㉠, ㉡　② ㉡, ㉢
③ ㉡, ㉣　④ ㉢, ㉣

17 (가)에 대한 설명으로 옳은 것은?

> 외방(外方)의 학생 중에는 나이가 거의 60이 되어도 글자 하나를 모르고 (가) 을/를 역을 피하는 곳으로 삼거니와, 어쩌다 글을 아는 자가 있어도 도리어 (가) 에 이름을 두는 것을 부끄럽게 여겨 온갖 방법으로 교묘히 피하므로, 훈도·교수가 되는 자는 초동(樵童)·목수(牧豎)의 나머지를 몰아다가 그 수를 채워서 살아갈 길을 찾고 있습니다.

① 문묘가 없는 순수 교육 기관이었다.
② 부·목·군·현에 각각 하나씩 설립되었다.
③ 유학부와 기술학부로 나누어 교육을 하였다.
④ 신분에 상관없이 누구나 입학이 가능하였다.

18 다음 법 개정을 실시한 정부 시기의 통일 정책으로 옳은 것은?

> 종전 민법의 친족편에 규정되어 있는 호주를 중심으로 가(家)를 구성하는 호주제도는 양성 평등이라는 헌법이념과 시대변화에 부합하지 아니하므로 이를 폐지하고, …… 양친과 양자에게 친족관계를 인정하면서 양친의 성과 본을 따르게 하는 친양자제도를 도입하려는 것임.

① 6·15 남북 공동 선언을 발표하였다.
② 10·4 남북 공동 선언을 발표하였다.
③ 남북한이 국제 연합에 동시 가입하였다.
④ 민족 자존과 통일 번영을 위한 특별 선언(7·7 선언)을 발표하였다.

19 다음 글을 저술한 인물에 대한 설명으로 옳은 것은?

> 일본과 러시아가 전쟁을 시작할 때, 일본 천황은 이 전쟁이 동양 평화를 유지하고 대한의 독립을 튼튼히 하기 위한 것이라고 했다. 한국과 청나라 사람들은 이 말을 조금도 의심하지 않았기 때문에 너나 할 것 없이 일본을 도왔던 것이 한 가지 이유이다. …… 지금 서양 세력이 동양으로 침략의 손길을 뻗쳐 오고 있는데, 이 재앙을 동양인이 일치단결해서 막아 내는 것이 가장 좋은 방법임은 어린아이라도 다 아는 일이다. 그런데도 무슨 이유로 일본은 이러한 너무나도 당연한 형세를 무시하고, 같은 인종인 이웃 나라를 꺾고 친구의 정을 끊어, 서양 세력이 애쓰지 않고 이득을 얻도록 한단 말인가.

① 대마도에서 순국하였다.
② 13도 의군 조직을 주도하였다.
③ 초대 통감인 이토 히로부미를 저격하였다.
④ 산포대를 조직하여 삼수·갑산 등에서 활약하였다.

20 (가) 군사 조직에 대한 설명으로 옳은 것은?

> 오늘날 동양의 강도 일본 군벌은 아시아를 침략하고, 나아가서는 다년 간의 헛된 꿈인 세계 정복으로 옮기려 하는 광기가 되어, 중화민국 침략 전쟁을 개시하였다. …… 중국에서 활동하고 있는 우리 조선 혁명가들은 모름지기 이 정의로운 전쟁에 직접 참가하고, 나아가 중국 항전 중에 조국의 독립을 쟁취해야 할 것이다. 이를 위해 우리는 우선 '조선 민족 전선 연맹'의 기치 아래 일치 단결하고, 동시에 동양에 있어서의 항일의 위대한 최고 지도자인 장제스 위원장 아래 함께 모여, (가) 을/를 조직한 것이다.

① 지청천의 지휘 아래 활동하였다.
② 보천보의 일제 통치 기구를 공격하였다.
③ 중국 관내에서 결성된 최초의 한인 무장 부대이다.
④ 영국군의 요청으로 인도, 미얀마 전선에 참전하였다.

정답 및 해설 p.192

실전모의고사 제2회

제한 시간 **15분 타이머**를 맞추고 시작하세요. **점수 확인:** ______개 / 20개

01 ㉠ 시대의 유적지로 옳은 것은?

> [㉠] 시대에는 농사에 영향을 주는 자연 현상이나 태양·물·바위와 같은 자연물에 영혼이 있다고 믿는 애니미즘이 생겨났다. 또한, 하늘이나 영혼을 인간과 연결해주는 무당과 그 주술을 믿는 샤머니즘, 특정 동식물을 숭배하는 토테미즘도 나타났다.

① 연천 전곡리 유적
② 서울 암사동 유적
③ 부여 송국리 유적
④ 종성 동관진 유적

02 밑줄 친 '왕'의 재위 시기에 있었던 사실로 옳은 것은?

> 왕이 내신좌평을 두어 왕명 출납에 관한 일을, 내두좌평을 두어 재정에 관한 일을, …… 병관좌평에게는 지방의 병사에 관한 일을 맡겼다.

① 아직기과 왕인을 일본에 파견하였다.
② 신라 눌지 마립간과 동맹을 체결하였다.
③ 낙랑군과 대방군을 공격하는 등 한 군현과 대립하였다.
④ 수도는 5부, 지방은 5방으로 나누어 정비하였다.

03 조선 후기의 중앙군인 5군영에 대한 설명으로 옳은 것은?

① 총융청은 남한산성에 근거지를 두었다.
② 금위영은 포수, 살수, 사수로 구성되었다.
③ 수어청은 5군영 중에 가장 마지막에 설치되었다.
④ 훈련도감은 척계광의 『기효신서』를 참고하여 운영되었다.

04 (가), (나) 시기에 있었던 사실로 옳은 것은?

사사오입 개헌	(가)	부·마 항쟁	(나)	3당 합당

① (가) - 민주화 추진 협의회가 조직되었다.
② (나) - 국민학교가 초등학교로 개칭되었다.
③ (가) - 7·4 남북 공동 성명이 발표되었다.
④ (나) - 국가 재건 최고 회의가 구성되었다.

05 (가)에 대한 설명으로 옳은 것을 모두 고른 것은?

> 청주 흥덕사에서 간행된 [(가)]은/는 승려인 백운 화상이 역대의 여러 부처를 비롯한 조사와 고승들의 법어, 찬, 설법 등에서 중요한 내용을 뽑아 편찬한 것으로 상하 두 권으로 구성되어 있다. 현재는 하권만 남아 있으며, 2001년에 유네스코 세계 기록유산으로 등재되었다.

> ㉠ 현재 프랑스 국립 도서관에 소장되어 있다.
> ㉡ 최우 집권기에 강화도에서 다시 간행되었다.
> ㉢ 불국사 3층 석탑을 보수하는 과정에서 발견되었다.
> ㉣ 현존 세계 최고(最古)의 금속 활자본으로 공인 받았다.

① ㉠, ㉡
② ㉠, ㉣
③ ㉡, ㉢
④ ㉢, ㉣

06 다음 선언서를 작성한 인물에 대한 설명으로 옳은 것은?

> 우리 대한의 동족 남매와 세계의 우방 동포들이여. 우리 대한은 완전한 자주 독립과 신성한 평등 복리로 우리 자손들에게 세대를 거듭하여 전하기 위하여 이에 이민족 전제의 학대와 억압을 벗고 대한 민주의 자립을 선포하노라.
>
> – 대한 독립 선언서

① 하바로프스크에서 한인 사회당을 결성하였다.

② '삼천만 동포에게 읍고함'이라는 글을 발표하였다.

③ 개인·민족·국가의 균등을 강조한 삼균주의를 제창하였다.

④ 조선 의용대의 일부를 이끌고 한국광복군에 합류하였다.

07 밑줄 친 '이 신문'에 해당하는 것은?

> 우리가 <u>이 신문</u>을 출판하는 것은 이익을 보려 하는 것이 아니므로 가격을 저렴하게 했고 모두 한글로 써서 남녀 상하 귀천이 모두 보게 했으며, 또 구절을 띄어 써서 알아보기 쉽도록 하였다. …… 또 한쪽에 영문으로 기록하는 것은 외국의 인민이 조선 사정을 자세히 모르므로 혹 편파적인 말만 듣고 조선을 잘못 생각할까 봐 실제 사정을 알게 하고자 영문으로 조금 기록한 것이다.

① 한성순보 ② 제국신문

③ 독립신문 ④ 대한매일신보

08 조선 시대의 법전에 대한 설명으로 옳지 않은 것은?

① 『조선경국전』은 조준의 주도로 편찬한 조선 시대 최초의 공식적인 통일 성문 법전이다.

② 『육전조례』는 6조의 각 관서에 필요한 행정 법규와 사례를 정리한 행정 법전이다.

③ 『경국대전』은 「이전」, 「호전」, 「예전」, 「병전」, 「형전」, 「공전」의 6전으로 구성되었다.

④ 『대전통편』은 『경국대전』과 『속대전』 및 그 후에 간행된 법령을 통합하여 편찬한 법전이다.

09 (가) 지역에서 전개된 독립운동에 대한 설명으로 옳은 것은?

> 서구 열강의 조계 지역이 있어 외교 활동에 유리한 [(가)]에 수립된 대한민국 임시 정부는 최초의 민주 공화제 정부로서, 삼권 분립의 원칙에 따라 입법 기관인 임시 의정원, 행정 기관인 국무원, 사법 기관인 법원으로 구성되었다.

① 안창호의 주도로 흥사단이 결성되었다.

② 독립운동 단체인 동제사가 조직되었다.

③ 서전서숙과 명동 학교 등이 설립되었다.

④ 해조신문과 대동공보 등의 신문이 발행되었다.

10 밑줄 친 '회의'가 개최된 시기로 옳은 것은?

> 본 <u>회의</u>는 2천만 민중의 공정한 뜻에 바탕을 둔 국민적 대화합으로 최고의 권위를 가지고 국민의 완전한 통일을 공고하게 하며, 광복 대업의 근본 방침을 수립하여 우리 민족의 자유를 만회하며 독립을 완성하기를 기도하고 이에 선언하노라. …… 본 대표 등은 국민이 위탁한 사명을 받들어 국민적 대단결에 힘쓰며 독립운동이 나아갈 방향을 확립하여 통일적 기관 아래에서 대업을 완성하고자 하노라.

	(가)		(나)		(다)		(라)	
3·1 운동		박은식 대통령 취임		한인 애국단 조직		대한민국 건국 강령 발표		8·15 광복

① (가) ② (나)

③ (다) ④ (라)

11 (가) 기구에 대한 설명으로 옳은 것은?

> 전하께서 다시 (가) 을/를 세우고 좌수와 별감을 두도록 하였는데, 나이가 많고 덕망이 높은 자를 추대하여 좌수로 일컫고, 그 다음으로 별감이라 하여 한 고을을 규찰하고 관리하게 하였다.

① 지방의 행정·사법·군사권을 행사하였다.
② 경재소를 통해 중앙의 통제를 받았다.
③ 선현에 대한 제사와 교육을 담당하였다.
④ 흥선 대원군에 의해 대부분 철폐되었다.

12 밑줄 친 '그'에 대한 설명으로 옳은 것은?

> 그는 1880년에 일본이 요구한 인천 개항, 해관 세칙 등의 현안 문제를 해결하기 위해 수신사로 일본에 다녀온 뒤, 일본 주재 청나라 외교관인 황준헌이 지은 『조선책략』을 고종에게 바쳤다. 이 책은 러시아의 남하 정책에 대비하기 위해 조선, 일본, 청나라가 펼쳐야 할 외교 정책을 논한 것이었다.

① 『서유견문』을 저술하였다.
② 군국기무처의 총재를 역임하였다.
③ 초대 주미 공사로 미국에 파견되었다.
④ 철종의 부마로 갑신정변에 참여하였다.

13 (가) 종교의 영향을 받아 만들어진 문화재로 옳은 것은?

> 처음에 도의 대사가 지장 선사에게 심인을 받은 후 우리나라에 돌아와 (가) 의 이치를 설파하였다. 당시 사람들은 경전의 가르침과 관법을 익혀 정신을 보존하는 법을 숭상하고 있어, 참선의 종(宗)은 아직 이르지 아니하여 이를 허망하게 여기고 존중하지 않았다.

① 석굴암 본존불
② 분황사 모전 석탑
③ 쌍봉사 철감선사탑
④ 금동 연가 7년명 여래 입상

14 (가)의 재위 기간에 있었던 사실로 옳은 것은?

> 진덕왕 원년에 (가) 은/는 앞서 고구려에 군사를 요청하였으나 이루지 못하여 마침내 당나라에 들어가 군사를 요청하였다. 태종 황제가 말하기를, "너희 나라 김유신의 명성을 들었는데 그 사람됨이 어떠하냐?"라고 하였다. (가) 이/가 대답하여 말하기를, "김유신은 비록 조금 재주와 지혜가 있지만 만약 천자의 위엄을 빌리지 않는다면 어찌 이웃한 근심거리를 쉽게 없애겠습니까?"라고 하였다. 이에 황제는 장군 소정방에게 군사 20만으로 백제를 정벌하러 가라는 조서를 내렸다.

① 발해가 멸망하였다.
② 감은사가 완공되었다.
③ 사정부를 설치하여 관리를 감찰하였다.
④ 신라가 부여융과 취리산에서 회맹을 맺었다.

15 밑줄 친 '이 방법'의 결과로 나타난 현상으로 옳지 않은 것은?

> 기자가 처음에 농사법을 가르친 때부터 높고 건조한 곳은 마른 땅에 씨를 심고 낮고 습한 곳에서는 물을 대고 씨를 뿌렸는데, 우리 조선조에 들어와서는 그것을 일러 마른 씨 뿌리기[乾播], 물 씨 뿌리기[水播]라고 하였습니다. 그러다가 중기부터 비로소 이 방법이 생겨났습니다. …… 이 방법이 한 번 유행되자 농사를 망치는 백성이 많이 생겨났습니다. 절기가 곡우 때가 되어서야 모판에 볍씨를 뿌리는데 이 때 만약 가뭄이 들면 아무리 부지런한 농사꾼이더라도 매번 하늘의 구름만 쳐다보다가 시기를 놓친 다음에야 볍씨를 뿌리게 됩니다.

① 논을 밭으로 바꾸는 현상이 일어나게 되었다.
② 벼와 보리를 번갈아 심는 이모작이 가능하게 되었다.
③ 농민 수입의 증가로 농촌 내 빈부 격차가 심화되었다.
④ 지주가 직접 노비와 머슴을 통해 농지를 경영하게 되었다.

16 조선 후기의 호락 논쟁에 대한 설명으로 옳은 것을 모두 고른 것은?

> ㉠ 인간과 사물의 본성에 대한 노론 내부의 논쟁이다.
> ㉡ 낙론은 인간과 사물의 본성이 서로 다르다고 주장하였다.
> ㉢ 인물성동론을 주장한 대표적인 인물로는 이간과 김창협 등이 있다.
> ㉣ 호론의 주장은 북학파의 실학 사상으로 이어졌다.

① ㉠, ㉡ ② ㉠, ㉢
③ ㉡, ㉣ ④ ㉢, ㉣

17 밑줄 친 '이 회의'에서 결의된 내용으로 옳은 것을 모두 고른 것은?

> 미군 관할하의 남한에서 간행되는 많은 신문들이 이 회의의 한국 문제에 관한 결정에 대해 왜곡된 보도를 전하고 있다. 이러한 보도들은 마치 한국의 신탁 통치가 소련에 의하여 제기되고 미국은 반대 입장을 취했던 것으로 표현하고 있다.

> ㉠ 한국을 적당한 시기에 자주 독립 시킨다.
> ㉡ 한국 임시 정부 수립을 위해 미·소 공동 위원회를 설치한다.
> ㉢ 한국을 독립 국가로 재건하기 위해 민주주의 임시 정부를 수립한다.
> ㉣ 임시 위원단의 감시하에 인구 비례에 의한 남북한 총선거를 실시한다.

① ㉠, ㉡ ② ㉡, ㉢
③ ㉡, ㉣ ④ ㉢, ㉣

18 다음 시를 쓴 인물로 옳은 것은?

> 그대의 신기한 책략은 하늘의 이치를 다했고
> 오묘한 계획은 땅의 이치를 다했노라
> 전쟁에 이겨서 그 공이 이미 높으니
> 만족함을 알고 그만 두기를 바라노라

① 강감찬 ② 양만춘
③ 을지문덕 ④ 연개소문

19 다음 격문이 발표된 민족 운동에 대한 설명으로 옳은 것은?

> 학생, 대중이여 궐기하라! 우리의 슬로건 아래로!
> 검거자를 즉시 우리들이 탈환하자!
> 교내에 경찰권 침입을 절대 반대하자!
> 조선인 본위의 교육 제도를 확립시켜라!
> 전국 학생 대표자 회의를 개최하라!

① 민족 자결주의에 영향을 받아 전개되었다.
② 중국, 소련, 프랑스 노동자들이 격려 전문을 보냈다.
③ 통학 열차에서 한·일 학생들 간의 갈등으로 인해 일어났다.
④ 비타협적 민족주의자들이 조선 민흥회를 만들게 된 계기가 되었다.

20 (가), (나) 국가의 관계에 대한 설명으로 옳지 않은 것은?

> 신이 숙위원의 보고를 보았더니, 지난 건녕(乾寧) 4년에 (가) 의 왕자 대봉예가 글을 올려 말하길, (가) 이/가 (나) 의 위에 있도록 허락해 주기를 청한 것을 알게 되었습니다. 이에 황제께서 말씀하시길, "국명(國名)의 선후는 본래 강약에 의해서 따져 칭하는 것이 아니다. …… 마땅히 옛 법칙대로 할 것이니 이에 따르도록 하라"는 것이었습니다.

① (가) - (나)의 영향으로 중앙 관제를 3성 6부로 정비하였다.
② (가) - 8세기 이후 상설 교통로를 통해 (나)와 교류하였다.
③ (나) - (가)를 견제하기 위해 패강에 수자리를 설치하였다.
④ (나) - 9세기 초에 급찬 숭정을 (가)에 사신으로 파견하였다.

정답 및 해설 p.196

실전모의고사 제3회

제한 시간 **15분 타이머**를 맞추고 시작하세요. **점수 확인:** ____개 / 20개

01 (가), (나) 국가에 대한 설명으로 옳은 것은?

> (가) 큰 산과 깊은 골짜기가 많고 평원과 연못이 없다. 좋은 농경지가 없어서 부지런히 농사를 지어도 배를 채우기가 부족하다. 사람들의 성품은 흉악하고 급하며 노략질하기를 좋아하였다.
>
> (나) 의복은 흰색을 숭상하여 흰 베로 만든 큰 소매 달린 도포와 바지를 입고 가죽신을 신는다. 여름에 사람이 죽으면 모두 얼음을 넣어 장사 지내고, 사람을 죽여 순장을 하는데 많을 때는 100명 가량이나 된다.

① (가) – 특산물로 말, 주옥, 모피 등이 유명하였다.
② (나) – 호랑이를 신으로 여겨 제사를 지냈다.
③ (가) – 서옥제라는 혼인 풍습이 있었다.
④ (나) – 목지국의 지배자가 왕으로 추대되었다.

02 밑줄 친 '이곳'에서 있었던 사실로 옳은 것은?

> 이곳의 유수 조위총이 군대를 일으켜 정중부와 이의방을 토벌하기를 모의하고 격문을 보내 동북 양계의 여러 성을 소집하여 이르기를, "풍문으로 듣자하니 중방에서 의논하여 말하기를, '근래 북계의 여러 성에는 대체로 심성이 거칠고 사나운 이들이 많다고 하니 마땅히 가서 공격하여 토벌해야 할 것이다.'라고 하였다고 한다. 어찌 앉아서 스스로 죽임을 당하겠는가. 마땅히 각자 군사와 말을 규합하여 속히 이곳으로 오라."라고 하였다.

① 4·3 사건으로 많은 주민이 희생되었다.
② 조선 형평사 창립 대회가 개최되었다.
③ 정몽주가 이방원 세력에 의해 피살되었다.
④ 조만식 등의 주도로 물산 장려 운동이 시작되었다.

03 다음 각 문화재에 대한 설명으로 옳지 않은 것은?

① 이불 병좌상은 두 명의 부처가 나란히 앉아 있는 발해의 불상이다.
② 논산 관촉사 석조 미륵보살 입상은 지역 특색이 반영된 대형 석불이다.
③ 서산 용현리 마애 여래 삼존상은 '백제의 미소'라는 별칭을 가지고 있다.
④ 합천 해인사 장경판전은 초조대장경을 보관하기 위해 지어진 건축물이다.

04 다음 개헌안에 대한 설명으로 옳은 것은?

> 제31조 입법권은 국회가 행한다. 국회는 민의원과 참의원으로써 구성한다.
> 제53조 대통령과 부통령은 국민의 보통, 평등, 직접, 비밀 투표에 의하여 각각 선거한다.
> 제55조 대통령과 부통령의 임기는 4년으로 한다. 단, 재선에 의하여 1차 중임할 수 있다.

① 사사오입의 논리로 통과되었다.
② 통일 주체 국민회의 설치를 규정하였다.
③ 내각 책임제와 국회 양원제를 규정하였다.
④ 임시 수도 부산에서 기립 표결로 통과되었다.

05 다음 설명에 해당하는 문화유산으로 옳은 것은?

> 이 탑은 대리석을 다듬어 만든 석탑으로 1층 몸돌에 건립 연대와 조성 배경 등이 기록되어 있다. 1909년경 일본으로 무단 반출된 것을 되찾아 경복궁에 세웠다가 현재는 국립 중앙 박물관에 전시되고 있다.

① 현화사 7층 석탑
② 경천사지 10층 석탑
③ 원각사지 10층 석탑
④ 월정사 8각 9층 석탑

06 다음 자료에 나타난 시기의 사실로 옳은 것은?

> 옹주는 지극히 예뻐하던 딸이 공녀로 가게 되자 근심하고 번민하다가 병이 생겼다. 결국 지난 9월에 세상을 떠나니 나이가 55세였다. 우리나라의 자녀들이 서쪽 원나라로 끌려가기를 거른 해가 없다.

① 최충이 9재 학당을 설립하였다.
② 의학서인 『향약구급방』이 편찬되었다.
③ 이연년 형제가 담양에서 난을 일으켰다.
④ 매의 사냥과 사육을 위해 응방이 설치되었다.

07 밑줄 친 '이 법'에 대한 설명으로 옳은 것은?

> 신이 생각하기에 이 법은 국초의 법이 아닙니다. 수신전·휼양전을 폐지하고 이 법을 만드는 바람에 지아비에게 신의를 지키려고 하는 자는 의지할 바를 잃게 되었고, 어버이에게 효도하려는 자는 곤궁해져도 호소할 곳이 없게 되었습니다.

① 해당 지역의 조세와 역 징발권을 부여하였다.
② 국가에서 직접 세금을 거두어 관리에게 지급하였다.
③ 관직 복무에 대한 대가로 관리에게 전지와 시지를 지급하였다.
④ 관리에게 지급할 토지가 부족해지자 세조 때 실시되었다.

08 일제 강점기의 사회·문화에 대한 설명으로 옳은 것을 모두 고른 것은?

> ㉠ 1910년대 – 국내 최초의 서양식 극장인 원각사가 건립되었다.
> ㉡ 1920년대 – 나운규가 제작한 영화 아리랑이 처음 개봉되었다.
> ㉢ 1930년대 – 손기정 선수가 올림픽에서 마라톤 금메달을 획득하였다.
> ㉣ 1940년대 – 여성의 단결과 지위 향상을 추구하는 근우회가 조직되었다.

① ㉠, ㉡　　② ㉠, ㉣
③ ㉡, ㉢　　④ ㉢, ㉣

09 다음 조약이 체결된 시기를 연표에서 옳게 고른 것은?

> 제1조 조선국은 일본에 국서를 보내 사의를 표명한다.
> 제4조 일본 공관을 새로운 자리로 옮겨서 지으려고 하는데, …… 수축 증건에는 조선국이 다시 2만 원을 지불하여 공사 비용으로 충당한다.

고종 즉위	(가)	기기창 설치	(나)	톈진 조약 체결	(다)	대한 제국 수립	(라)	통감부 설치

① (가)　　② (나)
③ (다)　　④ (라)

10 다음 내용이 실린 역사서에 대한 설명으로 옳은 것은?

> 제왕이 장차 일어날 때는 하늘의 명령과 상서로운 기운을 받아서 반드시 보통 사람과는 다른 점이 있으니, …… 이것이 책 첫머리에 「기이(紀異)」편이 실린 까닭이며, 그 의도도 여기에 있는 것이다.

① 유교적 사관에 기초하여 기전체로 서술되었다.
② 중국과 우리나라의 역사를 운율시 형식으로 서술하였다.
③ 불교 중심의 고대 민간 설화를 수록하였다.
④ 천지·인사·만물·경사·시문 등의 5개 부문으로 정리하였다.

11 다음과 같이 주장한 인물에 대한 설명으로 옳은 것은?

> 비유하건대 재물은 대체로 우물과 같다. 퍼내면 차고 버려두면 말라 버린다. …… 기교를 숭상하지 않아서 장인이 작업하는 일이 없게 되면 기예가 망하게 된다.

① 『기기도설』을 참고하여 거중기를 제작하였다.
② 나라를 좀먹는 여섯 가지의 폐단을 지적하였다.
③ 정조 때 규장각 검서관으로 활동하였다.
④ 농업 생산력 증대 방안을 제시한 『과농소초』를 저술하였다.

12 (가) 인물에 대한 설명으로 옳은 것은?

> 1956년의 제3대 정·부통령 선거에서는 혁신 노선을 내세운 (가) 후보가 대통령 선거에 출마하여 전체 유효표의 30%를 차지하였고, 부통령 선거에서는 민주당의 장면 후보가 자유당의 이기붕 후보를 누르고 당선되었다.

① 독립 촉성 중앙 협의회의 회장으로 추대되었다.
② 야당이었던 신민당의 총재로 국회에서 제명되었다.
③ 유신 반대 운동을 전개하다가 도쿄에서 납치되었다.
④ 평화 통일론을 주장하며 진보당 창당을 주도하였다.

13 밑줄 친 '이들'에 대한 설명으로 옳은 것은?

> 이들은 대부분 지방 향리나 하급 관리의 자제로, 당시 세속화된 불교를 비판하였다. 공민왕이 개혁을 추진하는 과정에서 주로 과거를 통해 중앙 정계에 진출하였으며, 점차 독자적인 세력을 형성하였다.

① 중서문하성과 중추원 등의 고위 관직을 차지하였다.
② 성리학을 바탕으로 고려 말의 사회 모순을 개혁하려고 하였다.
③ 친원적 성향으로 산천을 경계로 하는 대규모 농장을 소유하였다.
④ 차별 대우에 반발하여 정변을 일으키고 중방을 중심으로 권력을 장악하였다.

14 (가)가 건립된 왕 대의 사실로 옳은 것은?

> 내가 일찍이 (가) 을/를 구경하기 위해 집안현에 이르러 여관에서 만주인 영자평이란 소년을 만나 필담을 나누었는데, 그가 다음과 같이 이야기했다. " (가) 이/가 오랫동안 초래(草萊)에 묻혀 있다가 최근에 발견되었습니다. 그런데 (가) 에 고구려가 중국 토지를 침탈했다는 자구들이 들어 있었으므로, 중국인들이 그것을 칼과 도끼로 쪼아냈습니다. 그 다음 일본인들은 닳아 없어지거나 이지러진 부분을 석회로 떼어 발랐는데, 이 때문에 그 동안 인식할 수 없었던 자구가 도리어 생겨나 참된 사실은 삭제되고 위조된 사실이 첨가된 것 같습니다."

① 수도를 졸본에서 국내성으로 옮겼다.
② 후연을 공격하여 요동 지역에 진출하였다.
③ 부여를 복속하여 고구려 최대 영토를 확보하였다.
④ 남진 정책을 추진하여 백제의 한성을 점령하였다.

15 (가) 시기에 있었던 사실로 옳은 것은?

이승만의 정읍 발언
↓
(가)
↓
여수·순천 10·19 사건

① 5·10 총선거가 실시되었다.
② 조선 건국 동맹이 조직되었다.
③ 김구가 안두희에게 암살당하였다.
④ 남조선 국방 경비대가 창설되었다.

16 다음 조약 체결 이후의 사실로 옳은 것은?

> 제2조 러시아 제국 정부는 일본국이 한국에서 정치·군사·경제상의 탁월한 이익을 갖는다는 것을 인정하고 일본 제국 정부가 한국에서 필요하다고 인정하는 지도·보호·감리의 조처를 함에 있어 이를 방해하거나 간섭하지 않을 것을 약정한다.

① 한·일 의정서가 체결되었다.
② 헤이그 특사가 파견되었다.
③ 지계아문이 설치되었다.
④ 용암포 사건이 발생하였다.

17 밑줄 친 '그'가 재위하던 시기의 사실로 옳은 것은?

> 그는 성종 대왕의 맏아들이며, 어머니는 폐비 윤씨이다. 어려서부터 학문을 좋아하지 않아서 동궁에 딸린 관리가 공부하기를 청하니 매우 못마땅하게 여겼다. 즉위하여서는 궁 안에서의 행실이 좋지 못하였고, 만년에는 주색에 빠지고 도리에 어긋나며 포학한 정치를 하였다.

①『무예도보통지』가 편찬되었다.
② 김일손 등의 사림들이 제거되었다.
③ 나선 정벌에 조총 부대가 파견되었다.
④ 서인이 반정을 일으켜 정권을 장악하였다.

18 밑줄 친 '이 지역'의 문화유산으로 옳은 것은?

> 이 지역은 경상북도에 위치한 전통문화와 현대가 조화된 우리나라의 대표적인 역사 문화도시로, 약 천 년 동안 한반도 최초로 통일을 이룬 국가의 도읍으로 문화적 중심지 역할을 하였습니다.

① 상원사 동종
② 감은사지 3층 석탑
③ 법주사 쌍사자 석등
④ 화엄사 4사자 3층 석탑

19 밑줄 친 '그'의 저술로 옳은 것을 모두 고른 것은?

> 그는 당에 가서 벼슬을 하다가 고국에 돌아왔는데 전후에 난세를 만나서 처지가 곤란하였으며, 모함을 받아 죄에 걸리므로 스스로 때를 만나지 못한 것을 한탄하고 다시 벼슬에 뜻을 두지 않았다. 그는 세속과 관계를 끊고 자유로운 몸이 되어 숲속과 강이나 바닷가에 정자를 짓고 소나무와 대나무를 심으며 책을 벗하며 자연을 노래하였다.

> ㉠『화랑세기』
> ㉡『계림잡전』
> ㉢『제왕연대력』
> ㉣『법장화상전』

① ㉠, ㉡ ② ㉠, ㉢
③ ㉡, ㉣ ④ ㉢, ㉣

20 다음과 같은 인식을 가진 정치 세력에 대한 설명으로 옳은 것은?

> 저들의 종교는 사악하다. …… 하지만 저들의 기술은 이롭다. 잘 이용하여 백성들을 잘 살게 할 수 있다면 농업, 양잠, 의약, 병기, 수레에 대한 기술을 꺼릴 이유가 없다. 종교는 배척하되 기술을 본받는 것은 함께 할 수 있다. 결코 충돌하는 것은 아니다. 지금 강약의 형세가 이미 큰 격차로 벌어졌으니 저들의 기술을 본받지 않는다면 어찌 저들의 침략을 막고 저들이 넘보는 것을 막을 수 있겠는가?

① 대표적인 인물로는 김옥균, 박영효 등이 있다.
② 청나라의 양무 운동을 개혁의 본보기로 삼았다.
③ 우정총국 개국 축하연을 계기로 정변을 일으켰다.
④ 전근대적인 토지 제도를 개혁하고 신분제를 폐지하려 하였다.

정답 및 해설 p.200

해커스공무원
매일 하프모의고사 한국사

매일 하프모의고사

정답 및 해설

1일 하프모의고사 01 정답 및 해설

정답 한눈에 보기

01	①	02	③	03	③	04	②	05	①
06	③	07	②	08	③	09	④	10	②

01 선사 시대 부여 난이도 중 ●●○

자료분석

은력 정월에 지내는 제천 행사 + 영고라 함 → 부여

정답설명

① 부여에서는 형이 죽으면 아우가 형수와 결혼을 하는 형사취수혼이라는 혼인 풍습이 널리 행해지고 있었다.

오답분석

② 부여가 고구려에 완전히 병합된 것은 고구려 문자왕 때이다. 문자왕은 부여를 완전히 병합하여 고구려 최대 영토를 확보하였다.

③ **고구려:** 계루부에서 권력을 장악하여 왕위를 계승한 나라는 고구려이다. 고구려는 태조왕 때부터 계루부가 권력을 장악하여 왕위를 독점적으로 계승하였다.

④ **고조선:** 사회 질서를 유지하기 위해 범금 8조를 만들어 시행한 나라는 고조선이다.

02 고려 시대 충렬왕 재위 시기의 사실 난이도 중 ●●○

자료분석

안향 + 양현고가 완전히 탕진됨 + 섬학전으로 삼아야 함 → 충렬왕 재위 시기

정답설명

③ 충렬왕 때는 원으로부터 동녕부가 설치되어 있던 서경(평양) 지역을 반환받았다.

오답분석

① **충선왕:** 왕실과 혼인할 수 있는 가문인 재상지종을 발표한 것은 충선왕 때의 사실이다.

② **고려 원종:** 몽골과 강화를 체결한 뒤 고려 정부가 강화도에서 개경으로 환도한 것은 고려 원종 때의 사실이다.

④ **충선왕:** 국가 재정을 늘리기 위해 의염창을 설치하고 소금 전매 제도인 각염법을 시행한 것은 충선왕 때의 사실이다.

03 일제 강점기 산미 증식 계획 난이도 중 ●●○

자료분석

1910년보다 1935년에 쌀 생산의 비중이 늘고 잡곡 생산의 비중이 줄어듦 → 산미 증식 계획

정답설명

③ 일제의 산미 증식 계획으로 인해 일본인과 조선인 대지주들은 일본에 많은 양의 쌀을 수출하면서 막대한 이익을 획득하였다.

오답분석

① 산미 증식 계획으로 국내의 쌀 생산량이 증대되었으나, 증산된 양보다 더 많은 쌀이 일본으로 대량 유출되면서 한국인의 1인당 연간 쌀 소비량이 감소하였다.

② 일제의 지나친 수탈로 국내의 식량이 부족해지자 이를 보충하기 위해 만주로부터 조, 수수, 콩 등의 잡곡 수입이 증가하였다.

④ 일제는 한국의 쌀 생산량을 증대시키기 위해 토지와 품종, 농법, 농기구 등의 개량을 추진하였다.

이것도 알면 합격

산미 증식 계획의 결과

- 국내 식량의 부족: 증산이 목표량에 미달되었음에도 수탈을 계획대로 진행
- 잡곡 수입의 증가: 만주에서 잡곡을 수입하여 부족분 충당
- 농민 몰락: 수리 조합비, 비료 대금 부담으로 농민들의 해외 유망이 심화
- 농업 구조 왜곡: 쌀 중심의 단작형 농업 구조가 형성, 만성적인 농촌 공황 초래
- 중단: 경제 대공황으로 일본 지주들이 쌀 수입을 반대하며 일시 중단(1934)

04 조선 전기 조선 시대의 과거 제도 난이도 중 ●●○

정답설명

② 옳은 것을 모두 고르면 ㉡, ㉢이다.

㉡ 조선 시대의 무과는 서얼도 응시가 가능하였으며, 최종 선발 인원은 28명이었다.

㉢ 조선 시대의 문과에는 3년마다 정기적으로 시행된 식년시와 국가에 경사가 있을 때 실시된 증광시, 왕이 성균관의 문묘에서 제례를 올릴 때 실시된 알성시 등의 별시가 있었다.

오답분석

㉠ **고려 시대:** 과거 시험에서 시험관과 합격생이 좌주와 문생의 관계를 형성한 것은 고려 시대이다.

㉣ 조선 시대의 잡과는 문·무과와는 달리 전시를 치르지 않았으며, 초시와 복시의 2단계로 시행되었다.

05 조선 전기 성종 재위 시기에 편찬된 서적 난이도 중 ●●○

자료분석

길례, 가례, 빈례, 군례, 흉례 → 『국조오례의』 → 조선 성종

정답설명

① **『동국통감』은 조선 성종 때 서거정 등에 의해 편찬되었다. 『동국통감』은 단군 조선부터 고려 말까지의 역사를 편년체로 서술한 역사서이다.**

오답분석

② **중종:** 『동몽선습』은 조선 중종 때 박세무에 의해 편찬되었다. 『동몽선습』은 오륜의 중요성과 중국 및 우리나라의 역사를 담은 아동 교육서이다.

③ **세종:** 『삼강행실도』는 조선 세종 때 편찬되었다. 『삼강행실도』는 모범이 될 만한 충신, 효자, 열녀 등의 행적을 모아 그림으로 그리고 설명을 붙인 윤리서이다.

④ **문종:** 『고려사절요』는 조선 문종 때 편찬되었다. 『고려사절요』는 김종서 등이 왕명을 받아 『고려사』의 내용을 편년체로 정리한 역사서이다.

이것도 알면 합격

조선 성종 대에 편찬된 서적

역사서	· 『삼국사절요』: 신숙주, 노사신, 서거정 등이 단군 조선부터 삼국 시대 말까지의 역사를 서술 · 『동국통감』: 서거정 등이 단군 조선부터 고려 말까지의 역사를 서술
농서	『금양잡록』: 강희맹이 금양(시흥)에서 자신이 직접 농사지은 경험을 토대로 저술한 농서
의례서	『국조오례의』: 국가의 중요 행사에 필요한 예법과 절차 등에 그림을 덧붙여 편찬한 의례서

06 고대 경덕왕 난이도 중 ●●○

자료분석

군현의 이름을 한자식으로 바꿈 → 경덕왕

정답설명

③ **경덕왕은 국학의 명칭을 태학감으로 변경하였다. 한편, 태학감은 이후 혜공왕 때 다시 국학으로 변경되었다.**

오답분석

① **흥덕왕:** 만연한 사치 풍조로 인해 신분 질서가 문란해질 것을 경계하여 사치 금지 교서를 반포한 왕은 흥덕왕이다.

② **혜공왕:** 성덕 대왕 신종(에밀레종)을 완성한 왕은 혜공왕이다. 성덕 대왕 신종은 경덕왕이 아버지인 성덕왕을 기리기 위해 만들기 시작하였으나, 혜공왕 때 완성되었다.

④ **성덕왕:** 관료들이 지켜야 할 덕목을 담은 『백관잠』을 지은 왕은 성덕왕이다.

07 일제 강점기 근우회 난이도 중 ●●○

자료분석

조선 자매들아 단결하자 → 근우회

정답설명

② **근우회는 신간회의 자매 단체로, 기관지인 『근우』를 발간하였으며, 강연회, 야학 등을 통해 여성 계몽 운동을 전개하였다.**

오답분석

① 여성 교육을 위하여 이화 학당을 설립한 것은 선교사 스크랜턴으로, 근우회와는 관련이 없다.

③ **진단 학회:** 이병도, 손진태 등이 조직한 단체는 진단 학회이다. 한편, 근우회는 김활란 등이 조직하였다.

④ 우리나라 최초의 여성 권리 선언문인 여권 통문이 발표된 것은 근우회가 창립되기 이전인 1898년으로, 근우회와는 관련이 없다.

08 조선 전기 세종 대의 과학 기술 난이도 하 ●○○

자료분석

『농사직설』이라고 함 → 세종

정답설명

③ **세종 때는 화약 무기의 제작법과 사용법을 정리한 병서인 『총통등록』을 편찬하였다.**

오답분석

① **태종:** 활자 주조 기관인 주자소를 설치하고 계미자를 주조한 것은 태종 때이다. 한편, 세종 때는 경자자와 갑인자 등을 주조하였다.

② **세조:** 토지 측량 기구인 인지의와 규형을 제작한 것은 세조 때이다.

④ **문종:** 신기전 100발을 한번에 발사할 수 있는 화차를 개발한 것은 문종 때이다.

이것도 알면 합격

세종 대의 과학 기술의 발달

배경	부국강병과 민생 안정을 위한 과학 기술의 중요성 인식
천문학	· 혼의와 간의: 천체 관측 기구 · 자격루와 앙부일구: 시간 측정 기구 · 측우기: 강우량 측정 기구 · 『칠정산』: 서울을 기준으로 천체 운동을 계산한 역법서
활자 인쇄술	· 갑인자, 경자자, 병진자 주조 · 밀랍 대신 식자판을 조립하여 인쇄 능률 향상

09 조선 후기 송시열 난이도 중 ●●○

자료분석

우암 + 청나라에 대한 복수를 주장함 + 희빈 장씨의 소생을 원자로 정한 것을 비판함 → 송시열

정답설명

④ 송시열은 효종이 사망하자 인조의 계비인 자의 대비가 상복을 얼마나 입어야 하는지를 둘러싸고 전개된 기해예송(1차 예송)에서 자의 대비가 1년간 상복을 입어야 한다고 주장하였다.

오답분석

① **박세당:** 농경 방법을 정리한 『색경』을 저술한 인물은 박세당이다. 박세당은 『색경』에서 토질에 따른 재배 품종과 가축 사육의 방법 등 농가에서 필요한 농경 방법을 정리하였다.

② **윤휴·박세당:** 주자의 사상과는 다른 모습을 보여 유교의 질서와 학문을 어지럽힌다는 사문난적으로 몰린 인물은 윤휴와 박세당이다.

③ 호락 논쟁은 18세기 중엽 노론 내부에서 일어난 논쟁으로 송시열 사후에 전개되었다. 한편, 호락 논쟁에서 인간과 사물의 본성이 다르다는 인물성이론을 주장한 것은 한원진 등의 호론이다.

10 현대 노태우 정부 시기의 통일 정책 난이도 중 ●●○

자료분석

서울 올림픽의 개막이 사흘 뒤로 다가옴 → 노태우 정부 시기

정답설명

② 노태우 정부 때는 자주·평화·민주의 3대 원칙 아래 남북 연합을 구성하고 남북 평의회를 통해 통일 헌법을 제정하며, 총선거를 실시하여 통일 민주 공화국을 구성하자는 한민족 공동체 통일 방안을 발표하였다.

오답분석

① **김대중 정부:** 북한과 개성 공단 조성에 합의한 것은 김대중 정부 때이다. 김대중 정부 때는 6·15 남북 공동 선언 채택 이후 개성 공단 조성에 대한 합의가 이루어졌으며, 이후 노무현 정부 때 착공식이 열렸다.

③ **전두환 정부:** 민족 화합 민주 통일 방안을 제시한 것은 전두환 정부 때이다. 전두환 정부 때는 남북 대표가 통일 헌법을 제정하고 이에 따라 총선거를 실시하여 통일 국회와 통일 정부를 구성하자는 민족 화합 민주 통일 방안을 제시하였다.

④ **김영삼 정부:** 한반도 에너지 개발 기구(KEDO)가 발족한 것은 김영삼 정부 때이다. 김영삼 정부 때는 북핵 문제의 해결을 위해 체결된 북·미 제네바 기본 합의서(1994)의 이행을 위한 국제 기구로 한반도 에너지 개발 기구(KEDO)가 발족하였다.

이것도 알면 합격

노태우 정부 시기의 통일 노력

7·7 선언 (1988)	남북 관계를 선의의 동반자이며 함께 번영해야 할 민족 공동체 관계로 규정하고 모든 부분에서의 교류 표방
한민족 공동체 통일 방안 (1989)	자주·평화·민주의 3대 원칙 아래 과도적인 체제로 남북 연합을 구성하여 통일 헌법을 제정한 다음 총선거를 실시하여 통일 민주 공화국을 구성하자는 방안 제시
남북 기본 합의서 (1991)	상호 체제를 인정하고 상호 불가침, 교류와 협력 확대 등에 대해 합의

2일 하프모의고사 02 정답 및 해설

정답 한눈에 보기

01	③	02	②	03	③	04	②	05	①
06	④	07	③	08	④	09	③	10	②

01 고대 백제 부흥 운동 난이도 중 ●●○

자료분석

도침과 복신이 주류성을 거점으로 반란을 일으킴 → 백제 부흥 운동

정답설명

③ **백제가 멸망한 이후 도침과 복신은 왜에 있던 왕자 부여풍을 왕으로 추대하고, 주류성을 중심으로 백제 부흥 운동을 전개하였다.**

오답분석

① 안동 도호부를 요동으로 몰아낸 것은 백제 부흥 운동과 관련이 없다. 한편, 안동 도호부는 당나라가 고구려의 옛 땅에 설치한 최고 군정 기관이다.

②, ④ **견훤:** 완산주(전주)를 수도로 정하여 나라를 세우고, 중국의 오월과 후당에 사신을 보내 교류한 것은 후백제의 견훤이다.

02 일제 강점기 신채호 난이도 중 ●●○

자료분석

혁명 수단으로 일본을 살벌(殺伐)함이 정당한 수단임을 선언 → 「조선혁명선언」 → 신채호

정답설명

② **신채호는 「독사신론」을 저술하여 민족주의 역사학의 방향을 제시하였다.**

오답분석

① **이병도, 손진태 등:** 실증 사학의 입장에서 연구하는 진단 학회를 조직한 인물은 이병도, 손진태 등이다.

③ **박은식:** 민족 정신으로서 국혼을 강조하고, 혼이 담겨있는 민족사의 중요성을 강조한 인물은 박은식이다.

④ **박은식:** 대한민국 임시 정부 2대 대통령을 역임한 인물은 박은식이다. 박은식은 이승만이 탄핵된 후 대한민국 임시 정부의 2대 대통령으로 선출되었다.

이것도 알면 합격

신채호

- 1907년 신민회 조직
- 1908년 대한매일신보에 「독사신론」 연재
- 1919년 대한민국 임시 정부에서 활동
- 1923년 「조선혁명선언」 작성
- 1929년 『조선사연구초』 간행
- 1931년 조선일보에서 『조선상고사』 연재

03 조선 전기 홍문관 난이도 하 ●○○

자료분석

궁궐 내의 경적을 관리 + 옥당 → 홍문관

정답설명

③ **홍문관은 조선 시대에 궁중의 서적과 문서를 관리하고 국왕의 자문을 담당하였던 기구로, 옥당·옥서·영각 등으로 불리기도 하였다.**

오답분석

① 사헌부는 조선 시대에 관리의 비리를 감찰하는 역할을 담당하였던 기구로, 백부·상대 등으로 불리기도 하였다.

② 사간원은 조선 시대에 왕에게 간쟁과 논박을 하며 정사를 비판하는 역할을 하였던 기구로, 간원, 미원 등으로 불리기도 하였다.

④ 교서관은 조선 시대에 경적의 인쇄와 제사 때 쓰이는 향과 축문 등을 관장한 기구로, 교서감·운각 등으로 불리기도 하였다.

04 고려 시대 후삼국 통일 과정 난이도 중 ●●○

정답설명

② **시기순으로 바르게 나열하면 ㉠ 고려 건국(918), 송악 천도(919) → ㉢ 공산 전투(927) → ㉡ 고창 전투(930) → ㉣ 일리천 전투(936)가 된다.**

㉠ **고려 건국, 송악 천도:** 왕건이 궁예를 축출한 뒤 신하들의 추대를 받아 철원에서 즉위하여 국호를 고려라고 하였고(918), 그 이듬해에 송악으로 천도하였다(919).

㉢ **공산 전투:** 후백제의 견훤이 신라를 침공하자, 신라는 고려에 구원 요청을 하였다. 이에 고려는 신라에서 철수하는 후백제를 공산에서 공격하였으나 패배하였다(927).

㉡ **고창 전투:** 견훤의 후백제는 고창 전투에서 고려에게 패배함으로써 후삼국의 주도권을 상실하였다(930).

㉣ **일리천 전투:** 후백제의 신검이 일리천 전투에서 고려에게 패배하여 왕건에게 항복하였으며, 이로써 고려가 후백제를 멸망시키고 후삼국을 통일하였다(936).

05 고대 김유신 난이도 중 ●●○

자료분석

황산 벌판으로 진군 + 백제 무리가 크게 패함 → 황산벌 전투 → 김유신

정답설명

① **김유신은 선덕 여왕 말년에 상대등 비담이 염종과 함께 여왕이 정치를 잘 하지 못한다며 난을 일으키자 김춘추와 함께 이를 진압하였다.**

오답분석

② 매소성 전투에 김유신은 참여하지 않았다. 매소성 전투에서 신라가 이근행이 이끄는 당군을 격파한 것은 675년으로, 김유신이 사망(673)한 이후의 사실이다.

③ **김춘추:** 당으로 건너가 군사 동맹을 체결한 인물은 김춘추이다.

④ **흑치상지 등:** 임존성에서 당나라의 군대를 격퇴한 것은 백제 부흥 운동을 전개한 흑치상지 등이다.

06 근대 제2차 갑오개혁 난이도 중 ●●○

자료분석

청에 의존하는 생각을 버림 + 조세의 징수를 탁지아문의 관할에 속함 → 홍범 14조 → 제2차 갑오개혁

정답설명

④ **제2차 갑오개혁 때 지방 재판소, 순회 재판소, 고등 재판소 등을 설치하여 사법권을 행정권에서 분리시켰다.**

오답분석

① **제1차 갑오개혁:** 과거제를 폐지한 것은 제1차 갑오개혁 때이다.

② **광무개혁:** 상무사를 조직한 것은 광무개혁 때이다. 상무사는 상업과 국제 무역, 보부상 활동, 기타 상행위에 관한 업무를 관장하기 위해 조직되었다.

③ **제1차 갑오개혁:** 의정부 산하의 6조를 8아문으로 개편한 것은 제1차 갑오개혁 때이다.

07 근대 신민회 난이도 중 ●●○

자료분석

평양에 설립하는 대성 학교 + 교육과 산업을 진흥 → 신민회

정답설명

③ **신민회는 민족 자본 육성을 위해서 평양에 자기 회사를 설립·운영하였다.**

오답분석

① **천도교:** 기관지로 만세보를 발간한 것은 천도교이다. 한편, 신민회의 기관지 역할을 담당한 것은 대한매일신보이다.

② 신민회는 입헌 군주제 수립이 아닌 공화 정치 체제의 국가 수립을 목표로 하였다.

④ **대한 자강회:** 고종의 강제 퇴위 반대 운동을 주도한 것은 대한 자강회이다.

이것도 알면 합격

신민회의 활동

국내	민족 교육 추진: 대성 학교(평양), 오산 학교(정주) 조직
	민족 산업 육성: 자기 회사 설립(평양), 태극 서관 운영(평양, 대구)
	민족 문화 양성: 대한매일신보 발간, 조선 광문회 후원
국외	독립군 기지 건설: 남만주 삼원보

08 고려 시대 고려 현종 재위 시기의 사실 난이도 중 ●●○

자료분석

강조 + 목종을 폐위함 → 강조의 난 → (가) 고려 현종

정답설명

④ **고려 현종 재위 시기에는 개성부를 없애고 경중(京中) 5부와 경기로 구획하여 행정 구역을 정비하였다.**

오답분석

① **고려 숙종:** 국자감에 서적포를 설치한 것은 고려 숙종 때이다.

② **고려 예종:** 속현에 감무를 파견하기 시작한 것은 고려 예종 때이다. 예종은 지방관이 파견되지 못한 속군·속현과 향·소·부곡 등의 말단 지방 행정 단위에 감무라는 지방관을 파견하였다.

③ **고려 고종:** 금속 활자로 『상정고금예문』을 인쇄한 것은 고려 고종 때이다. 강화도 천도 당시 의례서인 『상정고금예문』(인종 때 편찬)을 가져오지 못하자, 강화도에서 최우의 소장본을 바탕으로 『상정고금예문』을 금속 활자로 인쇄하였다.

09 조선 후기 이앙법 난이도 하 ●○○

자료분석

가뭄이 들면 농사를 망치게 됨 + 물을 몰아 모내기를 함 → (가) 이앙법

정답설명

③ 조선 후기에 이앙법의 보급으로 김을 매는 노동력이 절감되어 농가의 경작 면적이 확대되었고, 이에 따라 광작이 성행하게 되었다.

오답분석

① **견종법:** 고랑에 작물을 심는 방법은 조선 후기에 보급된 밭농사 재배법인 견종법이다.

② 조선 초기에 정부는 가뭄에 취약하다는 이유로 이앙법의 시행에 반대하였다. 이에 조선 초기에 이앙법은 남부 지역 일부에서 제한적으로 시행되었다.

④ 이앙법의 시행 결과 농민의 빈부 격차가 심화되었다. 이앙법의 시행으로 일부 농민은 경영형 부농으로 성장한 반면 대다수의 농민들은 지주들의 토지 확대, 부세의 부담 등으로 토지를 잃고 소작농이나 임노동자로 전락하는 등 농촌 내 빈부 격차가 심화되었다.

이것도 알면 합격

이앙법(모내기법)

방식	모판을 만들어 싹을 틔운 후 모가 한 움큼 이상 자라면 한 번에 3~5모씩 논에 심는 방법
보급	고려 후기에 도입되었으나, 가뭄에 취약하여 일부 지역에서만 시행됨 → 조선 후기에 수리 시설이 확충되면서 전국적으로 널리 보급됨
결과	· 광작 성행: 노동력이 절감되면서 경작지의 규모를 확대하는 광작이 성행함 → 농민의 빈부 격차 심화 · 벼와 보리의 이모작: 벼농사를 짓는 농지 사용 기간이 줄어들면서 벼와 보리의 이모작이 성행함

10 현대 6월 민주 항쟁 난이도 중 ●●○

자료분석

4·13 폭거(4·13 호헌 조치)를 철회시키기 위함 → 6월 민주 항쟁

정답설명

② 6월 민주 항쟁의 결과 당시 여당의 대통령 후보였던 노태우가 직선제 개헌과 기본권 강화 등을 주요 내용으로 하는 6·29 민주화 선언을 발표하였고, 이후 5년 단임의 대통령 직선제 개헌이 이루어졌다.

오답분석

① **4·19 혁명:** 3·15 부정 선거가 원인이 되어 일어난 것은 4·19 혁명이다.

③ **5·18 민주화 운동:** 계엄령 철폐와 전두환을 비롯한 신군부의 퇴진을 요구한 것은 5·18 민주화 운동이다.

④ 재야 인사들이 명동 성당에서 '3·1 민주 구국 선언'을 발표한 것은 박정희 정부 시기 유신 체제에 대한 저항으로, 6월 민주 항쟁과는 관련이 없다.

이것도 알면 합격

6월 민주 항쟁

배경	전두환 정부의 권위주의적 통치와 강압적 통제로 인해 민주화 운동이 활성화됨
전개 과정	1천만 서명 운동 전개(직선제 개헌 요구, 1986) → 박종철 고문 치사 사건(1987. 1.) → 전두환 정부가 4·13 호헌 조치 발표(현행 헌법 유지) → 이한열 최루탄 피격 사건(1987. 6. 9.) → 6·10 국민 대회가 열려 전국 각지에서 국민 대회와 시위 전개, "호헌 철폐·독재 타도·민주 헌법 쟁취" 요구
결과	여당 대통령 후보인 노태우가 대통령 직선제 개헌 등을 약속한 6·29 민주화 선언 발표 → 5년 단임의 대통령 직선제로 개헌(제9차 개헌)

3일 하프모의고사 03 정답 및 해설

정답 한눈에 보기

01	①	02	④	03	④	04	④	05	③
06	③	07	③	08	②	09	④	10	④

01 선사 시대 동예 난이도 하 ●○○

자료분석

해마다 10월이면 하늘에 제사를 지냄 + 무천(舞天) → 동예

정답설명

① 동예는 혈연 중심의 씨족 사회로, 같은 씨족끼리는 혼인하지 않는 족외혼의 풍습을 엄격하게 지켰다.

오답분석

② **고구려:** 집집마다 부경이라는 창고가 있었던 나라는 고구려이다. 고구려는 주로 정복 활동을 통해 식량을 조달하였기 때문에 부경이라는 창고를 두고, 여기에 약탈해온 식량을 저장하였다.

③ **삼한:** 사람이 죽으면 큰 새의 깃털을 사용하여 장례를 치른 나라는 삼한 중 진한과 변한이다.

④ **백제:** 관리가 뇌물을 받거나 국가의 재물을 횡령했을 때에는 3배를 배상하고, 평생토록 금고형(죄인을 가두어두는 형벌)에 처한 나라는 백제이다.

02 고려 시대 고려 인종의 정책 난이도 중 ●●○

자료분석

임원역으로 가서 궁궐을 새로 짓게 함 → 대화궁 → 고려 인종

정답설명

④ 고려 인종은 이자겸의 난을 진압한 후 실추된 왕권을 회복하고 민생을 안정시키기 위해 15개조 유신령을 발표하였다.

오답분석

① **고려 광종:** 노비안검법을 시행한 왕은 고려 광종이다. 광종은 본래 양인이었으나 억울하게 노비가 된 자들을 다시 양인으로 해방시킨 노비안검법을 시행하여 국가의 수입 기반을 확대하였다.

② **고려 성종:** 연등회와 팔관회를 폐지한 왕은 고려 성종이다. 성종은 불교 행사의 축소·폐지를 주장한 최승로의 건의를 받아들여 연등회와 팔관회를 폐지하였다.

③ **고려 예종:** 청연각과 보문각을 설립한 왕은 고려 예종이다. 예종은 유학 진흥을 위해 궁중에 청연각, 보문각 등 왕실 도서관 겸 학문 연구소를 설치하였다.

03 조선 전기 이이 난이도 중 ●●○

자료분석

현명한 신하가 군주에게 성학을 가르쳐 기질을 변화시켜야 함 → 『성학집요』 → 이이

정답설명

④ 이이는 방납의 폐단을 시정하기 위해 공납을 현물 대신 쌀로 징수하자는 수미법을 주장하였다.

오답분석

① **정도전:** 『조선경국전』을 저술한 인물은 정도전이다. 『조선경국전』은 정도전이 국가의 운영을 위해 『주례』의 6전 체제를 참고하여 국가를 통치하는 데 필요한 내용을 정리한 법전이다.

② **이황:** 영남 학파 형성에 영향을 준 인물은 이황이다. 한편, 이이는 기호 학파 형성에 영향을 주었다.

③ **이황:** 기대승과 8차례의 편지를 통해 4단과 7정에 대한 논쟁을 벌인 인물은 이황이다. 4단 7정에 대한 논쟁은 4단(인·의·예·지)과 7정(인간의 감정)이 '이에 속하는가, 기에 속하는가'와 '이가 발동할 수 있는가, 없는가'에 대한 논쟁이다.

이것도 알면 합격

율곡 이이

- 주기론 주장, 서인에 영향을 줌
- 10만 양병설, 수미법 주장, 해주 향약 실시
- 『격몽요결』, 『동호문답』, 『성학집요』, 『기자실기』, 『만언봉사』, 「김시습전」 등을 저술함
- 아홉 차례의 과거 시험에 장원하여 '구도장원공'이라는 별칭을 얻음

04 근대 개항 이후의 경제 상황 난이도 중 ●●○

자료분석

(가) 강화도 조약 체결(1876. 2.) ~ 임오군란(1882. 6.)

(나) 임오군란(1882. 6.) ~ 청·일 전쟁 발발(1894)

정답설명

④ 종로 직조사(1900), 한성 제직 회사(1901) 등의 근대적 회사가 설립된 것은 1900년대로, (나) 시기 이후의 사실이다.

오답분석

①, ③ (가) 시기인 1876년 7월에 강화도 조약의 부속 조약으로 조·일 수호 조규 부록이 체결되어 개항장에서 일본 화폐가 유통되기 시작하였으며, 일본 상인의 활동 범위를 개항장으로부터 10리 이내로 제한하였다.

② (나) 시기인 1882년 8월에 조·청 상민 수륙 무역 장정이 체결되어 한성과 양화진에서 청 상인의 무역을 허용하였다.

05 일제 강점기 독립 의군부 난이도 중 ●●○

자료분석

임병찬이 조직함 + 국권 반환 요구서 발송을 추진 → (가) 독립 의군부

정답설명

③ 독립 의군부는 국권을 회복하여 왕정을 복고하겠다는 복벽주의를 표방하였다.

오답분석

① **신민회:** 신흥 무관 학교를 설립한 것은 신민회이다. 신흥 무관 학교는 서간도 지역에서 이회영 등의 신민회 인사들이 설립한 독립군 양성 기관으로, 1911년에 신흥 강습소로 처음 세워졌으나 1919년에 신흥 무관 학교로 개편되었다.

② **중광단:** 3·1 운동 이후 북로 군정서로 개편된 것은 중광단이다. 북간도에서 조직된 중광단은 3·1 운동 이후에 북로 군정서로 조직을 확대·개편하여 무장 투쟁을 전개하였다.

④ **대한 광복회:** 풍기 광복단과 조선 국권 회복단의 일부가 연합하여 만들어진 것은 대한 광복회이다. 대한 광복회는 공화정체를 추구하였으며, 군자금을 모아 만주에 독립운동 기지를 건설하고자 하였다.

06 시대 통합 시대별 군사 제도 난이도 하 ●○○

정답설명

③ 고려 시대에는 중앙군으로 2군 6위가 있었는데, 그 중에서도 2군인 응양군과 용호군은 국왕의 친위 부대로, 왕궁과 수도를 방어하였다.

오답분석

① **고구려:** 대모달, 말객 등이 군사를 지휘한 나라는 고구려이다. 고구려는 각 성주가 병력을 보유하였고, 이를 대모달, 말객 등이 지휘하였다. 한편, 백제는 군 단위로 700~1,200명의 군대를 배치하였고, 이를 방령 등이 지휘하였다.

② **발해:** 중앙군으로 10위가 있었던 나라는 발해이다. 한편, 통일 신라는 중앙군으로 9서당이 있었다.

④ **고려:** 북방에는 주진군이, 5도에는 주현군이 있었던 나라는 고려이다. 고려는 북방의 양계 지역에 주진군을 두어 병마사가 지휘하도록 하였고, 5도에는 예비군의 일종인 주현군을 두었다.

07 일제 강점기 한·일 신협약 난이도 중 ●●○

자료분석

중요한 행정상의 처분은 통감의 승인을 거침 + 통감이 추천한 일본인을 관리로 임명 → 한·일 신협약

정답설명

③ 한·일 신협약은 일제가 헤이그 특사 사건을 빌미로 고종을 강제로 퇴위시킨 이후, 고종의 뒤를 이어 즉위한 순종에게 강요하여 체결되었다.

오답분석

① **제1차 한·일 협약:** 외교 고문에 스티븐스가 임명되는 근거가 된 것은 제1차 한·일 협약이다.

② 한·일 신협약에는 조선 총독부를 설치한다는 조항이 포함되어 있지 않다. 조선 총독부는 한·일 병합 조약 체결(1910) 이후에 설치된 식민 통치 기관이다.

④ **기유각서:** 대한 제국의 사법권과 감옥 사무 처리권을 박탈한 것은 기유각서이다.

08 조선 전기 성균관 난이도 중 ●●○

자료분석

태조께서 설립함 + 문묘 + 명륜당 → 성균관

정답설명

② 군현의 인구 비례에 따라 정원을 배정한 교육 기관은 성균관이 아닌 향교이다. 향교의 정원은 군현의 크기와 인구에 비례하여 30~90명으로 차등을 두어 배정되었다.

오답분석

① 성균관은 한양에 세워진 조선 최고의 교육 기관이었다.

③ 성균관 학생 중 성적 우수자는 문과(대과)의 초시 면제 혜택을 받았다.

④ 성균관에는 원칙적으로 소과에 합격한 15세 이상의 생원과 진사에게만 입학 자격이 주어졌다. 하지만 정원이 미달일 경우 4부 학당의 성적 우수자(승보시 합격자) 등이 입학하기도 하였다.

이것도 알면 합격

조선 시대의 성균관

특징	서울에 위치한 조선 최고의 교육 기관
입학	· 원칙적으로 15세 이상의 생원·진사(소과 합격자)가 입학 · 정원 미달의 경우 승보시 합격생 등이 입학 가능
구조	대성전(문묘의 정전, 공자 사당), 동무·서무(공자의 제자와 중국·우리나라 선현들의 사당), 명륜당(강의실), 동재·서재(기숙사) 등으로 구성
특전	성적 우수자는 대과(문과) 초시 면제

09 일제 강점기 백남운 난이도 중 ●●○

자료분석

사회 경제의 역사적 발전 과정 + 아시아적 봉건 사회의 특질 → 『조선사회경제사』 → 백남운

정답설명

④ 백남운은 유물 사관에 입각하여 한국사가 세계사의 보편적 발전 법칙에 따라 발전하였음을 강조하면서 식민 사학의 정체성 이론을 반박하였다.

오답분석

① **문일평, 정인보, 안재홍 등:** 1930년대에 조선학 운동을 주도한 인물은 문일평, 정인보, 안재홍 등이다. 조선학 운동은 1934년에 문일평, 정인보, 안재홍 등이 정약용 서거 99주기를 기념하며 정약용의 저서를 모은 『여유당전서』를 간행한 것이 계기가 되어 전개된 문화 운동이다.

② **박은식:** '나라는 형(形)이고 역사는 신(神)'이라고 주장한 인물은 박은식이다.

③ **박은식:** 「유교구신론」을 발표하여 유교 개혁을 주장한 인물은 박은식이다. 박은식은 추상적인 당시 성리학 중심의 유교 학풍을 비판하고, 그 대안으로 실천적 성격의 양명학 연구를 주장하였다.

이것도 알면 합격

일제의 식민 사관

정체성론	한국사는 역사 발전 단계에서 앞으로 나아가지 못하고 정체되어 있음
당파성론	한국은 서로 파벌을 형성하여 싸웠기 때문에 발전하지 못함
타율성론	외세의 간섭으로 인해 한국사가 자율적으로 전개되지 못함

10 현대 7·4 남북 공동 성명 난이도 중 ●●○

자료분석

자주적으로 해결 + 평화적 방법으로 실현 + 민족적 대단결을 도모 → 7·4 남북 공동 성명

정답설명

④ 7·4 남북 공동 성명에서 남북은 서울과 평양 사이에 상설 직통 전화를 개설하고, 남북 조절 위원회를 설치할 것을 합의하였다.

오답분석

① **한반도 비핵화 공동 선언:** 남북 기본 합의서(1991)와 같은 해에 작성된 것은 한반도 비핵화 공동 선언이다. 한편, 7·4 남북 공동 성명은 박정희 정부 시기인 1972년에 작성되었다.

② 금강산 관광 사업은 7·4 남북 공동 성명과 관련이 없다. 금강산 관광 사업은 김대중 정부 시기에 현대 그룹의 정주영 회장이 소떼와 함께 북한을 방문(1998)하여 남북한의 화해 분위기 조성에 기여한 성과로 북한과 합의하여 추진되었다.

③ **남북 기본 합의서:** 남북한이 유엔에 동시 가입한 직후 발표한 것은 남북 기본 합의서이다.

이것도 알면 합격

7·4 남북 공동 성명

내용	· 자주·평화·민족 대단결의 통일 원칙 천명 · 서울·평양 간 상설 직통 전화 개설과 남북 조절 위원회 설치
의의	통일에 관해 남북이 최초로 합의한 내용을 공동 성명 형식으로 동시 발표
한계	공동 성명 직후 남측은 10월 유신을 단행하고 북측은 사회주의 헌법을 제정하여 남북 대화를 독재 체제 강화에 이용

하프모의고사 04 정답 및 해설

정답 한눈에 보기

01	①	02	③	03	③	04	②	05	③
06	②	07	④	08	②	09	①	10	④

01 선사 시대 청동기 시대 난이도 하 ●○○

자료분석

비파형 동검 + 거친무늬 거울 + 미송리식 토기 → 청동기 시대

정답설명

① 청동기 시대에는 석제 농기구인 반달 돌칼을 이용하여 벼를 수확하였다.

오답분석

② **구석기~신석기 시대:** 계급이 없는 평등한 공동체 생활을 한 것은 구석기~신석기 시대이다.

③ **구석기 시대:** 사냥감을 찾기 위하여 무리를 이루어 이동 생활을 한 것은 구석기 시대이다.

④ **철기 시대:** 명도전, 반량전 등의 중국 화폐를 사용하여 교역한 것은 철기 시대이다.

02 일제 강점기 물산 장려 운동 난이도 중 ●●○

자료분석

새로운 생산 방법을 생각해 냄 + 유산 계급의 이익을 위한 것임 → 물산 장려 운동

정답설명

③ 물산 장려 운동은 조만식 등이 조직한 조선 물산 장려회를 중심으로 전개되었고, 전국적으로 자작회, 토산 애용 부인회와 같은 다양한 단체들이 활동하였다.

오답분석

① **국채 보상 운동:** 대한매일신보, 황성신문 등 각종 언론사의 후원을 받아 전개된 민족 운동은 국채 보상 운동이다.

② **국채 보상 운동:** 일진회의 방해와 통감부의 탄압으로 실패한 민족 운동은 국채 보상 운동이다. 한편, 물산 장려 운동은 1920년대에 전개되었으며, 생산 시설의 미흡 등으로 인해 실패하였다.

④ 장통 회사는 물산 장려 운동이 전개되기 이전인 1883년에 설립된 근대적 상회사이다. 1880년대에 외국 상인들의 활동 범위가 확대되자, 이에 대항하기 위해 국내 상인들은 장통 회사, 대동 상회 등 근대적 상회사를 설립하였다.

03 고려 시대 고려 숙종 재위 시기의 사실 난이도 중 ●●○

자료분석

화폐를 주조하는 관청을 세움 → 주전도감 → 고려 숙종

정답설명

③ 고려 숙종 때 기병이 주축으로 구성된 여진과의 1차 접촉에서 고려군이 크게 패하자, 윤관의 건의에 따라 신기군(기병), 신보군(보병), 항마군(승병)으로 구성된 별무반을 조직하였다.

오답분석

① **고려 혜종:** 왕규의 난이 발생한 것은 고려 혜종 때이다. 혜종 때 광주의 호족 출신인 왕규가 자신의 외손자인 광주원군을 왕위에 올리기 위해 난(왕규의 난)을 일으켰으나 실패하였다.

② **고려 성종:** 물가 조절을 위한 기구인 상평창을 개경·서경·12목에 설치한 것은 고려 성종 때이다. 상평창은 풍년일 때는 곡물을 사들여 값을 올리고, 흉년이면 팔아서 값을 내림으로써 물가의 안정을 꾀하였다.

④ **고려 의종:** 무신 차별에 불만을 가진 정중부와 이의방 등의 무신들이 보현원에서 정변(무신 정변)을 일으킨 것은 고려 의종 때이다. 의종의 보현원 행차 때 정중부, 이의방 등의 무신들은 왕을 모시던 문신들을 살해하고 의종과 함께 궁으로 돌아왔다. 이후 무신들은 의종을 폐위시키고 명종을 옹립하여 정권을 장악하였다.

04 고대 궁예 난이도 중 ●●○

자료분석

스스로 선종이라 이름함 + 양길에게 의탁함 → 궁예

정답설명

② 궁예는 국정 총괄 기구인 광평성을 비롯하여 군사 업무를 담당하는 병부 등 여러 관서를 설치하였다.

오답분석

① **태조 왕건:** 『정계』와 『계백료서』를 저술한 인물은 태조 왕건이다. 태조 왕건은 『정계』, 『계백료서』 등을 통해 관리가 지켜야 할 규범을 제시하였다.

③ **견훤:** 신라의 금성을 습격하여 경애왕을 살해한 인물은 견훤이다. 견훤은 신라에 침략하여 대야성을 점령하였고, 금성(경주)을 습격하여 경애왕을 살해하고 경순왕을 왕으로 세웠다.

④ **견훤:** 금산사에 유폐된 후 탈출하여 고려에 투항한 인물은 견훤이다. 견훤이 넷째 아들 금강에게 왕위를 물려주려고 하자 큰아들 신검은 견훤을 금산사에 유폐하였다. 이후 견훤은 금산사를 탈출하여 고려의 왕건에게 투항하였다.

이것도 알면 합격

궁예와 견훤

궁예	· 신라 왕족의 후예로, 기훤·양길의 휘하에서 세력을 키움 · 송악(개성)을 도읍으로 정하고 후고구려 건국 · 철원으로 천도하여 국호를 마진, 태봉으로 변경하였으며 무태, 성책, 수덕만세 등의 독자적인 연호 사용 · 국정 총괄 기관인 광평성을 비롯한 여러 관서를 설치하고, 9관등제를 마련함 · 부석사에 있는 신라 왕의 화상을 칼로 훼손하면서 반신라 감정을 드러냄 · 미륵 신앙을 이용한 전제 정치 실시
견훤	· 완산주(전주)에 도읍을 정하고 후백제 건국 · 중국의 오월·후당 및 일본과 적극적인 외교 관계를 맺음 · 신라의 금성(경주)을 습격하여 경애왕을 죽게하는 등 신라에 적대적 · 아들 신검에 의해 금산사에 유폐되었다가, 탈출하여 왕건에 투항

05 조선 후기 조선 후기의 상업 발달 난이도 하 ●○○

정답설명

③ 조선 후기에는 상업이 발달하여 상평통보가 전국적으로 유통되었을 뿐만 아니라 환·어음 등의 신용 화폐도 보급되어 대규모 거래에 사용되었다.

오답분석

① 조선 후기에는 보부상이 전국의 장시를 돌며 농산물, 수공업 제품, 수산물, 약재 등을 판매하여 하나의 유통망을 형성하였다.

② 조선 후기에는 상품의 유통이 활발해지면서 강경포와 원산포 지역과 같은 포구들이 새로운 상업의 중심지로 성장하였다.

④ 조선 후기에는 청과의 무역이 활발해지면서 책문 등과 같은 국경 지대를 중심으로 공무역인 개시와 사무역인 후시가 전개되었다.

06 고려 시대 의천 난이도 중 ●●○

자료분석

문종 임금의 넷째 아들 → (가) 의천

정답설명

② 의천은 고려와 송, 요·일본의 불교 자료들을 모은 목록인 『신편제종교장총록』을 편찬하였다.

오답분석

① **제관:** 천태종의 기본 교리를 정리한 『천태사교의』를 저술한 승려는 제관이다. 제관은 고려 광종 때의 승려로, 중국에 건너가 천태학을 부흥시키는 데 크게 기여하였다.

③ **균여:** 광종 때 창건된 귀법사의 초대 주지에 임명된 승려는 균여이다.

④ **지눌:** 선종을 중심으로 교종을 통합하고자 한 승려는 지눌이다. 한편, 의천은 교종을 중심으로 선종을 통합하고자 하였다.

이것도 알면 합격

의천

사상적 토대	원효의 화쟁 사상
교종 통합	흥왕사를 근거지로 삼고 화엄종 중심으로 교종 통합 시도
교선 통합	· 국청사를 중심으로 해동 천태종을 창시 · 이론의 연마와 실천을 모두 강조하는 교관겸수를 제창하여 교종과 선종의 사상적 통합 추구
기타	· 『신편제종교장총록』 편찬 → 교장(속장경) 간행 · 화폐 사용 주장 → 숙종에게 주전도감 설치 건의

07 고대 내물 마립간 재위 시기의 사실 난이도 중 ●●○

자료분석

왜인이 국경에 가득 참 + 고구려 왕(광개토 대왕)이 군사를 보내 구원함 → (가) 내물 마립간

정답설명

④ 내물 마립간 때는 왕의 칭호가 대군장을 칭하는 마립간으로 변경되었는데, 이는 당시 지배자(왕)의 권력이 이사금이었을 때보다 강해졌음을 의미한다.

오답분석

① **진흥왕:** 황초령 순수비가 건립된 것은 진흥왕 때이다. 황초령 순수비는 진흥왕이 함경도 지방에 진출한 후 이를 기념하기 위해 세운 비석이다.

② **소지 마립간:** 국가 공문서를 송달하기 위해 사방에 우역(역참)을 설치한 것은 소지 마립간 때이다.

③ **눌지 마립간:** 고구려의 승려인 묵호자에 의해 신라에 불교가 전래된 것은 눌지 마립간 때이다. 그러나 눌지 마립간 때는 토착 귀족들의 반대로 불교가 공인되지 못하였으며, 이후 법흥왕 때 이차돈의 순교를 계기로 공인되었다.

08 조선 전기 『경국대전』 난이도 중 ●●○

자료분석

세조 + 만대 성법을 만들고자 함 → 『경국대전』

정답설명

② 조선 시대 최초의 공식 성문 법전은 『경제육전』이다. 『경국대전』은 조선 건국 초에 편찬된 『경제육전』의 원전과 속전, 그 뒤에 만들어진 각종 법령들을 종합하여 편찬한 통일 법전이다.

오답분석

① 『경국대전』은 성종 때 완성되었는데, 성종은 『경국대전』을 반포함으로써 조선 사회의 기본 통치 방향과 이념을 제시하였다.

③ 『경국대전』은 「이전」·「호전」·「예전」·「병전」·「형전」·「공전」의 6전 체제로 나뉘어 정리되었다.

④ 세조는 법전 편찬을 위해 임시 기관인 육전 상정소를 설치하고, 이곳에서 조선 왕조의 체계적인 법전인 『경국대전』을 편찬하기 시작하였다.

이것도 알면 합격

조선 전기의 법전

『조선경국전』	태조 때 정도전이 편찬, 6전 체제로 나누어 서술
『경제육전』	태조 때 조준이 법령을 모아서 편찬한 조선 최초의 공식 성문 법전
『경국대전』	· 세조 때 편찬하기 시작하여 성종 때 완성 · 조선의 기본 법전으로, 법률 체계의 골격 형성 · 「이전」·「호전」·「예전」·「병전」·「형전」·「공전」의 6전 체제로 구성

09 근대 을미의병 난이도 중 ●●○

자료분석

단발령 + 경군이 출동하여 서로 죽임 → 을미의병

정답설명

① 을미의병은 을미사변과 단발령 시행에 대한 반발로 일어났는데, 이때 유인석, 이소응 등 위정척사 사상을 가진 유생들이 의병 활동을 주도하고, 일반 농민과 동학 농민군의 잔여 세력이 동참하였다.

오답분석

② **을사의병:** 충남 정산에서 전 참판 민종식이 을사늑약 체결에 항거하며 봉기하여 홍주성을 점령하는 등의 활약을 한 것은 을사의병이다.

③, ④ **정미의병:** 이인영을 총대장, 허위를 군사장으로 한 의병 연합 부대인 13도 창의군을 조직한 것은 정미의병이다. 이때 13도 창의군은 스스로 독립군임을 내세우며 각국 영사관에 의병을 국제법상의 교전 단체로 인정해 줄 것을 요구하였다.

이것도 알면 합격

을미의병

배경	을미사변(명성황후 시해 사건), 단발령
주도 세력	유생 의병장 중심(유인석, 이소응, 허위, 기우만 등) + 동학 농민군 잔여 세력
전개	지방 관아 습격, 친일 내각 처단 → 단발령 철회 + 고종의 해산 권고 조칙 → 자진 해산 → 의병에 참여했던 동학 농민군 잔여 세력은 활빈당으로 계승·발전

10 시대 통합 공주 난이도 상 ●●●

자료분석

당이 도독부를 둠 + 신문왕 때 웅천주로 고침 → 공주

정답설명

④ 공주는 김헌창이 반란을 일으켜 장안국을 세운 곳이다. 김헌창은 자신의 아버지인 김주원이 왕이 되지 못한 데에 불만을 품고 웅주(공주)에서 반란을 일으켜 장안국을 세우고, 연호를 '경운'이라 하였다.

오답분석

① **용인:** 몽골의 2차 침입 때 승려인 김윤후가 몽골 장수인 살리타를 사살한 곳은 용인이다.

② **평양:** 강주룡이 임금 삭감에 반대하며 을밀대에 올라가 고공 농성을 전개한 곳은 평양이다.

③ **충주:** 임진왜란 당시 도순변사 신립이 왜군과 싸우다가 전사한 곳은 충주이다.

이것도 알면 합격

공주의 역사

· 선사: 공주 석장리 유적
· 고대: 문주왕 천도(웅진), 웅진 도독부 설치, 취리산 회맹, 김헌창의 난
· 고려: 망이·망소이의 난
· 근대: 공주 우금치 전투

5일 하프모의고사 05 정답 및 해설

정답 한눈에 보기

01	②	02	①	03	④	04	④	05	③
06	④	07	②	08	③	09	④	10	④

01 고려 시대 망이·망소이의 난이 일어난 시기 난이도 중 ●●○

자료분석

명학소 + 망이가 무리를 불러모아서 반란을 일으킴 → 망이·망소이의난(1176)

(가) 묘청의 난(1135)~무신 정변(1170)

(나) 무신 정변(1170)~정방 설치(1225)

(다) 정방 설치(1225)~처인성 전투(1232)

(라) 처인성 전투(1232)~개경 환도(1270)

정답설명

② 망이·망소이의 난은 (나) 시기인 1176년에 일어났다. 망이·망소이는 무거운 세금 납부와 신분적 차별 대우에 반발하여 공주 명학소에서 난을 일으켰다. 고려 정부는 이들을 회유하기 위해 명학소를 충순현으로 승격시켜 주었다.

02 현대 이승만 정부 시기의 사실 난이도 중 ●●○

자료분석

대통령과 부통령의 임기는 4년 + 헌법 공포 당시의 대통령에 대하여는 제한을 적용하지 아니함 → 사사오입 개헌(제2차 개헌, 1954) → 이승만 정부

정답설명

① 이승만 정부 시기에 한·미 양국은 한반도의 군사적 상황에 공동으로 대처하기 위해 미군의 한반도 주둔 등을 주요 내용으로 하는 한·미 상호 방위 조약을 체결하였다.

오답분석

② **김영삼 정부:** 지방 자치제를 전면적으로 실시한 것은 김영삼 정부 시기이다. 김영삼 정부는 1995년에 그동안 유보되었던 지방 자치 단체장 선거를 시행하여 지방 자치제를 전면적으로 실시하였다.

③ **박정희 정부:** 대통령이 긴급 조치 1호를 발동한 것은 박정희 정부 시기이다. 박정희 정부 때 장준하 등의 재야 인사들을 중심으로 개헌 청원 백만인 서명 운동(1973)이 전개되자 이를 저지하기 위해 긴급 조치 1호를 발동하였다(1974).

④ **박정희 정부:** 학생들을 중심으로 6·3 항쟁이 일어난 것은 박정희 정부 시기이다. 박정희 정부가 한·일 기본 조약의 체결을 위한 한·일 회담을 비밀리에 진행하였다는 사실이 폭로되자 학생들을 중심으로 굴욕적인 대일 외교에 반대하는 6·3 항쟁을 전개하였다(1964).

03 조선 후기 광해군 재위 기간의 사실 난이도 중 ●●○

자료분석

명나라 조정에서 우리나라에 군사를 파견하기를 청함 + 강홍립 → 광해군 재위 기간

정답설명

④ 광해군 때 일본과 기유약조를 체결하여 무역 규모를 세사미두 100석, 세견선은 20척으로 제한하고, 부산포만을 개항하여 제한된 범위 내에서 무역을 허용하였다.

오답분석

① **선조:** 훈련도감을 신설한 것은 선조 때이다. 임진왜란 초기에 패전을 거듭하자 조선은 임진왜란 도중 중앙군을 재정비하여 삼수병의 직업 군인으로 편성된 훈련도감을 신설하였다.

② **철종:** 삼정이정청을 설치한 것은 철종 때이다. 임술 농민 봉기 때 농민들은 삼정의 문란을 시정할 것을 요구하였고, 이에 정부는 삼정의 문란을 해결하기 위해 삼정이정청을 설치하였다.

③ **고종:** 『대전회통』을 편찬한 것은 고종 때이다. 고종 때 흥선 대원군은 통치 기강을 바로 세우고자 조선의 법전을 정리한 『대전회통』을 편찬하였다.

이것도 알면 합격

광해군의 정책

- 부국책: 토지 대장과 호적 정리, 대동법 실시(경기도)
- 강병책: 성곽과 무기 수리, 군사 훈련 실시
- 문화 시책: 『동의보감』(허준) 편찬, 5대 사고 정비
- 대외 정책: 명과 후금 사이에서 중립 외교 전개

04 일제 강점기 민립 대학 설립 운동 난이도 중 ●●○

자료분석

대학의 설립을 빼고는 다시 다른 길이 없음 → 민립 대학 설립 운동

정답설명

④ 민립 대학 설립 운동에서는 이상재 등을 중심으로 '한민족 1천만이 한 사람이 1원씩'이라는 구호 아래 모금 운동이 전개되었다.

오답분석

① 신간회는 민립 대학 설립 운동과 관련이 없다. 민립 대학 설립 운동은 조선 교육회와 조선 민립 대학 기성회 등을 중심으로 진행되었다.

② 사립 학교령이 제정된 것은 민립 대학 설립 운동이 전개되기 이전인 1908년의 사실이다.

③ **광주 학생 항일 운동:** 광주에서 시작되어 전국적으로 확산된 민족 운동은 광주 학생 항일 운동이다.

이것도 알면 합격

민립 대학 설립 운동

배경	한국인 본위의 고등 교육 기관 설립의 필요성 대두
전개	조선 민립 대학 기성회 조직(이상재 등) → 모금 운동 전개
결과	일제는 한국인의 고등 교육 요구 열기를 무마하고, 한국 거주 일본인의 고등 교육을 위해 경성 제국 대학 설립(1924)

05 현대 좌·우 합작 위원회 난이도 중 ●●○

자료분석

좌측의 5원칙과 우측의 8원칙을 절충하여 7원칙을 결정함 → 좌·우 합작 7원칙 → 좌·우 합작 위원회

정답설명

③ 옳은 것을 모두 고르면 ㉡, ㉣이다.

㉡ 좌·우 합작 위원회는 좌·우 합작 7원칙을 발표하여 미·소 공동 위원회의 속개를 주장하였다.

㉣ 좌·우 합작 위원회는 중도 좌파인 여운형과 중도 우파인 김규식이 주도하여 조직되었다.

오답분석

㉠ 좌·우 합작 위원회는 남한만의 단독 정부 수립을 주장한 이승만의 정읍 발언에 반대하였다.

㉢ 좌·우 합작 위원회는 몰수·유조건 몰수·체감 매상에 의한 무상 분배 원칙하의 토지 개혁할 것을 주장하였다.

이것도 알면 합격

좌·우 합작 운동

배경	제1차 미·소 공동 위원회 결렬(1946. 5.) → 이승만의 정읍 발언(1946. 6.)
전개	좌·우 합작 위원회 조직(1946. 7.) → 좌·우 합작 7원칙 발표(1946. 10.) → 남조선 과도 입법 의원 창립(1946. 12.)
결과	냉전 체제 강화로 인한 미 군정의 지원 철회 및 여운형 암살(1947. 7.)로 실패 → 좌·우 합작 위원회 해산(1947. 12.)

06 고대 진성 여왕 재위 시기의 사실 난이도 중 ●●○

자료분석

도적이 붉은 바지를 입음 + 적고적이라 부름 → 적고적의 난 → (가) 진성 여왕

정답설명

④ 진성 여왕 재위 시기에 당나라에서 유학하고 돌아온 최치원이 신라의 개혁을 위해 정치·사회적 개혁 방향을 담은 시무책 10여 조를 올렸다.

오답분석

① **진흥왕:** 단양 적성비를 세운 것은 진흥왕 때이다. 단양 적성비는 진흥왕이 고구려의 영토였던 단양의 적성을 점령하고 이를 기념하기 위해 세운 비석이다.

② **혜공왕:** 대공의 난이 일어난 것은 혜공왕 때이다. 혜공왕 때는 각간 벼슬에 있던 대공이 그의 동생인 대렴과 함께 난을 일으켰다.

③ **선덕 여왕:** 경주에 첨성대를 축조한 것은 선덕 여왕 때이다. 한편, 첨성대는 동양에서 현존하는 가장 오래된 천문 관측 시설로 평가받는다.

이것도 알면 합격

진성 여왕 재위 시기(887 ~ 897)의 사실

- 각간 위홍과 대구화상이 『삼대목』을 편찬함(888)
- 최치원이 시무책 10여 조를 올림(894)
- 원종과 애노의 난(889), 적고적의 난(896) 등이 발생함

07 고대 신문왕 난이도 중 ●●○

자료분석

녹읍을 폐지함 + 달구벌로 서울을 옮기려다 실현하지 못함 → 신문왕

정답설명

② 신문왕은 장인인 김흠돌의 반란을 진압하고, 귀족 세력을 숙청하여 정치 세력을 재편성하고 왕권을 강화하였다.

오답분석

① **원성왕:** 독서삼품과를 실시한 왕은 원성왕이다. 원성왕은 국학 학생들을 대상으로 독서삼품과를 실시하여 유교 경전의 이해 수준을 평가한 뒤 이를 관리 임용에 참고하였다.

③ **성덕왕:** 백성들에게 정전을 지급한 왕은 성덕왕이다. 성덕왕은 왕토 사상에 근거하여 일반 백성들에게 정전을 지급하여 국가의 토지 지배력을 강화하였다.

④ **법흥왕:** '건원'이라는 독자적인 연호를 처음 사용한 왕은 법흥왕이다.

08 조선 전기 조식 난이도 중 ●●○

자료분석

경의(敬義) + 남명 선생이라 부름 → 조식

정답설명

③ 조식은 노장 사상을 포용하고, 마음이 밝은 것을 '경(敬)'이라 하고 밖으로 과단성 있는 것을 '의(義)'라 정의하며 학문의 실천성을 강조하였다.

오답분석

① **이황:** 일본의 성리학 발전에 크게 영향을 준 인물은 이황이다. 이상주의적인 성격이 강하였던 이황의 사상은 임진왜란 이후 일본에 전해져 일본의 성리학 발전에 영향을 주었다.

② **이이:** 『성학집요』와 『격몽요결』 등을 집필한 인물은 이이이다.

④ **이황:** 경북 안동 지방에서 예안 향약을 만들어 보급한 인물은 이황이다. 이황은 중국의 여씨 향약을 우리나라 실정에 맞게 토착화하여 예안 향약을 만들었다.

이것도 알면 합격

성리학 연구의 선구자

이언적	· 주리론 주장 · 중종에게 「일강십목소」(나라를 다스리는 10가지 대책)를 바침
서경덕	· 주기론 주장: 기가 스스로 작용하여 우주 만물을 존재하게 하며, 우주 자연이 기로 구성되어 있다고 주장 · 불교·노장 사상에 개방적인 태도 · 「이기설」·「태허설」 저술
조식	· 노장 사상에 개방적인 태도 · 학문의 실천성 강조(경과 의) · 선조에게 올린 『무진봉사』에서 서리망국론을 주장하며 당시 서리의 폐단 비판

09 일제 강점기 1920년대의 사회 모습 난이도 중 ●●○

정답설명

④ 매일신보에 이광수의 소설 「무정」이 연재된 것은 1917년 1월부터 6월까지로, 1910년대의 사실이다. 한편, 「무정」은 우리나라 최초의 현대 장편 소설로 평가받는다.

오답분석

① 1920년대에는 사회주의의 영향으로 식민지 현실 계급 모순을 비판하는 프로 문학(신경향파 문학)이 등장하였다.

② 1920년대에는 서양 문화가 빠르게 유입되면서 『신여성』 등의 대중 잡지들을 통해 새로운 패션이나 화장법 등이 소개되었다.

③ 1920년대에는 도쿄 유학생을 중심으로 신극 운동 단체인 극단 토월회가 결성되었다. 토월회는 지방을 순회하며 민중 계몽과 독립 의식 고취를 위한 작품들을 공연하였다.

10 근대 헤이그 특사 파견 이후의 사실 난이도 하 ●○○

자료분석

황제의 특명에 의해 대표로 파견됨 + 이상설, 이준, 이위종 → 헤이그 특사 파견(1907)

정답설명

④ 헤이그 특사 파견 이후인 1909년에 호남 지방을 중심으로 의병 운동이 지속되자, 일제는 남한 대토벌 작전을 전개하여 의병들을 대대적으로 탄압하였다.

오답분석

모두 헤이그 특사 파견 이전의 사실이다.

① 원수부가 설치된 것은 1899년이다. 고종은 황제 직속의 최고 군통수 기관인 원수부를 설치하고, 황제가 육·해군을 통솔하도록 하였다.

② 독립 협회가 설립된 것은 1896년이다. 독립 협회는 서재필 등이 근대적 자주 독립 국가의 건설을 목표로 창설한 단체이다.

③ 고종이 아관 파천을 단행한 것은 1896년이다. 을미사변 이후 신변의 위협을 느낀 고종은 러시아 공사관으로 거처를 옮기는 아관 파천을 단행하였다.

6일 하프모의고사 06 정답 및 해설

정답 한눈에 보기

01	③	02	③	03	③	04	④	05	④
06	③	07	②	08	③	09	②	10	④

01 고대 광개토 대왕 대의 사실 난이도 중 ●●○

자료분석

왜인이 신라 국경에 가득 차 성지를 파괴 + 보병과 기병 5만 명을 보내서 신라를 구원 → 광개토 대왕

정답설명

③ 광개토 대왕 때는 대규모 정복 사업을 단행하여 숙신(여진족)과 비려(거란족)를 정벌하고 북쪽의 만주 일대를 차지하였다.

오답분석

① **소수림왕:** 율령을 반포하고 국립 교육 기관인 태학을 설립하여 통치 체제를 정비한 것은 소수림왕 때이다.

② **영양왕:** 역사서인 『유기』 100권을 간추려 『신집』 5권을 편찬하게 한 것은 영양왕 때이다.

④ **장수왕:** 백제의 수도 한성을 함락하고 개로왕을 살해한 것은 장수왕 때이다. 장수왕은 남하 정책을 전개하여 백제의 수도인 한성을 함락시키고 백제 개로왕을 살해한 후, 죽령 일대에서 남양만에 이르는 영토를 확보하였다.

이것도 알면 합격

광개토 대왕

- '영락' 연호 사용
- 한성 공격(백제 아신왕 굴복) → 한강 이북 지역까지 진출
- 후연 공격 → 요동 지역 확보
- 숙신(여진)·비려(거란) 정벌 → 만주 일대 차지
- 신라 구원 → 전기 가야 연맹 세력 약화

02 현대 박정희 정부 시기의 경제 상황 난이도 중 ●●○

자료분석

국민 교육 헌장 선포 1주년(1969) → 박정희 정부 시기

정답설명

③ 박정희 정부 시기인 1970년에는 마산을 자유 무역 지역으로 지정하여 많은 외국 기업을 유치하였다.

오답분석

① **이승만 정부:** 한·미 경제 조정 협정이 체결된 것은 1952년으로, 이승만 정부 시기의 사실이다. 한·미 경제 조정 협정은 기존에 제공되고 있던 미국의 경제 원조와 관련하여 한·미 양자 간의 역할과 관계를 조정한 것이다.

② **미 군정기:** 소작료를 총 수확량의 1/3으로 제한한 최고 소작료 결정의 건이 공포된 것은 1945년으로, 미 군정기의 사실이다.

④ **김영삼 정부:** 우리나라가 경제 협력 개발 기구(OECD)에 가입한 것은 1996년으로, 김영삼 정부 시기의 사실이다.

03 시대 통합 풍수지리 사상 난이도 하 ●○○

자료분석

서경은 수덕이 순조로워 우리나라 지맥의 근본이 됨 → 풍수지리 사상

정답설명

③ 풍수지리 사상은 신라 말 도선에 의해 도입되어 조선 시대까지 이어졌으며, 조선 시대에는 풍수지리 사상이 집터나 묘지를 선정하는 중요한 기준이 되었다.

오답분석

① **도교:** 국가와 왕실의 안녕과 번영을 기원하며 하늘에 제사를 지내는 초제로 행하여진 것은 도교이다.

② 고구려가 평양으로 천도한 것은 장수왕 때로, 우리나라에 풍수지리 사상이 소개되기 이전의 사실이다. 따라서 고구려의 평양 천도는 풍수지리 사상과 관련이 없다. 고구려의 장수왕은 귀족 세력을 약화시키고 경제적 기반을 확대하기 위해 평양으로 천도하였다.

④ **미륵 신앙:** 고려 시대에 향도가 매향 활동을 하는 근거가 된 것은 미륵 신앙이다. 매향 활동은 미륵의 구원과 내세의 복을 기원하면서 향나무를 땅에 묻는 행위이다.

04 일제 강점기 정인보 난이도 상 ●●●

자료분석

누구나 어릿어릿하는 사람을 보면 '얼'이 빠졌다고 함 → 「5천 년간 조선의 얼」 → 정인보

정답설명

④ 정인보는 광개토 대왕릉비에 대한 일본의 해석이 구조상에 모순점이 있음을 지적하고, 고구려가 바다를 건너 왜를 공격하였다는 새로운 해석 방법을 제시하였다.

오답분석

① **최남선 등:** 조선사 편수회에 참여한 인물은 최남선, 이병도 등이다. 조선사 편수회는 한국사를 왜곡하기 위해 총독부 산하 기관으로 설립되었으며, 식민 사관을 토대로 『조선사』를 편찬하였다.

② **신채호:** 『조선사연구초』를 저술한 인물은 민족주의 사학자인 신채호이다.

③ **박은식:** 한국의 독립운동 과정을 서술한 『한국독립운동지혈사』를 저술한 인물은 박은식이다.

이것도 알면 합격

정인보

- 민족 정신으로 '얼' 사상 강조
- 「5천 년간 조선의 얼」: 우리 민족의 시조를 단군으로 설정, 동아일보에 연재
- 『양명학 연론』: 양명학의 본질과 의의를 밝힌 논문, 동아일보에 연재
- 『조선사연구』: 한국 고대사를 특정 주제를 정해 통사 형식으로 서술
- 광개토 대왕릉비에 대한 새로운 해석 방법 제시

05 조선 전기 중종 재위 시기의 사실 난이도 중 ●●○

자료분석

조광조 등을 죽이고자 함 + 주초위왕 → 기묘사화 → 중종

정답설명

④ **중종 때인 1510년에 부산포, 제포(내이포), 염포의 삼포에 거주하던 왜인들은 조선 정부의 무역 통제에 반발하여 난(삼포왜란)을 일으켰다.**

오답분석

① **태종:** 호패법을 처음 시행한 것은 태종 때이다. 호패법은 안정적인 조세 징수와 군역 부과를 위해 16세 이상의 남자에게 호패(일종의 신분증)를 가지고 다니게 한 제도이다.

② **세종:** 압록강 방면에 최윤덕을, 두만강 방면에 김종서를 파견하여 여진을 토벌하고 4군 6진을 개척한 것은 세종 때이다.

③ **명종:** 양주 백정 출신인 임꺽정이 난을 일으켜 황해도를 중심으로 활동한 것은 명종 때이다.

06 고려 시대 최승로 난이도 하 ●○○

자료분석

불교는 몸을 닦는 근본 + 유교는 나라를 다스리는 근원 → 시무 28조 → 최승로

정답설명

③ **최승로는 태조부터 경종에 이르는 5대 왕의 치적과 이에 대한 자신의 견해를 담은 5조 정적평을 작성하여 성종에게 올렸다.**

오답분석

① **최충:** 9재 학당(문헌공도)을 설립하여 9경과 3사를 중심으로 학생들에게 경전과 역사를 가르친 인물은 최충이다.

② **최충헌:** 국가의 혼란을 극복하고 통치 기반을 확립할 목적으로 명종에게 봉사 10조를 올려 개혁안을 제시한 인물은 최충헌이다.

④ **김부식:** 인종의 명으로 유교적 합리주의 사관에 기초하여 역사서인 『삼국사기』를 편찬한 인물은 김부식이다.

이것도 알면 합격

시무 28조의 주요 내용

- 외관(지방관)을 파견할 것
- 중국의 문물 선택적 수용, 풍속은 우리 것을 따를 것
- 불교 행사(연등회, 팔관회)를 축소할 것
- 삼한 공신 자손 등용·우대할 것
- 불교는 수신(몸을 다스림)의 도, 유교는 치국(나라를 다스림)의 도

07 시대 통합 『의궤』 난이도 중 ●●○

자료분석

조선 시대 + 국가적으로 실시한 행사의 주요 장면을 그림과 글로 기록 → 『의궤』

정답설명

② **기록의 공정성을 위해 왕이 절대 열람할 수 없었던 것은 『조선왕조실록』이다. 한편, 『의궤』는 보관 목적의 '분상용' 『의궤』와 함께 왕이 열람할 수 있도록 한 '어람용' 『의궤』가 제작되었다.**

오답분석

① 강화도의 외규장각에 보관되어 있던 『의궤』는 병인양요 때 프랑스군에게 약탈당하였다.

③ 『의궤』에는 이두와 차자(借字) 및 우리의 고유한 한자어가 많이 사용되어 있어 국어학 연구에도 귀중한 자료가 된다.

④ 『의궤』는 조선 초기부터 제작되었으나 임진왜란으로 모두 소실되었고, 현재는 임진왜란 이후에 제작된 『의궤』만 남아있다.

08 고대 문무왕 난이도 중 ●●○

자료분석

서쪽을 정벌하고 북쪽을 토벌함 + 화장을 함 → 문무왕

정답설명

③ **문무왕은 각 지방관을 감찰하기 위해 외사정을 설치하여 처음으로 파견하였다.**

오답분석

① **원성왕:** 독서삼품과를 실시한 왕은 원성왕이다. 독서삼품과는 국

학의 학생을 대상으로 『춘추좌씨전』, 『논어』, 『효경』 등 유교 경전의 이해 수준을 시험하여 특품과 상·중·하품으로 나누고 이를 관리 임용에 참고한 제도이다.

② **무열왕:** 최초의 진골 출신 왕은 무열왕이다. 무열왕은 진덕 여왕 이후 성골이 소멸하자 왕위에 올라 신라 최초로 진골 출신의 왕이 되었다.

④ **신문왕:** 집사부 이하 14관부를 완성하여 중앙 관제를 정비한 왕은 신문왕이다.

이것도 알면 합격

통일 신라의 주요 국왕

문무왕	· 나·당 전쟁에서 승리하여 삼국 통일 달성(676) · 지방관을 감찰하기 위해 외사정 파견
신문왕	· 김흠돌의 반란 진압 · 유학 교육 기관인 국학 설치 · 9주 5소경의 지방 제도 완비 · 관료전을 지급(687)하고 녹읍 폐지(689)
효소왕	서시·남시(시장)를 설치하고, 서시전·남시전(시장 감독 기관) 설치
성덕왕	· 백성들에게 정전 지급 · 패강 일대에 수자리 설치
경덕왕	· 귀족층의 반발로 녹읍을 부활시킴 · 군현의 이름과 중앙 관부의 관직명을 중국식으로 변경 · 국학을 태학(감)으로 고치고 박사와 조교를 두어 유교 교육 강화
원성왕	유학 경전의 이해 수준을 시험하여 관리로 채용하는 독서삼품과 실시

09 근대 보안회 난이도 중 ●●○

자료분석

일본 공사가 황무지에 대한 권리를 청구함 + 전국의 강토를 모두 빼앗기게 됨 → 보안회

정답설명

② **보안회는 원세성, 송수만 등의 유생과 관료 출신들의 주도로 설립된 단체로, 보국안민을 내세우며 일본의 황무지 개간권 요구를 저지하였다.**

오답분석

① **대한 자강회:** 헌정 연구회를 계승하여 설립된 단체는 대한 자강회이다. 대한 자강회는 헌정 연구회의 후신으로 윤효정, 장지연을 중심으로 설립된 단체로, 전국 각지에 지회를 설치하였고 국권 회복 운동을 전개하였다.

③ **독립 협회:** 관민 공동회를 개최하고 헌의 6조를 채택한 단체는 독립 협회이다.

④ **황국 협회:** 황권 강화를 위한 보부상 중심의 어용 단체는 황국 협회이다.

10 시대 통합 시대별 교육 기관 난이도 하 ●○○

정답설명

④ **조선의 향교에서는 매년 2차례 시험을 실시하여 성적 우수자에게 성균관 입학 자격이 아닌 소과의 초시를 면제해 주었다.**

오답분석

① 고구려는 지방에 사립 교육 기관인 경당을 설치하고, 청소년에게 한학과 무술을 가르쳤다.

② 통일 신라는 성덕왕 때 당나라에서 공자와 72제자의 화상을 들여와 국학에 안치하였다.

③ 고려는 국자감의 교육 과목을 국자학, 태학, 사문학의 유학부와 율학, 서학, 산학의 기술학부로 나누어 교육하였다.

이것도 알면 합격

삼국의 교육 기관

고구려	· 태학(수도): 우리나라 최초의 국립 교육 기관, 귀족 자제에게 유교 경전과 역사 교육 · 경당(지방): 사립 교육 기관으로 한학과 무술 교육
백제	교육 기관에 대한 기록은 없으나 5경 박사와 의박사, 역박사 등을 통해 유교 경전과 기술학 등을 교육하였을 것으로 추정
신라	· 통일 이전: 화랑도를 통해 경학과 무술 교육 · 통일 이후: 신문왕 때 유학 교육 기관인 국학이 설립됨

7일 하프모의고사 07 정답 및 해설

정답 한눈에 보기

01	②	02	④	03	③	04	②	05	④
06	③	07	②	08	①	09	①	10	③

01 선사 시대 고조선 난이도 중 ●●○

자료분석

단군왕검 + 평양성에 도읍함 → ㉠ 고조선

정답설명

② 고조선은 기원전 4세기경 요서(랴오시) 지방을 경계로 중국 연나라와 대립할 만큼 강성하였다.

오답분석

① **고구려:** 사자·조의·선인 등의 관직이 있었던 나라는 고구려이다. 한편, 고조선에는 왕 아래에 상, 경, 대부, 박사 등의 관직이 있었다.

③ 고조선의 건국 신화가 『제왕운기』에는 기록되어 있으나 『삼국사기』에는 기록되어 있지 않다.

④ 송국리식 토기는 고조선의 세력 범위와 관련이 없다. 한편, 고조선의 세력 범위를 짐작할 수 있는 대표적인 유물로는 미송리식 토기, 비파형동검 등이 있다.

이것도 알면 합격

단군 조선(고조선)

건국	기원전 2333년에 단군왕검이 건국
발전	· 기원전 4세기경: 요서 지방을 경계로 연나라와 대립 · 기원전 3세기 초: 연나라 장수 진개의 침략으로 중심지가 이동(요동 → 대동강 유역)한 것으로 추정됨 · 기원전 3세기경: 부왕, 준왕과 같은 강력한 왕이 등장하여 왕위 세습, 왕 밑에 상, 경, 대부, 대신, 장군, 박사 등의 관직 마련

02 고대 골품제 난이도 하 ●○○

자료분석

신라에서는 사람을 등용하는데 (가)을/를 따짐 + 큰 재주와 뛰어난 공이 있더라도 넘을 수 없음 → (가) 골품 → 골품제

정답설명

④ 골품제는 관직의 승진뿐 아니라 가옥의 규모와 장식물, 수레, 복색 등 일상생활까지 규제하였다.

오답분석

① 골품제는 진흥왕이 아닌 법흥왕 때 정비되었다. 골품제는 처음에 왕족을 대상으로 한 골제와, 일반 귀족을 대상으로 한 두품제로 별도의 체계를 이루고 있었으나, 법흥왕 때 하나의 체계로 정비되었다.

② 골품제는 신라 초기부터 삼국 통일 이후 신라가 멸망할 때까지 실시되었다.

③ 골품제는 등급에 따라 관직의 승진 한계가 제한되어 있었기 때문에 계급 간의 갈등을 심화시키는 요인이 되었다. 한편, 계급 간의 갈등을 완화하는 역할을 한 것은 화랑도이다.

03 고려 시대 고려 시대의 대외 교류 난이도 하 ●○○

정답설명

③ 고려는 북진 정책을 추진하였지만, 여진과도 교류하였다. 고려는 북방의 여진으로부터 은, 말, 모피 등을 수입하였고, 농기구, 식량 등을 수출하였다.

오답분석

① 고려는 서해안의 해로를 이용하여 송나라에 금, 은, 인삼, 종이 등의 수공업품과 토산물을 수출하였고, 왕실과 귀족의 수요품인 비단, 약재, 서적, 차 등을 수입하였다.

② 고려는 아라비아 상인으로부터 수은, 산호, 향료 등을 수입하였고, 금, 비단 등을 수출하였다.

④ 고려 시대에는 대외 교류가 활발해짐에 따라 예성강 하구의 벽란도가 국제 무역항으로 번성하였다.

04 조선 후기 병자호란 이후의 사실 난이도 중 ●●○

자료분석

임금이 남한산성에 피신함 → 병자호란(1636)

정답설명

② 병자호란 이후인 1682년에 금위영이 설치되었다. 금위영은 숙종 때 국왕 호위와 수도 방어를 위해 설치되었으며, 이를 통해 훈련도감, 어영청, 총융청, 수어청, 금위영의 5군영 제도가 성립되었다.

오답분석

모두 병자호란 이전의 사실이다.

① 인조반정이 일어난 것은 1623년의 사실이다. 광해군의 중립 외교와 폐모살제(계모인 인목대비를 유폐시키고 이복 동생인 영창 대군을 살해)를 빌미로 서인 세력은 광해군을 폐위 시킨 후 인조를 왕으로 옹립하는 인조반정을 일으켰다.

③ 경기도에서 대동법을 처음 실시한 것은 광해군 때인 1608년의 사실이다. 대동법은 집집마다 토산물을 징수하는 대신 소유한 토지 결수에 따라 쌀, 무명, 삼베 등을 납부하도록 하는 제도로, 광해군 때 경기도에서 처음 실시되었으며, 이후 숙종 때 평안도·함경도·제주도를 제외한 전국으로 확산되었다.

④ 임시 기구로 비변사를 처음 설치한 것은 중종 때인 1510년이다. 비변사는 중종 때 일어난 삼포왜란을 계기로 여진족과 왜구의 침입에 대비하기 위해 임시 회의 기구로 처음 설치되었다.

이것도 알면 합격

병자호란의 발발

> 홍서봉 등이 한(汗)의 글을 받아 되돌아왔는데, 그 글에, "대청국의 황제는 조선의 관리와 백성들에게 알린다. 짐이 이번에 정벌하러 온 것은 원래 죽이기를 좋아하고 얻기를 탐해서가 아니다. 본래는 늘 서로 화친하려고 했는데, 그대 나라의 군신이 먼저 불화의 단서를 야기시켰다."라고 하였다.

사료 분석 | 후금은 나라 이름을 청으로 바꾸고 조선에 군신 관계를 요구하였다. 이에 조선 내부에서는 주전론이 우세해 청의 요구를 거부하자, 청 태종은 직접 군사를 이끌고 조선을 침략하였다.

05 고려 시대 초조대장경과 재조대장경 난이도 중 ●●○

자료분석

(가) 몽골의 환란 + 부인사에 소장된 (가)을/를 남기지 않고 쓸어버림 → 초조대장경

(나) 큰 보물이 없어짐(초조대장경 소실) + (나)을/를 만듦 → 재조대장경

정답설명

④ 송·요·일본 등의 불교 자료들을 모은 목록은 재조대장경이 아닌 『신편제종교장총록』이다.

오답분석

①, ③ 초조대장경은 고려 최초의 대장경으로, 현종 때 부처의 도움으로 거란의 침입을 극복하고자 판각하였고, 고려 선종 때 완성된 후 대구 부인사에서 보관하였다.

② 재조대장경은 최우 집권기에 강화도에 설치된 대장도감에서 만들어졌다. 고려 정부는 소실된 초조대장경을 대신하여 새로이 재조대장경을 판각하기 위해 강화도에 대장도감을 설치하였다.

06 근대 거문도 사건이 발생한 시기 난이도 중 ●●○

자료분석

해밀톤 섬이라고 부름 + 영국 사람들이 섬에 군사를 주둔시키고 러시아가 오는 길을 막고 있음 → 거문도 사건(1885~1887)

(가) 고종 즉위(1863)~강화도 조약 체결(1876)

(나) 강화도 조약 체결(1876)~갑신정변(1884)

(다) 갑신정변(1884)~제1차 갑오개혁(1894)

(라) 제1차 갑오개혁(1894)~을사늑약 체결(1905)

정답설명

③ 거문도 사건이 발생한 것은 (다) 시기인 1885년부터 1887년까지의 사실이다. 조선 정부는 갑신정변 이후 청의 간섭이 심해지자 러시아와 접촉하였고, 이에 영국은 러시아의 남하를 견제하기 위해 거문도를 약 2년간 불법으로 점령하는 거문도 사건을 일으켰다.

07 일제 강점기 연해주의 독립운동 난이도 중 ●●○

자료분석

대한 광복군 정부를 조직함 → 연해주

정답설명

② 연해주에서는 독립운동 단체인 권업회가 조직되었다. 권업회는 러시아 연해주 블라디보스토크에 위치한 신한촌에 본부를 두었으며, 기관지로 권업신문을 발행하고 학교를 설립하는 등의 활동을 전개하였다.

오답분석

① **서간도(남만주):** 한인 자치 기관으로 부민단이 조직된 지역은 서간도(남만주)이다.

③ **미국:** 장인환이 일본의 한국 침략이 정당하다고 주장한 외교 고문 스티븐스를 사살한 지역은 미국 샌프란시스코이다.

④ **멕시코:** 이근영 등이 독립군 양성을 위해 숭무 학교를 설립한 지역은 멕시코이다.

이것도 알면 합격

1910년대 연해주 지역의 민족 운동

성명회(1910)	한·일 합병의 부당함을 각국 정부에 호소
권업회(1911)	권업신문 발간, 한민 학교 설립
대한 광복군 정부(1914)	이상설, 이동휘를 정·부통령으로 하여 수립

08 조선 전기 사림 난이도 중 ●●○

자료분석

김종직 + 조정에 벼슬하는 사람들은 그를 우두머리로 모심 → 사림

정답설명

① 사림은 정치적으로 향촌 자치와 도덕과 의리를 바탕으로 하는 왕도 정치를 강조하였다.

오답분석

모두 훈구에 대한 설명이다.

② 훈구는 부국강병을 위해 성리학 이외에 타 사상에 대해 개방적이었기 때문에 민생 안정에 도움이 되는 것은 어느 정도 수용하였다. 한편, 사림은 경학을 중시하여 성리학 이외의 학문을 배척하였다.

③ 훈구는 계유정난 때 세조가 즉위하는데 공을 세워 권력을 장악하였다.

④ 훈구는 주로 대지주층이었으며 관학파의 학풍을 계승하였다. 한편, 사림은 주로 영남과 기호 지방의 중소 지주층이었다.

이것도 알면 합격

사림

기원	고려 말 온건파 사대부
경제적 기반	영남·기호 지방의 중소 지주
정치적 성향	향촌 자치를 내세우며 도덕과 의리를 바탕으로 하는 왕도 정치 강조
학풍	경학 중시, 성리학 이외의 사상 배척

09 근대 대한매일신보 난이도 중 ●●○

자료분석

영국인 베델이 창설 + 박은식을 주필로 맞이함 → (가) 대한매일신보

정답설명

① 대한매일신보는 양기탁과 영국인 베델 등이 창간한 신문으로, 을사늑약의 불법성을 폭로한 고종의 친서를 게재하였다.

오답분석

② **한성주보:** 우리나라 신문 최초로 상업 광고를 게재한 신문은 한성주보이다.

③ **제국신문:** 순한글판으로 발간되어 부녀자들에게 인기가 있었던 신문은 제국신문이다.

④ **한성순보:** 10일에 한 번씩 발간되었으며, 정부의 개화 정책 취지를 전달하는 관보적 성격을 띠었던 신문은 한성순보이다.

이것도 알면 합격

근대의 신문

독립신문	· 서재필 등이 발행한 우리나라 최초의 민간 신문 · 한글판과 영문판을 함께 발행
제국신문	순 한글판으로 발간되어 부녀자 및 서민에게 인기
황성신문	· 유생층을 대상으로 한 국한문 혼용 신문 · 장지연의 '시일야방성대곡'을 게재하여 상당 기간 정간당함
대한매일신보	· 한글판, 영문판, 국한문판으로 발행 · 의병 운동을 높이 평가, 국채 보상 운동을 주도 · 장지연의 '시일야방성대곡'을 영문으로 게재
만세보	천도교의 기관지로 일진회를 비판

10 현대 김대중 정부의 통일 정책 난이도 중 ●●○

자료분석

'금 모으기'를 전개 + IMF 관리 체제에서 벗어남 → 김대중 정부

정답설명

③ 김대중 정부 때 분단 이후 최초로 남북 정상 회담(2000)이 평양에서 개최되었으며, 회담의 결과 6·15 남북 공동 선언이 채택되었다.

오답분석

① **박정희 정부:** 남북 조절 위원회를 설치한 것은 박정희 정부 때이다. 남북 조절 위원회는 7·4 남북 공동 성명(1972)의 합의 사항을 추진하고, 남북 관계를 개선·발전시키기 위해 설립된 기구이다.

② **노태우 정부:** 한반도 비핵화 공동 선언을 채택(1991)한 것은 노태우 정부 때이다.

④ **전두환 정부:** 최초로 남북한 이산가족 고향 방문을 실시(1985)한 것은 전두환 정부 때이다.

8일 하프모의고사 08 정답 및 해설

■ 정답 한눈에 보기

01	③	02	②	03	①	04	③	05	②
06	①	07	④	08	④	09	④	10	③

01 근대 백산 봉기와 전주화약 체결 사이의 사실 난이도 중 ●●○

자료분석

백산 봉기(1894. 3.) → (가) → 전주 화약(1894. 5.)

정답설명

③ (가) 시기인 1894년 4월에 동학 농민군이 황토현에서 관군에 승리하였다.

오답분석

① **(가) 이후:** 전봉준이 지휘하는 남접군과 손병희가 지휘하는 북접군이 논산에서 집결한 것은 1894년 10월로, (가) 시기 이후의 사실이다. 톈진 조약을 근거로 조선에 상륙한 일본군이 경복궁을 점령하자 동학 농민군은 다시 봉기하였고, 이때 전봉준이 이끄는 남접군과 손병희가 이끄는 북접군이 논산에서 집결하였다.

② **(가) 이전:** 전봉준의 주도로 고부 농민 봉기가 일어난 것은 1894년 1월로, (가) 시기 이전의 사실이다. 고부 군수 조병갑이 농민들을 동원하여 만석보를 짓고 과중한 세금을 거두는 등의 횡포를 부리자, 전봉준의 주도로 농민들이 봉기하여 고부 관아를 습격하였다.

④ **(가) 이후:** 동학 농민군이 우금치에서 일본군과 관군의 연합군에 패배한 것은 1894년 11월로, (가) 시기 이후의 사실이다.

02 고려 시대 최우 난이도 중 ●●○

자료분석

자신의 집에 정방을 둠 → 최우

정답설명

② 최우는 몽골의 과도한 조공 요구에 반발하며 몽골과의 항쟁을 위해 강화도로 천도할 것을 주장하였다.

오답분석

① **이자겸:** 고려 인종 때 척준경과 함께 난을 일으킨 인물은 이자겸이다. 문벌 귀족인 이자겸은 자신의 딸들을 예종과 인종에게 시집 보냄으로써 권력을 독점하였고, 결국 왕위를 찬탈하기 위해 척준경과 난을 일으켰으나 실패하였다.

③ 『직지심체요절』은 우왕 때 흥덕사에서 간행된 금속 활자본으로 최우와는 관련이 없다. 한편, 최우는 강화도 천도 당시 『상정고금예문』을 금속 활자로 인쇄하도록 하였다.

④ **이의민:** 천민 출신으로 김보당의 난 때 의종을 시해한 인물은 이의민이다. 한편, 이의민은 천민 출신임에도 불구하고 김보당의 난과 조위총의 난을 진압하는 데 공을 세워 상장군이 되었다. 또한 경대승이 죽은 이후에는 무신 정권의 최고 권력자까지 올랐으나 최충헌에 의해 살해되었다.

이것도 알면 합격

최우 집권기에 설치된 기구

정방	정방을 설치하여 모든 관직의 인사권을 장악
서방	문신들의 숙위 기구인 서방을 설치하여 최씨 정권의 자문 역할을 담당하게 함
야별초	도성 안의 치안 유지를 위하여 조직 → 삼별초로 확대·정비

03 고대 근초고왕 난이도 하 ●○○

자료분석

박사 고흥을 얻어 비로소 『서기』를 갖추게 됨 → 근초고왕

정답설명

① 근초고왕은 활발한 정복 사업과 대외 활동을 통해 강화된 왕권을 바탕으로 왕위의 부자 상속제를 확립하였다.

오답분석

② **성왕:** 사비로 천도하고 국호를 남부여로 변경한 왕은 성왕이다.

③ **고이왕:** 마한의 중심 세력인 목지국을 병합하여 한강 유역을 완전히 장악한 왕은 고이왕이다.

④ **개로왕:** 중국 북위에 사신을 보내 고구려를 공격해 줄 것을 요청한 왕은 개로왕이다.

이것도 알면 합격

근초고왕의 업적

정복 활동	· 마한의 잔여 세력을 정복하여 전라도 남해안까지 진출 · 고구려를 공격하여 고국원왕을 전사시킴
대외 활동	중국의 요서·산둥, 일본의 규슈 진출
왕권 강화	왕위의 부자 상속제 확립
문화 발전	박사 고흥에게 역사서인 『서기』를 편찬하도록 함

04 고대 녹읍 난이도 중 ●●○

자료분석

경덕왕 때 녹봉을 없애고 다시 ㉠을/를 줌 → ㉠ 녹읍

정답설명

③ 녹읍은 일정한 지역을 단위로 지급된 토지로, 조세 수취는 물론 노동력을 징발할 권리까지 주어졌다.

오답분석

① **구분전:** 하급 관료와 군인의 유가족에게 지급한 것은 고려 시대의 구분전이다.

② 토지의 비옥도에 따라 토지의 등급을 6등급으로 구분한 것은 조선 세종 때 실시된 조세 수취 방식인 전분 6등법으로, 녹읍과는 관련이 없다.

④ **식읍:** 전쟁에서 공을 세운 사람에게 보상하기 위해 지급한 것은 식읍이다. 한편, 녹읍은 관직 복무의 대가로 귀족들에게 지급된 토지이다.

이것도 알면 합격

녹읍과 식읍

녹읍	· 국가에서 관료인 귀족에게 지급한 일정 지역의 토지 · 조세 수취 및 그 토지에 딸린 노동력을 징발할 수 있었음
식읍	· 국가에서 왕족, 공신 등에게 수여한 토지와 가호 · 조세를 수취하고 노동력을 징발할 수 있는 권리 부여

05 고려 시대 전시과 제도 난이도 중 ●●○

자료분석

고려의 토지 제도 + 땔나무를 베어낼 땅도 지급(시지) → (가) 전시과

정답설명

② 고려 문종 때 관리에게 지급할 토지가 부족해지자, 경정 전시과를 시행하여 토지 지급 대상을 현직 관리로 제한하였다.

오답분석

① **역분전:** 후삼국 통일의 공로와 인품에 따라 차등 지급한 것은 역분전이다.

③ 전시과에서는 관직 복무의 대가로 토지의 소유권이 아닌 수조권(세금을 거둘 수 있는 권리)만을 지급하였다.

④ 전시과 제도 하에서 중앙과 지방의 각 관청에는 내장전이 아닌 공해전을 지급하여 경비를 충당하게 하였다. 한편, 내장전은 고려 시대에 왕실 경비를 마련하기 위해 지급되었던 토지이다.

이것도 알면 합격

전시과 제도의 특징

수조권 지급	토지의 소유권이 아닌 수조권(세금을 거둘 수 있는 권리)을 지급
전국적 토지 분급	양계 지방을 제외한 전국의 토지를 대상으로 분급
세습 불가의 원칙	퇴직이나 사망 시 국가에 반납하는 것이 원칙이었지만, 점차 직역과 함께 토지를 세습하는 경우가 많아졌음

06 일제 강점기 조선어 학회 난이도 중 ●●○

자료분석

한글 맞춤법 통일안을 제정함 → (가) 조선어 학회

정답설명

① 조선어 학회는 『우리말 큰 사전』 편찬을 시도하였으나 일제의 방해로 실패하였다. 한편, 『우리말 큰 사전』은 광복 이후 조선어 학회를 계승한 한글 학회에 의해 1957년에 완성되었다.

오답분석

②, ③ **국문 연구소:** 한글 연구를 목적으로 대한 제국의 학부 아래에 설립되었으며, 주시경, 지석영 등을 중심으로 활동한 단체는 국문 연구소이다.

④ **조선어 연구회:** 잡지 『한글』을 발간하고 한글 기념일인 가갸날을 제정한 단체는 조선어 연구회이다.

이것도 알면 합격

국어 연구 기관

국문 연구소 (1907)	· 대한 제국 시기 학부 내에 설립 · 지석영, 주시경 등이 중심이 되어 국문 정리 및 연구 활동 전개
조선어 연구회 (1921)	· 잡지 『한글』 간행 · 한글 기념일인 '가갸날' 제정
조선어 학회 (1931)	· 한글 맞춤법 통일안과 표준어 제정 · 『우리말 큰 사전』 편찬 시도
한글 학회 (1949)	『우리말 큰 사전』 편찬(1957)

07 조선 후기 순조 재위 시기의 사실 난이도 상 ●●●

자료분석

가산의 토적이 변란을 일으킴 + 청천강 이북 → 홍경래의 난 → 순조 재위 시기

정답설명

④ 순조 때는 궁궐과 중앙 관청의 공노비 6만 6천여 명을 양인으로 해방시켰다. 순조는 당시 공노비의 도망과 합법적인 신분 상승으로 신공을 받아낼 수 없게 되자 궁궐과 중앙 관청의 공노비들을 양인으로 해방시켰다.

오답분석

① **정조:** 신해통공을 반포한 것은 정조 때이다. 정조는 신해통공을 반포하여 육의전을 제외한 시전 상인들의 금난전권을 폐지하였다.

② **정조:** 초계문신제를 시행한 것은 정조 때이다. 초계문신제는 신진 인물이나 중·하급 관리 중에서 유능한 문신들을 재교육하여 인재를 양성하는 제도이다.

③ **철종:** 최제우가 동학을 창시한 것은 철종 때이다. 철종 때 경주의 몰락 양반 출신인 최제우는 경천(하늘을 두려워하고 공경함)과 시천주(누구나 마음 속에 천주를 모심) 사상을 중심으로 동학을 창시하였다.

08 근대 개항 이후 열강의 이권 침탈 난이도 하 ●○○

정답설명

④ 압록강·두만강·울릉도 삼림 벌채권을 차지한 나라는 프랑스가 아닌 러시아이다. 러시아는 이외에도 경원·종성의 광산 채굴권 등의 경제적 이권을 차지하였다.

오답분석

① 영국은 은산 광산 채굴권을 획득하였다(1900).

② 미국은 전등·전차·전화 부설권을 얻었으며 이외에도 운산 금광 채굴권(1896)을 차지하였다.

③ 일본은 경부선 부설권(1898), 경원선 부설권(1904), 경의선 부설권(1904) 등을 확보하였다.

이것도 알면 합격

열강의 이권 침탈

러시아	경원·종성 광산 채굴권, 압록강·두만강·울릉도 삼림 채벌권
일본	경인선·경부선·경원선·경의선 부설권, 직산 금광 채굴권
미국	운산 광산 채굴권, 전등·전차·전화 부설권
영국	은산 광산 채굴권

09 고려 시대 균여 난이도 중 ●●○

자료분석

향가 형식의 보현십원가를 지음 → 균여

정답설명

④ 균여는 화엄 사상을 중심으로 성상융회를 주창하여 교종 내의 대립을 해소하고자 하였다. 균여가 주창한 성상융회란 공(空)을 뜻하는 성(性)과 색(色)을 뜻하는 상(相)을 원만하게 융합시키고자 하는 이론이다.

오답분석

① **원효(통일 신라):** 『대승기신론소』를 저술한 인물은 원효이다. 원효는 대승 불교의 사상과 체계를 이해하기 쉽게 풀이한 『대승기신론소』를 저술하였다.

② **의천(고려):** 수행법으로 이론의 연마와 실천을 같이 강조하는 교관겸수를 제시한 인물은 의천이다.

③ **제관(고려):** 남중국에 파견되어 천태학을 전한 인물은 제관이다. 제관은 광종 때 중국으로 건너가 천태학 부흥에 크게 기여하였다.

10 현대 6·25 전쟁 난이도 중 ●●○

정답설명

③ 시기순으로 바르게 나열하면 ㉣ 애치슨 선언 발표(1950. 1.) → ㉡ 낙동강 유역까지 후퇴(1950. 6.~8.) → ㉠ 흥남 철수(1950. 12.) → ㉢ 반공 포로 석방(1953. 6.)이 된다.

㉣ **애치슨 선언 발표:** 미국 국무 장관 애치슨이 미국의 태평양 극동 방위선에서 한국과 대만을 제외한다고 발표하였다(애치슨 선언, 1950. 1.).

㉡ **낙동강 유역까지 후퇴:** 북한군이 1950년 6월 25일에 기습적으로 남침하자, 전쟁에 대비하지 못했던 국군은 전쟁 시작 3일만에 서울을 빼앗기고 낙동강 유역까지 후퇴하였다(1950. 6.~8.).

㉠ **흥남 철수:** 중국군의 참전(1950. 10.)으로 전세가 불리해진 국군과 유엔군은 대규모 해상 철수 작전인 흥남 철수 작전을 전개하여 남쪽으로 후퇴하였다(1950. 12.).

㉢ **반공 포로 석방:** 이승만 정부는 휴전 회담에 반대하며 거제도 등에 있던 반공 포로 등을 석방하였다(1953. 6.).

이것도 알면 합격

6·25 전쟁 전개 과정

6·25 전쟁 발발(1950. 6. 25.) → 유엔군 참전(1950. 7.) → 인천 상륙 작전(1950. 9. 15.) → 서울 수복(1950. 9. 28.) → 평양 탈환(1950. 10. 19.) → 중국군 개입(1950. 10. 25.) → 국군과 유엔군 서울 철수(1951. 1. 4.) → 휴전 회담 시작(1951. 7.) → 휴전 협정 체결(1953. 7.)

9일 하프모의고사 09 정답 및 해설

정답 한눈에 보기

01	③	02	①	03	③	04	③	05	④
06	④	07	②	08	④	09	①	10	④

01 고대 태조왕의 업적 난이도 중 ●●○

자료분석

동옥저를 정벌함 → 태조왕

정답설명

③ 태조왕은 활발한 정복 활동을 통해 강력해진 왕권을 바탕으로 계루부 고씨의 독점적인 왕위 세습을 확립하였다.

오답분석

① **장수왕:** 평양으로 천도한 왕은 장수왕이다. 장수왕은 국내성에서 평양으로 천도하여 강력한 남하 정책을 추진하였다.

② **고국천왕:** 구휼 제도로 진대법을 실시한 왕은 고국천왕이다. 진대법은 흉년과 고리대로 몰락한 농민을 구제하기 위해 춘궁기에 곡식을 빌려주고 추수기에 갚도록 한 구휼 제도이다.

④ **미천왕:** 낙랑군을 축출하여 대동강 유역을 차지한 왕은 미천왕이다.

02 고대 익산 미륵사지 석탑 난이도 하 ●●○

자료분석

국내에서 현존하는 가장 오래된 석탑 + 사택왕후가 사리를 봉안함 → 익산 미륵사지 석탑

정답설명

① 익산 미륵사지 석탑은 백제 무왕 때 건립된 석탑으로, 목탑에서 석탑으로 넘어가는 과도기에 건립되었기 때문에 목탑의 양식이 많이 남아있는 것이 특징이다.

오답분석

② 부여 정림사지 5층 석탑은 대표적인 백제의 석탑으로, 균형미가 뛰어나다는 특징이 있으며 1층 탑신에는 당나라 장군 소정방이 백제를 평정하였다는 내용을 새겨놓아 '평제탑'이라고 불리기도 하였다.

③ 양양 진전사지 3층 석탑은 신라 하대의 석탑으로, 기단과 탑신에 다양한 모습의 불상 조각들이 돋을새김(부조)으로 조각되어 있다는 것이 특징이다.

④ 경주 감은사지 3층 석탑은 통일 신라 초기의 대표적인 석탑으로, 2층 기단 위에 3층의 탑신부를 쌓은 것이 특징이다.

03 선사 시대 위만 조선 난이도 중 ●●○

자료분석

조선 후 준(준왕)이 연에서 망명한 (가)에게 나라를 빼앗김 → (가) 위만 → 위만 조선(기원전 194~기원전 108)

정답설명

③ 부왕(否王)과 같은 강력한 왕이 등장하여 왕위를 세습한 것은 기원전 3세기경으로, 위만 조선이 세워지기 이전의 사실이다.

오답분석

모두 위만 조선 때의 사실이다.

① 고조선에 왔던 한나라 사신 섭하가 한나라로 돌아가는 길에 국경 부근의 패수에서 섭하의 송별을 맡은 조선비왕(朝鮮裨王) 장(長)을 살해하였고, 이를 계기로 요동 동부도위에 임명되었다. 이에 격분한 고조선의 우거왕은 군대를 보내 섭하를 살해하였다(기원전 109).

② 고조선에 복속해 있던 예(濊)의 군장 남려가 주민을 이끌고 한나라에 투항하였다(기원전 128).

④ 위만 조선 시기에 철기 문화를 본격적으로 수용하여 철제 무기와 철제 농기구를 제작하였다. 위만 조선은 철제 무기를 이용하여 활발한 정복 사업을 전개하는 동시에 철제 농기구를 활용하여 생산력을 증대시켰다.

이것도 알면 합격

위만 조선

성립 과정	· 위만의 망명: 위만이 무리를 이끌고 고조선으로 망명 · 위만의 왕위 등극: 고조선 서쪽 변경 지역에서 세력을 확대한 후 준왕을 축출(기원전 194)
멸망	· 고조선의 성장에 불안을 느낀 한 무제가 고조선 침략 → 1차 접전(패수)에서 고조선이 한에 대승, 약 1년간 한의 군대에 대항 · 우거왕이 피살되고 왕검성이 함락되며 고조선 멸망(기원전 108)

04 조선 전기 과전법 난이도 중 ●●○

자료분석

고려 말기에 토지 제도가 문란함 + 사대부들에게 줌 → (가) 과전 → 과전법

정답설명

③ 과전법에서는 현직 관리뿐만 아니라 전직 관리에게까지 경기 지역 토지의 수조권을 지급하였다.

오답분석

① 과전법에서의 수조율은 공전과 사전을 막론하고 토지 1결당 생산량의 1/10인 30두로 정하였다.

② 과전법에서는 관리들에게 관등에 따라 최고 150결에서 10결까지 토지를 차등 지급하였다.

④ 과전법에서는 지방에 거주하는 한량품관에게 군전의 명목으로 5결 혹은 10결씩 토지를 지급하였다.

05 고려 시대 향도 난이도 하 ●○○

자료분석

침향목을 묻음 + 미륵불의 하생 → 사천 매향비 → 향도

정답설명

④ 향도는 고려 초기에 불교 신앙 조직으로 불상이나 탑 등을 조성하는 활동을 하였으나, 후기로 갈수록 마을의 노역, 혼례와 상장례, 민속 신앙과 관련된 마을 제사 등을 주도하는 농민 공동체 성격으로 변화하였다.

오답분석

① **유향소:** 향안이라는 지방 사족들의 명부를 작성한 것은 조선 시대의 유향소이다.

② **서원:** 향음주례와 향사례 등을 거행한 것은 조선 시대의 서원이다. 서원은 주로 학문 연구와 선현의 제사를 지냈으나, 향촌 사회의 교화와 결속력 강화를 위해 향음주례, 향사례 등을 주관하기도 하였다.

③ 향도는 정부의 주도로 결성되지 않았으며, 지방민들이 자발적으로 조직한 신앙 공동체였다.

이것도 알면 합격

고려 시대 향도의 활동

초기	· 신앙 조직 · 매향 활동, 불상과 석탑·사찰 등을 조성
후기	노역, 혼례와 상장례 등을 주관하는 대표적인 농민 공동체 조직

06 근대 대한 제국 정부가 추진한 개혁 난이도 중 ●●○

자료분석

지계 업무를 실시함 → 대한 제국

정답설명

④ 대한 제국은 황실 재정을 확대하기 위해서 광산 개발 사업과 홍삼 전매 등의 수입을 궁내부 산하의 내장원으로 이관하였다.

오답분석

모두 대한 제국 수립 이전에 추진된 개혁 내용이다.

① **제1차 갑오개혁:** 연좌법과 고문 등 봉건적인 악습을 폐지하도록 한 것은 제1차 갑오개혁의 내용이다.

② **제2차 갑오개혁:** 군제를 개혁하여 훈련대와 시위대를 설치한 것은 제2차 갑오개혁의 내용이다. 한편, 대한 제국은 군제를 개혁하여 황제를 호위하는 시위대, 서울의 중앙군인 친위대, 지방의 진위대의 군사 수를 증강하였다.

③ **을미개혁:** 갑신정변으로 인해 중단된 근대적 우편 사무를 재개하기 위해 우체사를 설치한 것은 을미개혁의 내용이다.

07 근대 을사늑약 체결 결과 난이도 중 ●●○

자료분석

한국뿐만 아니라 동양 삼국이 분열하는 조짐을 만듦 + 4000년 국민정신이 하룻밤 사이에 멸망함 → 장지연의 「시일야방성대곡」 → 을사늑약

정답설명

② 을사늑약의 체결로 일제는 우리나라의 외교권을 박탈하였으며, 서울에 통감부를 설치하여 내정 간섭을 강화하였다.

오답분석

① **한·일 신협약의 비밀 각서:** 우리나라의 행정 각 부에 일본인이 차관으로 임명된 것은 한·일 신협약 비밀 각서의 결과이다.

③ **제1차 한·일 협약:** 일본인인 메가타와 미국인인 스티븐스가 우리나라의 재정과 외교 고문으로 임명된 것은 제1차 한·일 협약의 결과이다.

④ **한·일 의정서:** 일본이 원활한 전쟁 수행을 위해 전략상 필요한 우리나라의 지역을 마음대로 사용할 수 있게 된 것은 한·일 의정서의 결과이다.

08 조선 후기 양명학 난이도 중 ●●○

자료분석

인의를 해치고 천하를 어지럽히는 것 + 심즉리라는 말을 만들어 냄 → 양명학

정답설명

④ 백성을 가르치고 일깨워야 한다는 신민설을 강조한 것은 성리학이다. 한편, 양명학에서는 백성을 도덕 실천의 주체로 보는 친민설을 강조하였다.

오답분석

① 양명학에서는 앎과 행동이 하나가 되어야 한다는 지행합일을 주장하며 학문의 실천성을 강조하였다.

② 양명학은 조선 후기에 정제두에 의해 체계적으로 연구되었다. 한

편, 정제두는 강화도를 중심으로 양명학을 연구하며 후학을 양성하여 강화 학파를 형성하였다.

③ 양명학은 정권에서 소외된 소론과 왕가의 종친 그리고 서얼 출신 인사들 사이에서 가학(家學)으로 계승되었다.

이것도 알면 합격

양명학의 주요 이론

심즉리(心卽理)	모든 사물의 이치는 마음속에 있음
치양지(致良知)	선험적인 지를 충분히 발휘하는 것
지행합일(知行合一)	앎은 행함을 통해서 성립하는 것
친민설(親民說)	백성은 도덕 실천의 주체

09 일제 강점기 6·10 만세 운동 난이도 중 ●●○

자료분석

철천지 원수는 자본·제국주의 일본 + 조선 독립 만세 → 6·10 만세 운동

정답설명

① 옳은 것을 모두 고르면 ㉠, ㉢이다.

㉠ 6·10 만세 운동에서는 우리나라의 토지를 수탈하는 식민 착취 기관인 동양 척식 주식회사의 철폐를 주장하였다.

㉢ 6·10 만세 운동은 준비 과정에서 사회주의 계열과 천도교 중심의 민족주의 계열이 연대하면서 이후 민족 유일당 운동이 전개되는 계기가 되었다.

오답분석

㉡ 조선 청년 총동맹은 6·10 만세 운동(1926)이 일어나기 이전인 1924년에 결성된 사회주의 청년 운동 단체이다.

㉣ **광주 학생 항일 운동:** 3·1 운동 이후 최대 규모의 항일 학생 운동은 광주 학생 항일 운동이다.

이것도 알면 합격

6·10 만세 운동

배경	일제의 수탈과 식민 교육에 대한 반발 심화
전개	· 순종의 인산일을 계기로 대규모 군중 시위 운동 전개 · 일제의 무차별 살상·투옥으로 좌절됨
의의	· 대중적인 항일 민족 운동으로 발전, 학생 운동의 성장 · 민족주의 계열과 사회주의 계열이 연대하는 계기가 되어 신간회 창립(1927)에 기여

10 현대 노동 운동의 전개 난이도 중 ●●○

정답설명

④ 순서대로 바르게 나열하면 ㉣ 전태일 분신 자살 사건(1970) → ㉢ 국제 노동 기구(ILO) 가입(1991) → ㉠ 전국 민주 노동 조합 총연맹 결성(1995) → ㉡ 노사정 위원회 설립(1998)이 된다.

㉣ **전태일 분신 자살 사건(1970):** 동대문 평화 시장에서 재단사로 일하던 전태일이 근로 기준법 준수 등을 요구하며 분신 자살하였다.

㉢ **국제 노동 기구(ILO) 가입(1991):** 6월 민주 항쟁 이후 노동 운동이 급속히 활성화되었으며, 이러한 흐름에 발 맞춰 노태우 정부는 국제 노동 기구(ILO)에 가입하였다.

㉠ **전국 민주 노동 조합 총연맹 결성(1995):** 노동자의 권익 향상을 위해 전국 노동 조합의 총 연합 단체인 전국 민주 노동 조합 총연맹(민주 노총)이 결성되었으며, 이로 인해 노동 운동이 조직적으로 전개되었다.

㉡ **노사정 위원회 설립(1998):** 근로자의 고용 안정과 근로 조건에 관한 노동 정책 등을 협의하는 기구로서 노동자, 사용자, 정부를 대표하는 협의체인 노사정 위원회가 설립되었다.

10일 하프모의고사 10 정답 및 해설

정답 한눈에 보기

01	③	02	④	03	②	04	④	05	④
06	④	07	④	08	①	09	③	10	③

01 시대 통합 유네스코 세계 문화유산 난이도 중 ●●○

정답설명

③ 옳은 것을 모두 고르면 ㉡, ㉢이다.

㉡ 석굴암은 통일 신라 경덕왕 때 김대성에 의해 축조된 인공 석굴 사원으로, 1995년에 불국사와 함께 유네스코 세계 문화유산으로 등재되었다.

㉢ 가야 고분군은 한반도에 존재했던 고대 문명인 가야를 대표하는 고분군으로, 전북 남원 유곡리와 두락리, 경북 고령 지산동, 경남 김해 대성동, 경남 함안 말이산 고분군 등 7개의 고분군이 2023년에 유네스코 세계 문화유산으로 등재되었다.

오답분석

㉠ **사직단:** 토지를 관장하는 신과 곡식을 주관하는 신에게 제사를 지낸 곳은 사직단이다. 한편, 종묘는 조선 시대에 역대 임금과 왕비의 위패를 모시던 왕실의 사당이다.

㉣ **송산리 고분군:** 벽돌무덤인 6호분과 무령왕릉이 있는 곳은 송산리 고분군이다.

02 고대 장보고 난이도 하 ●○○

자료분석

청해진을 근거지로 반란을 일으킴 → (가) 장보고

정답설명

④ 장안(長安)이라는 나라를 세우고 연호를 경운이라 한 인물은 김헌창이다. 김헌창은 아버지인 김주원이 왕이 되지 못한 데에 불만을 품고 웅주(공주)에서 국호를 '장안', 연호를 '경운'이라 하여 반란을 일으켰으나 실패하였다.

오답분석

① 장보고는 신라인들이 많이 거주하던 산둥(산동) 반도 적산촌에 법화원이라는 사찰을 건립하였다.

② 장보고는 당나라에 건너가 서주 무령군 소장으로 복무하다가 신라에 귀국하였다.

③ 장보고는 외교 교섭을 위해 일본에는 회역사, 중국에는 견당 매물사라는 교역 사절을 파견하였다.

이것도 알면 합격

장보고의 활동

당에서의 활동	당나라 서주 무령군 소장으로 활동
법화원 건립	산둥 반도 적산촌에 법화원이라는 사찰 건립
청해진 설치	완도에 청해진을 설치하여 당-신라-일본을 잇는 국제 무역 주도
무역 사절 파견	회역사(일본), 견당 매물사(당) 등의 교역 사절 파견
신라 왕위 쟁탈전 참여	민애왕을 몰아내고 신무왕 옹립

03 고려 시대 최무선 난이도 중 ●●○

자료분석

화약 만드는 법을 물음 + 왜선이 진포에 침입했을 때 화약을 시험 → 최무선

정답설명

② 최무선은 우왕에게 화약 및 화기의 제조를 담당하는 화통도감의 설치를 건의하였다.

오답분석

① **정도전:** 『불씨잡변』을 저술한 인물은 정도전이다. 정도전은 성리학자의 입장에서 『불씨잡변』을 저술하여 윤회설, 인과설 등과 같은 불교의 교리를 비판하였다.

③ **안향:** 처음으로 성리학을 국내에 소개한 인물은 안향이다. 안향은 원에서 『주자전서』와 공자와 주자의 초상화를 베껴 고려에 돌아와 국내에 처음으로 성리학을 소개하였다.

④ **신돈:** 공민왕 때 전민변정도감의 책임자가 된 인물은 신돈이다. 신돈은 전민변정도감의 책임자로서 권문세족에게 빼앗긴 토지를 원래 주인에게 돌려주는 등의 개혁을 펼쳤다.

04 조선 전기 서원 난이도 중 ●●○

자료분석

주세붕이 창건함 → ㉠ 서원

정답설명

④ 서원은 국가의 사액(임금이 사당이나 서원 등의 이름을 지어서 새긴 액자를 내리는 일)을 받으면 면세의 특권이 주어졌다.

오답분석

① **유향소:** 좌수와 별감을 임원으로 선출한 곳은 유향소이다.

②, ③ **향교:** 지방의 군현에 있던 유일한 관학으로 전국의 부·목·군·현에 각각 설립되었으며, 중앙에서 교수와 훈도를 파견한 곳은 향교이다.

이것도 알면 합격

조선 시대의 서원

기원	주세붕이 세운 백운동 서원(1543, 중종)이 시초 → 이황의 건의로 최초의 사액 서원(소수 서원)으로 공인(1550, 명종)
역할	성리학 연구, 선현에 대한 제사와 교육의 역할 담당
영향	유교 윤리 보급, 향촌 사림 결집 및 강화

05 고려 시대 고려 시대의 수공업 난이도 하 ●○○

정답설명

④ 수공업자가 상인에게 자금과 원료를 미리 받아 제품을 만드는 선대제가 성행한 것은 조선 후기의 사실이다.

오답분석

① 고려 후기에는 사찰에서 승려가 베, 모시, 기와 등을 생산하는 사원 수공업이 이루어졌다.

② 고려 시대에는 특수 행정 구역인 소(所)에서 먹, 금·은 세공품, 종이 등의 수공업 제품을 생산하여 국가에 공물로 바쳤다.

③ 고려 후기에는 관청 수공업이 쇠퇴하면서 농민들을 중심으로 한 가내 수공업 형태의 민간 수공업이 발달하였다.

06 일제 강점기 조선 교육령 난이도 중 ●●○

정답설명

④ 순서대로 바르게 나열하면 (다) 제1차 조선 교육령(1911) → (나) 제2차 조선 교육령(1922) → (가) 제3차 조선 교육령(1938)이 된다.

(다) 제1차 조선 교육령: 일제가 보통 교육을 실시하고, 국어(일본어)를 보급함을 목적으로 한 것은 제1차 조선 교육령이다(1911). 일제는 제1차 조선 교육령을 통해 조선인에게 저급한 수준의 보통·실업·전문 교육을 실시하여 노동 인력을 양성하고자 하였다.

(나) 제2차 조선 교육령: 일제가 보통학교의 수업 연한을 6년으로 늘린 것은 제2차 조선 교육령이다(1922). 일제는 제2차 조선 교육령을 통해 조선인의 대학 교육을 허용하였고, 보통 학교의 수업 연한을 연장하였으며 조선어를 필수 과목으로 지정하였다.

(가) 제3차 조선 교육령: 일제가 소학교의 교육 목적은 황국 신민을 육성하는 것이라고 강조한 것은 제3차 조선 교육령이다(1938).

07 고대 화랑도 난이도 하 ●○○

자료분석

원화를 받들었음 + 미모의 남자를 선발하여 곱게 꾸밈 → ㉠ 화랑 → 화랑도

정답설명

④ 화랑도는 진골 출신의 화랑과 6두품만이 아닌 귀족부터 평민들까지 다양한 계층이 포함된 낭도로 구성되었다.

오답분석

①, ② 화랑도는 씨족 사회의 청소년 교육 집단에서 기원한 것으로 진흥왕 때 국가적인 조직으로 개편되었으며, 국선도, 풍류도, 풍월도라고도 불렸다.

③ 화랑도는 원광이 지은 세속 5계(사군이충, 사친이효, 교우이신, 임전무퇴, 살생유택)를 행동 규범으로 삼아 활동하였다.

이것도 알면 합격

화랑도

기원	씨족 사회의 청소년 교육 집단에서 기원
구성	진골 귀족의 자제 중에서 화랑을 선발하고, 낭도는 귀족과 평민으로 구성
개편	진흥왕 때 국가적인 조직으로 개편
활동	제천 의식 거행, 사냥과 전쟁 수행
기능	· 계층 간의 갈등을 조절·완화하는 기능 담당 · 국가의 인재를 양성하는 교육적 기능 담당

08 시대 통합 독도 난이도 상 ●●●

자료분석

안용복 + 울릉과 이곳은 원래 조선에 속함 → 독도

정답설명

① 이승만은 평화선을 설정하여 일본과의 어업 분쟁을 방지하고, 독도를 평화선 안에 포함하여 우리나라의 독도 영유권을 보호하였다.

오답분석

② **거문도:** 영국이 러시아의 남하 정책을 견제하기 위해 불법으로 점령한 곳은 거문도이다.

③ 일본은 러·일 전쟁 중인 1905년에 시마네 현 고시 제40호를 발표하여 독도를 일본의 영토로 불법적으로 강탈하였다.

④ **강화도:** 신라 하대에 군사 기지인 혈구진을 설치한 곳은 강화도이다.

이것도 알면 합격

독도 관련 주요 사건

고대	신라 지증왕 때 우산국 복속
조선	·『세종실록』「지리지」에 울릉도·독도 내용 수록 ·안용복이 2차례(1693, 1696) 일본으로 건너가 독도가 조선의 영토임을 확인 받음
근대	고종이 칙령 41호 발표(울도군이 석도(독도)를 관할함)
현대	이승만이 평화선 설정(독도를 대한민국 영토로 선언)

09 근대 최익현 난이도 중 ●●○

자료분석

일본은 실제로는 양적임 → 왜양 일체론 → 최익현

정답설명

③ 최익현은 흥선 대원군의 서원 철폐 등의 정책을 반대하며, 고종의 친정을 주장하는 상소를 올렸다.

오답분석

① **박규수:** 대동강으로 침입한 제너럴셔먼호를 불태운 인물은 박규수이다. 미국 상선 제너럴셔먼호는 대동강을 통해 평양까지 들어와서 통상을 요구하였으며, 조선이 통상을 거부하자 평양 주민을 약탈하였다. 이에 당시 평안도 관찰사였던 박규수는 평양 관민들과 함께 제너럴셔먼호를 공격하여 불태웠다.

② **이항로:** 『화서아언』에서 프랑스와의 통상을 반대하고 서양 세력과 끝까지 항전해야 한다고 주장한 인물은 이항로이다.

④ **이만손 등:** 『조선책략』의 유포와 정부의 개화 정책에 반대하는 상소인 영남 만인소를 올린 인물은 이만손을 비롯한 영남 유생들이다.

이것도 알면 합격

최익현의 활동

- 1873년: 흥선 대원군의 정책을 비판하고 고종의 친정을 주장하는 상소를 올림 → 흥선 대원군 실각, 고종의 친정 시작
- 1876년: 개항을 반대하며 '왜양 일체론'을 주장함
- 1906년: 전라북도 태인에서 의병을 일으켰으나(을사의병), 순창에서 체포되어 쓰시마 섬에서 순국

10 현대 사사오입 개헌 난이도 중 ●●○

자료분석

사사오입하면 135명이 개헌 정족 수가 된다고 주장 → 사사오입 개헌

정답설명

③ 사사오입 개헌(제2차 개헌)은 초대 대통령에 한하여 중임 제한을 철폐한다는 내용을 골자로 하였다.

오답분석

① 사사오입 개헌 이후 1956년에 치러진 제3차 대선에서는 민주당의 장면이 부통령에 당선되었다.

② **발췌 개헌(제1차 개헌):** 국회 간선제로는 재선이 어려워진 이승만 정부가 단행한 것은 발췌 개헌이다.

④ **유신 헌법(제7차 개헌):** 장준하, 함석헌 등의 인사들이 개헌 청원 백만인 서명 운동 전개하며 반대한 것은 박정희 정부 시기에 제정된 유신 헌법이다.

이것도 알면 합격

발췌 개헌

배경	제2대 총선(1950)에서 남북 협상파가 다수 당선, 거창 양민 학살 사건·국민 방위군 사건 등으로 이승만 정부의 지지 하락 → 국회에서 치르는 간선제로는 이승만의 대통령 당선이 어려워짐
내용	·대통령 직선제(임기 4년, 1차 중임 허용) ·국회 양원제(실제로는 단원제): 민의원과 참의원의 양원을 두게 되어 있었으나 민의원만 구성
전개	이승만이 임시 수도 부산에서 자유당을 창당(1951)하고 개헌 추진 논의 → 야당 국회의원들의 반발 → 부산 정치 파동 → 기립 표결로 발췌 개헌 통과(1952. 7.)
결과	1952년 제2대 대통령 선거에서 이승만 재선 성공

하프모의고사 11 정답 및 해설

정답 한눈에 보기

01	③	02	④	03	④	04	④	05	④
06	④	07	④	08	③	09	③	10	②

01 선사 시대 구석기 시대의 유물 난이도 하 ●○○

자료분석

약 70만 년 전부터 시작됨 + 동굴이나 강가의 막집에서 살았음 → 구석기 시대

정답설명

③ 구석기 시대에는 주먹 도끼, 찍개 등의 뗀석기를 제작하여 사용하였다. 주먹 도끼는 찍개와 함께 동물을 사냥하거나 땅을 파서 풀이나 나무뿌리를 캐는 등 다양한 용도로 사용되었다.

오답분석

① **청동기 시대:** 고인돌이 제작된 것은 청동기 시대이다. 고인돌은 청동기 시대에 계급이 발생함에 따라 지배층의 무덤으로 만들어졌다.

② **신석기 시대:** 빗살무늬 토기가 제작된 것은 신석기 시대이다. 신석기 시대에는 농경이 시작되어 곡식을 조리하거나 저장하기 위해 빗살무늬 토기 등을 만들어 사용하였다.

④ **청동기 시대 후반~초기 철기 시대:** 세형동검이 제작된 것은 청동기 시대 후반~초기 철기 시대이다. 세형동검은 한반도에서 비파형동검이 독자적인 형태로 발전한 것이다.

이것도 알면 합격

구석기 시대

- 약 70만 년 전부터 시작됨
- 동굴, 바위 그늘, 막집 등에서 거주
- 무리 생활, 이동 생활 → 사냥, 채집, 어로
- 지배자가 없는 평등한 사회
- 주먹 도끼, 찍개, 슴베찌르개 등 제작

02 고대 발해의 사회와 문화 난이도 중 ●●○

자료분석

솔빈부의 말 + 미타호의 붕어 → (가) 발해

정답설명

④ 발해의 대표적인 유물인 영광탑은 고구려가 아닌 당나라의 영향을 받아 축조되었다. 영광탑은 당나라의 영향을 받은 누각식 전탑(벽돌 탑)으로, 8세기에서 10세기 사이에 건립된 것으로 추정된다.

오답분석

① 발해의 주민은 고구려 유민과 말갈인으로 구성되었다. 지배층은 대부분 고구려 유민들이었고, 다수의 말갈인은 대체로 피지배층을 형성하였다.

② 발해는 당나라와 적극적으로 교류하면서 많은 지식인들을 당나라로 유학을 보냈으며, 당나라에서 외국인을 대상으로 시행하는 과거 시험인 빈공과에서 합격자를 배출하기도 하였다.

③ 발해의 수도인 상경성은 당의 도성(수도)인 장안을 본떠 건설한 계획 도시로, 직사각형의 내·외성과 주작대로를 만들었다.

03 조선 전기 정여립 모반 사건 이후의 사실 난이도 중 ●●○

자료분석

정여립이 모반함 → 정여립 모반 사건(선조)

정답설명

④ 정여립 모반 사건이 일어난 이후인 광해군 때 강홍립이 이끄는 부대가 명에 파견되었다. 명과 후금 사이에서 중립 외교를 펼치던 광해군은 명이 조선에 군사를 요청하자 강홍립을 파견하면서 상황에 따라 유연하게 대처하도록 명하였다.

오답분석

모두 정여립 모반 사건이 일어나기 이전의 사실이다.

① 김종직이 부관참시 된 것은 연산군 때 일어난 무오사화의 결과이다. 무오사화는 김일손이 스승 김종직의 「조의제문」을 「사초」에 기록한 것이 원인이 되어 일어났다. 그 결과 많은 사림이 처벌을 받았고, 이미 죽은 김종직은 무덤을 파헤쳐 참수하는 부관참시를 당했다.

② 역법서인 『칠정산』이 편찬된 것은 세종 때의 사실이다. 『칠정산』은 우리나라 최초로 한양을 기준으로 천체 운동을 정확하게 계산한 역법서이다.

③ 함길도(함경도)에서 이시애가 반란을 일으킨 것은 세조 때의 사실이다. 이시애는 세조의 중앙 집권화 정책과 지역 차별에 반발하며 함길도(함경도)를 근거지로 반란을 일으켰다.

04 근대 조·청 상민 수륙 무역 장정 난이도 중 ●●○

자료분석

중국 상인이 조선의 양화진과 서울에 들어가서 영업소를 개설한 경우

를 제외하고 허가하지 않음 → 조·청 상민 수륙 무역 장정

정답설명

④ 조·청 상민 수륙 무역 장정에는 다른 나라의 압박을 받으면 거중 조정한다는 조항을 명시하지 않았다. 한편, 거중조정 조항을 명시한 대표적인 조약으로는 조·미 수호 통상 조약이 있다.

오답분석

① 조·청 상민 수륙 무역 장정은 임오군란이 조선의 출병 요청을 받은 청군의 개입으로 수습되자 조선과 청나라 사이에 체결된 조약이다.

② 조·청 상민 수륙 무역 장정의 체결 결과 조선과 청나라 간의 무역량이 늘어나게 되었으며, 이로 인해 조선 내에서 청나라 상인과 일본 상인의 치열한 상권 경쟁이 일어났다.

③ 조·청 상민 수륙 무역 장정의 체결 결과 외국 상인의 내지 통상이 허용되면서, 개항장 객주의 활동이 위축되었다.

05 일제 강점기 브나로드 운동 난이도 중 ●●○

자료분석

동아일보가 발표함 + 아무런 보수 없이 동포를 위해 수고함 → 브나로드 운동

정답설명

④ 브나로드 운동은 동아일보의 주도로 전개된 계몽 운동으로, 학생들과 지식 청년 등이 중심이 되어 농촌 계몽, 한글 보급, 미신 타파, 구습 제거 등을 추진하였다.

오답분석

① 신간회는 브나로드 운동이 전개(1931~1934)되기 이전인 1927년에 결성되었으므로, 브나로드 운동과는 관련이 없다.

② **3·1 운동:** 일제가 문화 통치를 실시하는 계기가 된 운동은 3·1 운동이다. 3·1 운동에 놀란 일제는 기존의 무단 통치로는 한민족을 억압할 수 없다고 판단하여 문화 통치로 통치 방식을 전환하였다.

③ **문자 보급 운동:** "아는 것이 힘, 배워야 산다!"라는 구호 아래 전개된 운동은 조선일보가 주도한 문자 보급 운동이다. 한편, 브나로드 운동은 "배우자! 가르치자! 다 함께 브나로드!"라는 구호 아래 전개되었다.

06 조선 전기 의창과 상평창 난이도 하 ●○○

자료분석

㉠ 농사철에 양식과 종자를 나누어 주고 추수 후에 바치게 함 → 의창

㉡ 곡식이 귀할 때는 값을 내림 + 곡식이 천할 때에는 값을 올림 → 상평창

정답설명

④ 옳은 것은 ㉠ 의창, ㉡ 상평창이다.

㉠ 의창은 춘궁기에 가난한 백성들에게 식량과 종자를 무이자로 빌려 주고 추수기에 이를 회수하여 빈민을 구휼하는 기구이다.

㉡ 상평창은 흉년이면 곡물을 팔아서 값을 내리고, 풍년일 때는 곡물을 사들여 값을 올림으로써 가격을 안정시키는 물가 조절 기구이다.

오답분석

· **경시서:** 경시서는 시전의 불법 상행위를 감독·통제하는 기구로, 세조 때 평시서로 개칭되었다.

이것도 알면 합격

조선 시대의 사회 정책

환곡 제도	의창	춘궁기에 빈민들에게 양식과 종자를 빌려 주고 가을에 원곡만을 회수 → 중종 때 폐지
	상평창	물가 조절 기구(곡가를 조절하여 농민 보호)
사창 제도	· 양반 지주를 중심으로 하는 향촌 자치적인 구휼 제도 · 각종 재난에 대비	

07 근대 한·일 의정서 난이도 중 ●●○

자료분석

전략상 필요한 지점을 수시로 사용할 수 있음 → 한·일 의정서

정답설명

④ 한·일 의정서는 일본이 러시아와의 전쟁을 원활히 수행하기 위해 체결하였다. 대한 제국은 러·일 전쟁의 조짐이 보이자 국외 중립을 선언하였는데, 일본이 이를 무시하고 한·일 의정서를 강제로 체결하였다.

오답분석

① **한·일 신협약:** 고종의 강제 퇴위 직후에 체결된 조약은 한·일 신협약이다. 일본은 헤이그 특사 파견을 빌미로 고종을 강제 퇴위시키고, 새로 즉위한 순종에게 한·일 신협약의 체결을 강요하였다.

② 한·일 의정서에서는 서울에 통감부를 설치할 것을 규정하지 않았다. 한편, 통감부는 을사늑약 체결의 결과로 설치되었다.

③ **간도 협약:** 간도가 청나라의 영토로 귀속되는 결과를 낳은 조약은 일본과 청이 체결한 간도 협약이다. 일본은 을사늑약으로 대한 제국의 외교권을 박탈한 상황에서 청과 간도 협약을 체결하여 남만주 철도 부설권을 획득하는 대신 간도를 청의 영토로 인정하였다.

08 조선 후기 이익 난이도 중 ●●○

자료분석

동전이 필요치 않음 + 폐단이 매우 심함 → 폐전론 → 이익

정답설명

③ 이익은 생활에 필요한 최소한의 토지를 영업전으로 설정하고 영업전 이외의 토지의 매매만을 허용하여 점진적으로 토지 소유의 균등을 이루자는 한전론을 주장하였다.

오답분석

① **유형원:** 신분에 따라 차등 있게 토지를 지급하자는 균전론을 내세운 인물은 유형원이다.

② **박제가:** 『북학의』에서 소비를 권장하여 생산을 촉진하자고 주장한 인물은 박제가이다. 박제가는 『북학의』에서 생산과 소비의 관계를 우물에 비유하여 소비를 권장하였다.

④ **정약용:** 한 마을을 단위로 토지를 공동 소유하고 공동 경작하자는 여전제를 제안한 인물은 정약용이다.

이것도 알면 합격

이익

- 『성호사설』 저술, 중국 중심의 역사관에서 벗어나 우리 역사를 체계화할 것을 주장
- 한전론(영업전 이외의 토지 매매 허용) 주장
- 6가지 폐단(노비제, 과거제, 양반 문벌제, 사치와 미신, 승려, 게으름) 비판
- 화폐의 유통을 비판하며 폐전론 주장

09 고려 시대 별무반 난이도 하 ●○○

자료분석

윤관이 아뢰어 처음으로 설치함 + 신기·신보·항마군 → (가) 별무반

정답설명

③ 별무반은 여진족에 대처하기 위해 윤관의 건의에 따라 조직된 군대로, 신기군(기병), 신보군(보병), 항마군(승병)으로 구성되었다.

오답분석

① **광군:** 고려 정종(3대) 때 설치된 것은 광군이다. 광군은 최광윤의 보고에 따라 거란의 침략에 대비하기 위해 설치되었다.

② 별무반은 여진족을 정벌하기 위해 조직된 임시 군사 조직으로, 2군 6위의 상비군에게만 지급되던 군인전을 지급받지 못하였다.

④ 별무반은 공민왕 때 전개된 쌍성총관부 탈환에 참여할 수 없었다. 별무반은 고려 숙종 때 여진족을 정벌하기 위해 임시로 조직되었다가 예종 때 여진족과 강화가 성립되면서 해체된 것으로 추정된다.

이것도 알면 합격

별무반과 광군

별무반	· 숙종 때 윤관의 주장에 따라 여진 정벌을 위해 편성된 군대, 예종 때 여진 정벌 · 신기군(기병), 신보군(보병), 항마군(승병)으로 구성
광군	정종(3대) 때 거란의 침입에 대비하기 위해 설치된 군대

10 현대 반민족 행위 처벌법 난이도 중 ●●○

자료분석

한·일 합병에 적극 협력한 자 + 사형 또는 무기 징역에 처함 → 반민족 행위 처벌법

정답설명

② 대한민국 정부 수립 직후 제헌 국회에서는 친일파 청산을 위해 반민족 행위 처벌법을 제정·공포하였고, 이 법령에 근거하여 반민족 행위자를 조사하기 위해 반민족 행위 특별 조사 위원회를 구성하였다.

오답분석

① 반민족 행위 처벌법을 제정한 것은 제헌 국회이다. 제헌 국회는 '이 헌법을 제정한 국회(제헌 국회)는 단기 4278년(1945년) 8월 15일 이전의 악질적인 반민족 행위를 처벌하는 특별법을 제정할 수 있다'고 명시된 제헌 헌법에 따라 반민족 행위 처벌법을 제정하였다.

③ 반민족 행위 처벌법은 이승만 정부의 미온적인 태도로 인해 공소 시효가 기존 2년에서 1년 가량 단축되었다.

④ 반민족 행위 처벌법에 의해 노덕술, 최남선, 이광수 등이 체포되었고, 총 12명이 실형을 선고 받았다. 그러나 실형을 선고 받은 반민족 행위자들은 대부분 1년도 안 되어 석방되었다.

12일 하프모의고사 12 정답 및 해설

정답 한눈에 보기

01	①	02	③	03	④	04	③	05	②
06	④	07	②	08	③	09	②	10	①

01 고대 무령왕릉 난이도 하 ●○○

자료분석

영동대장군 백제 사마왕 + 신지를 매입함 → 무령왕릉

정답설명

① 백제 금동 대향로가 출토된 곳은 충남 부여군의 능산리 고분군 인근의 절터이다. 백제 금동 대향로는 신선이 산다는 봉래산을 정교하게 표현한 백제의 뛰어난 금속 공예품이다.

오답분석

②, ③ 무령왕릉은 중국 남조의 영향을 받아 벽돌무덤으로 축조되었으며, 무덤 내부에서 발견된 관이 일본산 금송으로 만들어진 것을 통해 당시 백제가 중국 남조, 일본 등과 교류했음을 확인할 수 있다.

④ 무령왕릉의 입구에는 석수가 배치되어 있었다. 무령왕릉에서 발견된 석수는 그 형태가 중국 남조의 것과 유사하며, 악귀를 쫓아내고 무덤을 수호하기 위해 배치한 것으로 추정된다.

이것도 알면 합격

무령왕릉

- 공주 송산리 고분군에 위치
- 중국 남조의 영향을 받은 벽돌무덤
- 무덤의 주인을 알려주는 지석 발견
- 진묘수, 금제관식, 귀걸이 등 출토
- 일본산 금송으로 만든 관(棺) 출토
- 벽화 없음

02 고대 진덕 여왕 난이도 중 ●●○

자료분석

중국식 의복을 착용 + 아홀을 지니게 함 + '영휘'를 사용 → 진덕 여왕

정답설명

③ 진덕 여왕은 국가 재정 업무를 담당하던 품주를 분화하여 왕명 출납과 국가 기밀을 관장하는 집사부와 재정을 관장하는 창부를 설치하였다.

오답분석

① **선덕 여왕:** 신라 최초의 여왕은 선덕 여왕이다. 진평왕 이후 남자 성골의 맥이 끊기자 여자 성골인 선덕 여왕이 왕위에 올랐다.

② **진평왕:** 원광에게 수나라에 고구려 원정을 청하는 글인 걸사표를 짓게 한 왕은 진평왕이다.

④ **효소왕:** 신라가 삼국을 통일한 이후 동시만으로 상품의 수요를 감당할 수 없자 수도에 서시와 남시를 설치한 왕은 효소왕이다.

이것도 알면 합격

진덕 여왕

- 친당 외교 정책 전개
  - 중국 연호인 '영휘' 사용
  - 중국식 의복 착용, 아홀을 지니게 함
- 당을 칭송하는 태평송(오언태평송)을 지어 보냄.
- 품주를 집사부와 창부로 분리하고 좌이방부 설치

03 조선 전기 김종직 난이도 중 ●●○

자료분석

제자 김일손 → (가) 김종직

정답설명

④ 김종직은 세조의 왕위 찬탈을 비난한 글인 「조의제문」을 작성하였는데, 후에 그의 제자 김일손이 이 글을 『실록』의 초안인 「사초」에 기록한 것이 원인이 되어 무오사화가 일어났다.

오답분석

① **주세붕:** 최초의 서원인 백운동 서원을 세운 인물은 주세붕이다. 중종 때 풍기 군수 주세붕은 안향을 제사 지내기 위해 우리나라 최초의 서원인 백운동 서원을 세웠다.

② 갑자사화로 탄압을 받은 인물로는 김굉필 등이 있다. 한편, 김종직은 무오사화 때 부관참시당하였다.

③ **조광조:** 현량과 실시를 주장한 인물은 조광조이다. 조광조는 학문과 덕행이 뛰어난 인재를 천거한 후 대책만으로 시험하여 관리로 등용하는 현량과의 실시를 주장하였다.

이것도 알면 합격

김종직

- 고려 말 정몽주, 길재의 학풍 계승
- 세조 때 급제, 성종 때 주요 관직에 등용됨
- 정여창, 김굉필, 김일손을 제자로 양성
- 세조의 즉위를 비판하는 내용의 「조의제문」 작성
- 무오사화(연산군) 때 부관참시 당함

04 시대 통합 조선 시대의 화폐 유통 난이도 중 ●●○

정답설명

③ 조선 후기에는 지주나 대상인들이 화폐를 고리대나 재산 축적에 이용하면서 시중에 화폐의 유통이 원활하지 않아 전황이 발생하기도 하였다.

오답분석

①, ② 건원중보를 주조하여 유통시켰으며, 주전도감을 설치하여 은병을 주조한 것은 고려 시대이다.

④ 화폐가 다점, 주점 등의 관영 상점에서 제한적으로 사용된 것은 고려 시대이다. 한편, 조선 후기에는 상품 화폐 경제가 발달하면서 상인들이 물품을 대규모로 거래할 때 어음, 환 등의 신용 화폐가 이용되었다.

05 일제 강점기 1910년대 일제의 산업 침탈 난이도 중 ●●○

정답설명

② 회사령을 폐지하여 일본 자본의 침투를 본격화 한 것은 1920년의 사실이다. 일제는 1920년에 회사령을 폐지하여 회사 설립을 허가제에서 신고제로 변경하고 한반도에 대한 경제 침략을 본격화 하였다.

오답분석

모두 1910년대에 일어난 일제의 산업 침탈에 대한 사실이다.

① 일제는 1911년에 조선 어업령을 공포하여 한국 어민의 어업 활동을 억압하고 일본인 중심으로 어업권을 재편성하였다.

③ 일제는 1912년에 근대적 토지 제도를 확립한다는 명목으로 토지 조사령을 제정하여 토지 조사 사업을 실시하였다.

④ 일제는 1915년에 조선 광업령을 공포하여 광업권에 대하여 허가제를 실시하였으며, 한국인의 광산 개발을 통제하였다.

이것도 알면 합격

무단 통치 시기 일제의 산업 침탈

임업	· 삼림령(1911): 삼림 소유권 제한 · 조선 임야 조사령(1918): 임야 소유권 조사(임야 수탈 목적)
어업	조선 어업령(1911): 일본인 중심의 어업권 재편성
광업	조선 광업령(1915): 광산 경영 허가제(한국인 광산 경영 억제)

06 근대 대한국 국제 발표 이후의 사실 난이도 중 ●●○

자료분석

대한국은 세계 만국이 공인한 자주 독립 제국임 + 대황제는 무한한 군권을 누림 → 대한국 국제(1899)

정답설명

④ 고종은 한반도를 둘러싸고 러시아와 일본의 대립이 격화되자 1904년에 국외 중립을 선언하고 각국에 통보하였다.

오답분석

모두 대한국 국제 발표 이전의 사실이다.

① 신식 군대인 별기군을 창설한 것은 1881년의 사실이다. 조선은 군제를 개혁하여 기존의 5군영을 2영(무위영, 장어영)으로 개편하고, 신식 군대인 별기군을 창설하여 사관 생도를 양성하였다.

② 태양력을 사용하기 시작한 것은 1895년의 사실이다. 고종은 을미개혁 당시 태양력을 채택하여 음력 1895년 11월 17일을 양력 1896년 1월 1일로 선포하였다.

③ 일본이 명성 황후를 시해한 것은 1895년의 사실이다. 일본은 한반도에서 러시아의 영향력이 확대되자 친러 정책을 주도하던 명성 황후를 시해하였다(을미사변).

07 고려 시대 몽골의 침략 과정 난이도 중 ●●○

정답설명

② 시기순으로 바르게 나열하면 ㉠ 귀주성 전투(1231~1232. 1.) → ㉣ 강화도 천도(1232. 7.) → ㉡ 살리타 사살(1232. 12.) → ㉢ 충주성 전투(1253)가 된다.

㉠ **귀주성 전투:** 몽골의 1차 침입 때 박서가 귀주성에서 몽골군에 맞서 싸웠다(1231~1232. 1.). 이에 몽골군은 길을 돌려 개경을 포위하였고, 결국 고려는 공물을 바치라는 몽골의 요구를 수용하였다.

㉣ **강화도 천도:** 몽골의 1차 침입 이후 고려의 집권자였던 최우는 몽골의 침입에 대응하기 위해 강화도로 천도하였다(1232. 7.).

㉡ **살리타 사살:** 몽골의 2차 침입 때 승려 김윤후가 처인성에서 몽골 장수 살리타를 사살하였다(1232. 12.).

㉢ **충주성 전투:** 몽골의 5차 침입 때 몽골군이 충주성을 공격하자 충주성의 방호별감이었던 김윤후가 몽골군을 격퇴하였다(1253).

이것도 알면 합격

대표적인 대몽 항쟁

2차 침입 (1232)	· 최우가 대몽 항쟁을 위해 강화도로 천도 · 승려 김윤후가 처인성에서 몽골 장수 살리타 사살
5차 침입 (1253)	방호별감 김윤후가 충주 전투에서 몽골군 격퇴
6차 침입 (1254)	충주 다인철소 주민들이 몽골에 대항

08 시대 통합 한양(서울) 난이도 하 ●○○

자료분석

이현(동대문 일대)과 종루(종로 일대) + 칠패(남대문 일대) → 한양(서울)

정답설명

③ 한양(서울)은 조선 태조 때 도읍으로 삼은 곳으로, 이때 정도전이 한양 내 궁궐의 전각, 도성 성문 등의 이름을 지었다.

오답분석

① **순천**: 지눌이 수선사 결사 운동을 전개한 곳은 순천이다. 지눌은 불교계의 타락상을 비판하며 수선사(순천 송광사)를 중심으로 독경, 선 수행, 노동 등 승려 본연의 자세로 돌아가자는 개혁 운동인 수선사 결사를 제창하였다.

② **원산**: 일제 강점기 최대 규모의 노동 쟁의가 일어난 곳은 원산이다. 원산에서는 라이징 선 석유 회사의 일본인 감독이 한국인 노동자를 폭행한 것을 계기로 원산 노동자 총파업이 일어났다.

④ **개경(개성)**: 조선 후기에 송상이 근거지로 삼아 활동한 곳은 개경(개성)이다. 송상은 개경(개성)을 근거지로 삼아 주로 인삼을 재배·판매하였고, 청과 일본 간의 중계 무역을 전개하기도 하였다.

이것도 알면 합격

한양(서울)

고대	백제의 첫 번째 수도
고려	고려 문종 때에 남경(南京)으로 승격됨
조선	· 조선의 수도로, 정도전이 궁궐 전각과 도성 성문 등의 이름을 지음 · 종루, 이현, 칠패 등에서 상업 활동이 이루어짐

09 조선 후기 박지원 난이도 중 ●●○

자료분석

『과농소초』 + 「양반전」 → 박지원

정답설명

② 박지원은 청에 다녀온 후 기행문인 『열하일기』를 저술하여 수레와 선박의 이용 및 화폐 유통의 필요성 등을 주장하였다.

오답분석

① **김석문**: 우리나라에서 처음으로 지구가 자전한다는 지전설을 주장한 인물은 김석문이다.

③ **이수광**: 『지봉유설』을 저술하여 문화 인식의 폭을 확대한 인물은 이수광이다. 이수광은 백과사전의 일종인 『지봉유설』을 통해 서구 문화를 폭넓게 다루었으며, 마테오리치의 『천주실의』를 소개하였다.

④ **정약용**: 『경세유표』를 저술하여 중앙과 지방 정치 제도의 개혁과 토지 제도의 개혁 등을 주장한 인물은 정약용이다.

이것도 알면 합격

박지원의 대표 저서

『열하일기』	청의 문물 소개, 상공업의 진흥 강조
『과농소초』, 『한민명전의』 (부록)	영농 방법의 혁신, 상업적 농업의 장려, 한전론 주장
「양반전」, 「호질」, 「허생전」	양반 문벌 제도의 모순 비판

10 현대 유신 헌법 시행 시기의 사실 난이도 하 ●○○

자료분석

대통령은 통일 주체 국민회의에서 선거함 + 대통령은 국회를 해산할 수 있음 → 유신 헌법(1972~1980)

정답설명

① 한·일 회담에 반대하는 6·3 항쟁이 전개된 것은 1964년으로, 유신 헌법이 시행되기 이전의 사실이다. 1962년에 한·일 기본 조약의 체결을 위한 한·일 회담이 비밀리에 진행되었다는 사실이 폭로되자 학생과 시민들은 굴욕적인 대일 외교에 반대하는 6·3 항쟁(1964)을 전개하였다.

오답분석

모두 유신 헌법 시행 시기(1972~1980)의 사실이다.

② 1979년에 가발 제조 업체인 YH 무역의 여성 노동자들이 회사 운영의 정상화와 노동자의 생존권 보장을 요구하며 신민당 당사에서 농성을 벌인 YH 무역 사건이 일어났다.

③ 1979년에 YH 무역 사건을 계기로 신민당 총재 김영삼이 국회에서 제명되자 이에 대한 반발로 부·마 민주 항쟁이 일어났다.

④ 1973년에 유신 헌법 철폐를 위해 함석헌, 장준하 등의 재야 인사를 중심으로 개헌 청원 1백만인 서명 운동이 전개되었다. 한편, 박정희 정부는 서명 운동을 저지하기 위해 긴급 조치 1호를 공포하였다.

13일 하프모의고사 13 정답 및 해설

정답 한눈에 보기

01	②	02	④	03	①	04	③	05	④
06	①	07	④	08	③	09	④	10	③

01 선사 시대 신석기 시대 난이도 하 ●○○

자료분석

부산 동삼동 유적 + 조개 껍데기 가면 → 신석기 시대

정답설명

② 신석기 시대에는 주로 강가나 바닷가에 움집을 지어 거주하였는데, 움집 중앙에 불씨를 보관하거나 취사와 난방을 위한 화덕을 설치하였다.

오답분석

① **철기 시대:** 검은 간 토기를 주로 사용한 것은 철기 시대이다.

③ **청동기 시대:** 군장이 부족의 풍요나 안녕을 기원하는 제사를 지낸 것은 청동기 시대이다.

④ **철기 시대:** 덩이쇠를 생산하여 화폐처럼 이용하기도 한 것은 철기 시대이다. 철기 문화를 바탕으로 성장한 변한·가야 등에서는 철이 풍부하게 생산되어 덩이쇠를 화폐처럼 이용하기도 하였다.

02 고대 진흥왕 난이도 중 ●●○

자료분석

거칠부 등에게 명하여 역사(『국사』)를 편찬하게 함 → 진흥왕

정답설명

④ 진흥왕은 개국(551), 태창(568), 홍제(572)라는 독자적인 연호를 사용하였다.

오답분석

① **선덕 여왕:** 황룡사 9층 목탑을 건립한 왕은 선덕 여왕이다. 선덕 여왕은 외적을 물리치고 신라의 위상을 높이기 위해 황룡사 9층 목탑을 세울 것을 주장하는 자장의 건의를 받아들여 황룡사 9층 목탑을 건립하였다. 한편, 진흥왕은 경주에 황룡사를 건립하였다.

② **진덕 여왕:** 품주를 왕명 출납과 국가 기밀을 관장하는 집사부와 재정을 관장하는 창부로 분리한 왕은 진덕 여왕이다.

③ **지증왕:** 이사부를 파견하여 우산국(울릉도)을 정벌한 왕은 지증왕이다.

이것도 알면 합격

진흥왕

화랑도 정비	씨족 사회의 청소년 집단인 화랑도를 국가적 조직으로 개편
연호 사용	개국, 대창(태창), 홍제라는 연호 사용
『국사』 편찬	거칠부에게 신라의 역사를 정리하여 『국사』를 편찬하게 함
대가야 정복	대가야를 정복하여 낙동강 유역까지 영토 확장

03 고려 시대 고려 시대의 중앙 정치 기구 난이도 하 ●○○

정답설명

① 충렬왕 때 도평의사사로 개편된 기구는 도병마사이다. 중서문하성은 고려의 최고 정무 기구였으나, 고려 후기에 도평의사사가 최고 권력 기구로 대두되면서 유명무실화되었다.

오답분석

② 상서성은 밑에 상서도성과 6부(이·병·호·형·예·공)를 두고 정책 집행을 담당하였다.

③ 고려 시대의 삼사는 화폐와 곡식의 출납 등을 담당한 기구로, 송의 제도를 참고한 것이었으나 송과 달리 단순 회계 기구였다.

④ 중추원은 2품 이상의 추밀과 3품의 승선으로 구성되었으며, 군사 기밀과 왕명 출납을 담당하였다.

04 조선 전기 태종 재위 시기의 사실 난이도 중 ●●○

자료분석

등문고를 치도록 허락함 + 등문고를 고쳐 신문고라 함 → 태종 재위 시기

정답설명

③ 태종 때는 언론 기관인 사간원을 독립시켜 대신들을 견제하는 동시에 왕실 외척과 종친의 정치 영향력을 약화시켰다.

오답분석

① **세조:** 왕권 강화를 위해 집현전을 혁파하고 경연을 폐지한 것은 세조 때이다. 세조는 집현전이 경연을 통해 왕권을 견제하는 상황에서 집현전 학사들이 단종 복위를 꾀하자, 이를 계기로 집현전을 혁파하고 경연을 폐지하였다.

② **세종:** 왜구의 약탈이 계속되자, 이종무를 파견하여 대마도(쓰시마섬)를 정벌한 것은 세종 때이다.

④ **태조:** 고려 공양왕 때 설치한 삼군도총제부를 의흥삼군부로 개편하여 중앙군을 정비한 것은 태조 때이다.

이것도 알면 합격

태종의 주요 업적

왕권 강화책	6조 직계제 실시, 사간원 독립
경제 정책	· 사원 정리: 사원의 토지와 노비 몰수 · 양전 사업: 20년마다 토지를 측량하여 양안 작성 · 호적 작성: 호구를 조사하여 3년마다 호적 작성
사회 정책	· 인보법, 호패법 실시 · 신문고 설치
문화 정책	주자소 설치: 계미자 주조

05 근대 흥선 대원군 난이도 중 ●●○

자료분석

만동묘를 철폐 + 폐단이 큰 서원을 철폐 → (가) 흥선 대원군

정답설명

④ 『대전통편』을 편찬하여 법률 체제를 정비한 인물은 정조이다. 한편, 흥선 대원군은 통치 기강을 바로 세우기 위해 조선의 법전을 정리한 『대전회통』과 6조의 역할에 관한 규칙인 『육전조례』를 편찬하였다.

오답분석

① 흥선 대원군은 전정의 문란을 시정하기 위해 양전 사업을 실시하여 은결을 색출하고, 군정의 문란을 시정하기 위해 양반에게도 군포를 징수하는 호포제를 실시하였다.

② 흥선 대원군은 임진왜란 때 소실된 경복궁을 중건하기 위해 원납전을 징수하였다. 원납전은 '스스로 원해서 납부하는 돈'이라는 의미로 일종의 기부금이었으나 실제로는 강제로 징수되었다.

③ 흥선 대원군은 임오군란을 수습하기 위해 재집권하여 개화 정책을 추진하던 통리기무아문을 폐지하고, 5군영과 삼군부를 부활시켰다.

06 조선 후기 대동법 난이도 중 ●●○

자료분석

공물이 방납인들에 의해 막힘 → 대동법

정답설명

① 대동법의 실시로 공납의 과세 기준이 가호(家戶)에서 토지 결수로 바뀌었고, 공물 대신 쌀, 삼베, 동전 등으로 징수함으로써 공납의 전세화와 조세의 금납화가 이루어졌다.

오답분석

② **영정법:** 풍흉에 관계없이 토지 1결당 최저 세율인 4~6두를 거두도록 한 것은 영정법이다.

③ 대동법의 실시로 정기적으로 납부하던 상공은 없어졌으나, 부정기적인 별공·진상 등이 여전히 존재하여 현물 징수가 완전히 없어지지 않았다.

④ 대동법으로 거두어들인 대동세의 일부는 상납미로 중앙에 올리고, 나머지는 유치미로 지방에 유치하여 지방 관아의 경비로 사용되었다. 그런데 시일이 지나면서 상납미의 비율이 높아지고 유치미의 비율이 낮아져 지방의 재정이 악화되었다.

이것도 알면 합격

대동법의 실시

목적	부족한 국가 재정 보완, 농민의 부담 완화
실시 과정	광해군 때 경기도 지역에 시험 실시한 후 100년에 걸쳐 전국(평안도, 함경도, 제주도 제외)으로 확대 실시
부과 기준	가호 기준에서 토지 결수에 따라 쌀, 삼베, 무명, 동전 등을 납부하는 방식으로 변화

07 근대 조·미 수호 통상 조약 난이도 하 ●○○

자료분석

대조선국과 대아메리카 합중국 → 조·미 수호 통상 조약

정답설명

④ 조·미 수호 통상 조약에는 조약을 체결한 양 국가 중 한 국가가 제3국의 압박을 받을 때 서로 도와주도록 한 거중조정과 한 나라가 어떤 외국에 부여하고 있는 가장 유리한 대우를 조약을 체결한 상대국에게도 동일하게 부여하는 최혜국 대우 조항이 포함되어 있다.

오답분석

① **조·러 수호 통상 조약:** 조선이 청의 알선 없이 독자적으로 체결한 조약은 조·러 수호 통상 조약이다. 한편, 조·미 수호 통상 조약은 청의 알선을 받아 체결되었다.

② **조·일 수호 조규(강화도 조약):** 조선 연해의 자유로운 측량을 허가한 조약은 조·일 수호 조규이다.

③ **조·프 수호 통상 조약:** 천주교 포교 문제로 조약 체결이 지연된 조약은 조·프 수호 통상 조약이다.

08 일제 강점기 문화 통치 시기의 정책 난이도 중 ●●○

정답설명

③ 일제는 문화 통치 시기인 1920년대에 친일파를 양성하기 위해 도 평의회와 부·면 협의회를 설립하여 일정 금액 이상을 세금으

로 내는 조선인을 대상으로 의원 선거를 하는 등의 정책을 실시하였다.

오답분석

① **민족 말살 통치 시기:** 국민학교령을 공포하여 소학교의 명칭을 '황국 신민의 학교'라는 뜻의 국민학교로 변경한 것은 1941년으로, 민족 말살 통치 시기의 사실이다.

② **무단 통치 시기:** 경찰범 처벌 규칙을 제정하여 수상한 행동을 한 자를 경찰이 현행범으로 체포할 수 있게 한 것은 1912년으로, 무단 통치 시기의 사실이다.

④ **민족 말살 통치 시기:** 일제가 조선 사상범 보호 관찰령을 제정하여 독립운동가에 대한 감시를 강화한 것은 1936년으로, 민족 말살 통치 시기의 사실이다.

09 현대 4·19 혁명 난이도 하 ●○○

자료분석

상아의 진리탑을 박차고 거리에 나선 우리 → 서울대 문리대 학생의 4·19 선언문 → 4·19 혁명

정답설명

④ 4·19 혁명의 결과 이승만 대통령이 하야하였고, 당시 외무 장관이었던 허정을 수반으로 하는 과도 정부가 수립되었다.

오답분석

① **부·마 민주 항쟁:** 유신 체제가 붕괴되는 계기가 된 민주화 운동은 부·마 민주 항쟁이다.

② **6월 민주 항쟁:** 이한열 최루탄 피격 사건으로 시위가 전국으로 확대된 민주화 운동은 6월 민주 항쟁(1987)이다. 한편 4·19 혁명 당시에는 마산 의거 도중 실종되었던 김주열의 시신이 최루탄이 박힌 상태로 발견되면서 이승만 정부를 규탄하는 시위가 전국적으로 확대되었다.

③ **5·18 민주화 운동:** 계엄군의 무력 진압으로 광주 시민들이 희생된 것은 5·18 민주화 운동이다.

10 일제 강점기 의열단의 활동 난이도 중 ●●○

자료분석

강도 일본을 쫓아내자면 오직 혁명으로써 함 + 폭력(암살·파괴·폭동)의 목적물 → 「조선혁명선언」 → 의열단

정답설명

③ 의열단원인 김지섭은 일본 제국 의회와 황궁을 공격할 계획을 세우고 잠입하여, 일본 궁성 앞 이중교에 폭탄을 던졌다.

오답분석

① **대한 애국 청년당:** 경성 부민관에 폭탄을 설치한 단체는 대한 애국 청년당이다. 대한 애국 청년당은 서울에서 조직된 의열 투쟁 단체로, 친일파를 제거하기 위해 경성 부민관에서 열린 아세아 민족 분격 대회장에 폭탄을 설치하였다(경성 부민관 사건).

② **노인 동맹단:** 사이토 총독에게 폭탄을 던진 강우규는 노인 동맹단 소속이다. 강우규는 제3대 조선 총독으로 부임하는 사이토 마코토의 마차에 폭탄을 투척하였으나 성공하지 못하였다.

④ **남화 한인 청년 연맹:** 중국 상하이 육삼정에서 일본 공사 아리요시를 암살하려 하였던 백정기, 이강훈, 원심창은 남화 한인 청년 연맹 소속이다. 남화 한인 청년 연맹은 1930년에 상해에서 조직된 무정부주의 단체로, 항일 폭력 투쟁을 전개하였다.

이것도 알면 합격

의열단의 의열 투쟁

인물	활동
박재혁	부산 경찰서에 폭탄 투척(1920)
최수봉	밀양 경찰서에 폭탄 투척(1920)
김익상	조선 총독부에 폭탄 투척(1921), 오성륜·이종암과 함께 중국 상하이 황포탄 부두에서 일본 육군 대장 다나카 기이치 저격(1922)
김상옥	종로 경찰서에 폭탄 투척(1923)
김지섭	일본 도쿄 궁성 정문 앞 이중교에 폭탄 투척(1924)
나석주	동양 척식 주식회사와 조선식산은행에 폭탄 투척(1926)

14일 하프모의고사 14 정답 및 해설

정답 한눈에 보기

01	②	02	④	03	①	04	③	05	③
06	①	07	①	08	②	09	②	10	②

01 고대 발해 무왕 (난이도 중 ●●○)

자료분석

당나라 현종은 대문예를 보내 군사를 일으킴 + 대무예 → 발해 무왕

정답설명

② 발해 무왕은 흑수말갈과 당나라가 연합하려는 움직임을 보이자 장문휴를 보내 당나라 산둥 반도의 등주(덩저우)를 공격하였다.

오답분석

① **발해 문왕:** 스스로 불교의 이상적 제왕인 전륜성왕을 자처한 왕은 발해 문왕이다.

③ **발해 선왕:** 5경 15부 62주의 지방 체제를 완비한 왕은 발해 선왕이다.

④ **발해 성왕:** 수도를 동경 용원부에서 상경 용천부로 옮긴 왕은 발해 성왕이다.

02 고려 시대 최충 (난이도 하 ●○○)

자료분석

시호를 '문헌'이라 함 + 문헌공도 → 최충

정답설명

④ 최충은 사립 교육 기관인 9재 학당(문헌공도)을 설립하여 9경(유교 경전)과 3사(역사서)를 중심으로 학생들을 교육하였다.

오답분석

① **이제현:** 역사서인 『사략』을 편찬한 인물은 이제현이다. 이제현은 공민왕 때 정통 의식과 대의 명분을 강조한 역사서인 『사략』을 편찬하였다.

② **최승로:** 왕에게 시무 28조의 개혁안을 올린 인물은 최승로이다. 최승로는 고려 성종에게 올린 시무 28조에서 유교 이념을 바탕으로 국가를 운영할 것을 주장하였다.

③ **안향:** 충렬왕에게 유학의 진흥을 위한 장학 기금인 섬학전의 설치를 건의한 인물은 안향이다.

이것도 알면 합격

9재 학당(문헌공도)

설립	최충(해동공자, 문헌공)
교육	9개의 전문 강좌로 구성(9재)
의의	사학 융성, 고려의 유학 교육 진흥, 유학을 심화·발전시킴
한계	관학 위축, 문벌 귀족 사회의 확립으로 사회 보수화 초래

03 조선 전기 정도전 (난이도 중 ●●○)

자료분석

『진도』를 찬술 + 『태조실록』 → (가) 정도전

정답설명

① 정도전은 『경제문감』을 저술하여 조선 왕조의 정치 조직과 행정안을 제시하고, 재상 중심의 정치 운영을 강조하였다.

오답분석

② **조광조:** 훈구의 거짓 공훈을 삭제하자는 위훈 삭제를 주장한 인물은 조광조이다.

③ **이제현:** 원의 수도에 세워진 만권당에서 원의 성리학자와 교류한 대표적인 인물은 이제현이다.

④ **신숙주:** 일본에 다녀온 후 견문기인 『해동제국기』를 저술한 인물은 신숙주이다.

이것도 알면 합격

정도전의 저서

『조선경국전』, 『경제문감』	재상 중심의 국가 운영 주장
『불씨잡변』	성리학 입장에서 불교 비판
『고려국사』	· 태조의 명을 받아 고려 시대의 역사를 편년체로 정리 · 조선 건국의 정당성을 강조

04 고려 시대 『삼국사기』 (난이도 하 ●○○)

자료분석

(김)부식이 아룀 + 삼국도 그 사실이 책으로 기록되어야 함 → 『삼국사기』

정답설명

③ 『삼국사기』는 고려 인종의 명을 받아 김부식이 주도한 관찬 역사서로, 삼국의 역사를 유교적 합리주의 사관에 따라 기전체로 서술하였다.

오답분석

① **『제왕운기』**: 『제왕운기』는 충렬왕 때 이승휴가 편찬한 역사서로, 단군 조선부터 시작되는 우리나라의 역사를 기록하였다.

② **『삼국유사』**: 『삼국유사』는 충렬왕 때 일연이 편찬한 역사서로, 우리 고유의 문화와 전통을 중시하여 불교사를 중심으로 고대의 민간 설화나 전래 기록을 수록하였다.

④ **『본조편년강목』**: 『본조편년강목』은 충숙왕 때 민지가 편찬한 역사서로, 문덕 대왕(태조 왕건의 증조부)부터 고려 고종까지의 역사를 편년체와 강목체를 결합하여 서술하였다.

05 고대 신라 촌락 문서 난이도 중 ●●○

자료분석

일본 도다이사 쇼소인에서 발견 + 서원경 부근 4개 촌락의 상황을 전함 → 신라 촌락 문서

정답설명

③ 신라 촌락 문서에는 토지의 비옥도와 관계없이 토지를 사용하는 목적에 따라 토지의 종류와 면적을 기록하였다.

오답분석

① 신라 촌락 문서는 촌주가 촌 단위로 매년 변동 사항을 조사하여, 3년에 한 번씩 다시 작성하였다.

② 신라 촌락 문서는 촌락 단위로 소와 말의 수, 뽕나무와 잣나무 등의 수까지 기록하였는데, 이는 촌락의 경제 상황을 명확히 파악하기 위함이었다.

④ 신라 촌락 문서에서 호구는 사람이 많고 적음에 따라 상상호부터 하하호까지 총 9등급으로 나누어 파악하였다.

이것도 알면 합격

신라 촌락 문서

발견	일본 도다이사 쇼소인(1933)
작성	촌주가 3년마다 작성
조사 대상	서원경(청주) 부근 4개 촌락의 호 수, 인구 수, 소·말의 수, 토지의 종류와 면적(증감 ×), 뽕·잣나무 수 등을 기록
기준	사람(人)은 성별·연령별로 6등급, 호(戶)는 사람의 많고 적음에 따라 9등급으로 나누어 파악
토지 종류	· 연수유전답: 민전, 민정 문서에 기록된 총 토지 면적의 97% 차지 · 촌주위답: 직역의 대가로 조세 납부를 면제받는 촌주의 땅 · 내시령답: 내시령이라는 관리에게 지급되는 일종의 관료전 · 관모전답: 관청 운영 경비를 충당하기 위해 지급된 토지 · 마전: 촌락 공동 경작 토지

06 조선 후기 영조 난이도 중 ●●○

자료분석

탕평 + 청계천 준설 + 속대전 편찬 → 영조

정답설명

① 영조는 붕당의 폐단을 제거하기 위해 서원의 수를 대폭 줄였다. 이외에도 영조는 붕당의 기반을 제거하기 위해 산림의 존재를 부정하였으며, 이조 전랑의 3사 선발권(통청권) 및 후임자 추천권(자대권)을 폐지하였다.

오답분석

② **효종**: 민간의 광산 개발 참여를 허용하는 설점수세제를 처음 실시한 왕은 효종이다.

③ **정조**: 『해동농서』를 편찬하도록 한 왕은 정조이다. 정조는 서호수에게 우리나라 농학을 중심으로 중국의 농업 기술을 수용하여 체계화한 농업 기술서인 『해동농서』를 편찬하도록 하였다.

④ **정조**: 수령이 향약을 직접 주관하게 한 왕은 정조이다. 정조는 수령의 권한을 강화하고, 지방에 대한 국가의 통제권을 강화하기 위해 군현 단위의 향약을 수령이 직접 주관하도록 하였다.

07 근대 육영 공원 난이도 중 ●●○

자료분석

외국인을 초빙 + 좌원과 우원을 설립 → 육영 공원

정답설명

① 육영 공원은 우리나라 최초의 근대식 관립 학교로, 문·무 현직 관료 중 선발된 학생을 좌원반, 양반 자제 중 선발된 학생을 우원반으로 편성하여 외국어와 근대 학문을 교육하였다.

오답분석

② **한성 사범 학교 등**: 근대식 교육의 중요성을 강조한 교육 입국 조서의 발표를 계기로 설립된 교육 기관으로는 한성 사범 학교 등이 있다. 한편, 육영 공원은 교육 입국 조서 발표(1895) 이전인 1886년에 설립되었다.

③ **동문학**: 묄렌도르프가 설립한 외국어 교육 기관은 동문학이다.

④ **이화 학당**: 선교사 스크랜튼이 설립한 여성 교육 기관은 이화 학당이다.

이것도 알면 합격

근대 교육 기관의 설립

원산 학사	최초의 근대식 사립 학교로 덕원 부사 정현석과 덕원·원산 주민들이 공동으로 설립, 근대 학문과 무술 교육
동문학	외국어 통역관 양성을 위해 정부가 설립한 학교
육영 공원	· 최초의 근대식 관립 학교, 상류층(양반) 자제를 대상으로 외국어와 근대 학문을 교육 · 헐버트·길모어·벙커 등 외국인 교사 초빙
연무 공원	신식 군대와 장교 양성을 위해 정부가 설립한 학교

08 일제 강점기 토지 조사 사업 난이도 중 ●●○

자료분석

임시 토지 조사국 + 토지의 조사 및 측량 → 토지 조사 사업

정답설명

② 동양 척식 주식회사는 토지 조사 사업(1912~1918)이 시행되기 이전인 1908년에 설립되었다. 일본은 대한 제국의 토지와 자원을 수탈하고, 토지의 매매와 임차, 일본인의 조선 이주 및 정착 등의 업무를 수행하기 위한 목적으로 동양 척식 주식 회사를 설립하였다.

오답분석

① 토지 조사 사업의 결과 농민의 관습적인 경작권과 도지권(소작지에 대한 부분 소유권), 입회권(산림 공동 이용) 등은 인정되지 않았다.

③ 토지 조사 사업의 결과 관청 소유의 역둔토와 왕실 소유의 궁장토가 조선 총독부 소유의 토지가 되었다. 또한 기한 내 신고하지 못한 토지, 소유주가 불분명하여 신고하지 못한 문중 소유의 토지 등도 조선 총독부 소유로 귀속시켰다.

④ 토지 조사 사업으로 인하여 많은 농민들은 토지를 빼앗기고 기한부 계약에 의한 소작농으로 전락하였다.

09 근대 임오군란 난이도 하 ●○○

자료분석

임오년 + 5영의 병사들도 결식 → 임오군란(1882)

(가) 신미양요(1871) ~ 강화도 조약 체결(1876)

(나) 강화도 조약 체결(1876) ~ 갑신정변(1884)

(다) 갑신정변(1884) ~ 동학 농민 운동(1894)

(라) 동학 농민 운동(1894) ~ 러·일 전쟁(1904)

정답설명

② 임오군란은 (나) 시기인 1882년에 발생하였다. 임오군란은 구식 군인들이 신식 군대인 별기군과의 차별 대우, 급료의 체불 등에 반발하여 일으킨 사건이다.

이것도 알면 합격

임오군란

배경	· 구식 군인에 대한 차별 대우와 급료 체불 · 정부의 개화 정책에 대한 반발 · 쌀값 폭등 등으로 인한 하층민들의 불만 증가
전개 과정	구식 군인들이 선혜청 및 민씨 정부의 고관 습격 → 하층민도 합세하여 궁궐 습격 → 흥선 대원군이 일시적으로 재집권 → 민씨 정권이 청에 지원 요청 → 청이 조선에 군대 파견 → 군란은 진압되고, 흥선 대원군이 청으로 압송됨 → 민씨 세력의 재집권 → 친청 정권 수립
결과	· 제물포 조약 체결(조선 - 일본) · 조·청 상민 수륙 무역 장정 체결(조선 - 청)

10 현대 카이로 회담 난이도 중 ●●○

자료분석

루스벨트 대통령은 한국 해방을 약속 + 적당한 기회 → 카이로 회담

정답설명

② 카이로 회담에는 미국(루스벨트), 영국(처칠), 중국(장제스)이 참가하여 최초로 한국의 독립을 국제적으로 약속하였다.

오답분석

①, ④ **얄타 회담:** 독일의 항복 이후 전후 처리 문제를 협의하기 위해 개최되었으며, 소련의 대일전 참전을 결정한 회담은 얄타 회담이다.

③ **모스크바 3국 외상 회의:** 4개국(미국·영국·중국·소련)에 의한 최장 5개년의 한반도 신탁 통치를 결정한 것은 모스크바 3국 외상 회의이다.

이것도 알면 합격

열강의 한반도 문제 논의

카이로 회담 (1943. 11.)	미국(루스벨트), 영국(처칠), 중국(장제스)이 최초로 한국의 독립을 약속
얄타 회담 (1945. 2.)	미국(루스벨트), 영국(처칠), 소련(스탈린)이 참가한 회담으로 소련의 대일전 참전을 결정, 한국의 신탁 통치 문제 언급
포츠담 선언 (1945. 7.)	미국(트루먼), 영국(처칠 → 애틀리), 중국(장제스), 소련(스탈린)이 카이로 회담의 결정 사항(한국의 독립)을 재확인

15일 하프모의고사 15 정답 및 해설

정답 한눈에 보기

01	③	02	①	03	③	04	②	05	③
06	②	07	②	08	④	09	③	10	②

01 선사 시대 청동기 시대의 유적과 유물 난이도 중 ●●○

정답설명

③ 옳은 것을 모두 고르면 ㉡, ㉢이다.

㉡ 청동기 시대의 대표적인 토기로는 민무늬 토기, 덧띠새김무늬 토기, 미송리식 토기 등이 있다.

㉢ 청동기 시대의 대표적인 유적인 여주 흔암리 유적에서는 청동기 시대에 벼농사가 시작되었음을 보여주는 불에 탄 쌀이 발견되었다.

오답분석

㉠ **철기 시대:** 창원 다호리 유적은 철기 시대의 유적이다. 창원 다호리 유적에서는 문자를 적는 붓이 출토되어 당시 중국과의 교류를 통해 한자를 사용하고 있었음을 알 수 있다.

㉣ **신석기 시대:** 집터가 원형을 띠고 있으며, 집터의 가운데에서 불을 땐 흔적이 확인되는 것은 신석기 시대의 유적이다. 청동기 시대의 집터 유적은 주로 직사각형의 모습을 띠고 있으며, 불을 땐 흔적이 벽면으로 치우쳐져 있다.

이것도 알면 합격

청동기 시대의 유적

여주 흔암리	탄화미 발견(벼농사 시작의 증거)
부여 송국리	탄화미 발견, 반달 돌칼·송국리식 토기 등 출토
울주 검단리	환호로 둘러싼 마을 터 발견

02 고대 신라 하대의 유학자 난이도 중 ●●○

정답설명

① **우리나라에서 현존하는 가장 오래된 개인 문집으로 평가받는 『계원필경』을 저술한 인물은 김대문이 아닌 최치원이다. 한편, 김대문은 『화랑세기』, 『한산기』 등을 저술하였다.**

오답분석

② 최치원은 당으로 건너가 빈공과에 급제하였으며 「토황소격문」을 지어 문장가로 이름을 떨쳤다. 이후 그는 신라로 귀국하여 진성 여왕에게 시무 10여 조를 건의하기도 하였다.

③ 최승우는 당나라에서 유학을 하고 돌아와 견훤의 책사로 활약하였으며, 견훤이 왕건에게 보내는 서신인 「대견훤기고려왕서」를 작성하였다.

④ 최언위는 통일 신라 말에 활동한 낭원대사의 행적을 기록한 탑비인 낭원대사 오진탑비의 비문을 작성하였다.

03 고려 시대 고려 성종의 업적 난이도 하 ●○○

자료분석

원구단에서 풍작을 기원하고 태조(왕건)를 배향함 + 처음으로 12목을 설치 → 고려 성종

정답설명

③ **고려 성종은 중앙과 지방의 관리들에게 시와 부를 지어 바치게 하는 문신 월과법을 실시하였다.**

오답분석

① **고려 정종:** 불법을 배우는 사람들을 위해 광학보를 설치한 왕은 고려 정종(3대)이다. 광학보는 불법을 배우는 사람의 장학금 마련을 위해 만든 장학 재단이다.

② **고려 광종:** 주현공부법을 실시한 왕은 고려 광종이다. 주현공부법은 주현 단위로 해마다 바쳐야 할 공물과 부역을 책정하여 징수하도록 한 제도이다.

④ **고려 숙종:** 남경개창도감을 설치한 왕은 고려 숙종이다. 숙종은 남경(지금의 서울)의 창건을 관장하는 관청인 남경개창도감을 설치하고 남경에 궁궐을 짓는 등 도시 건설을 추진하였다.

04 조선 전기 갑자사화 난이도 중 ●●○

자료분석

생모 윤씨를 폐비하는 의논에 참여한 자와 존호를 올려서는 안 된다고 주장한 자를 중형으로 다스림 → 갑자사화

정답설명

② **연산군 때 임사홍 등이 폐비 윤씨(연산군의 모친) 사사 사건의 경위를 고발하면서 이와 관련된 훈구와 사림이 제거되는 갑자사화가 일어났다.**

오답분석

① **무오사화:** 무오사화는 연산군 때 김일손이 스승인 김종직의 「조의제문」을 『실록』의 초안인 「사초」에 기록한 것을 훈구가 문제 삼아 김일손 등 다수의 사림이 숙청된 사건이다.

③ **기묘사화:** 기묘사화는 중종 때 위훈 삭제 등 급진적인 개혁 정책을 추진한 조광조 등의 사림들이 훈구에 의해 제거된 사건이다.

④ **을사사화:** 을사사화는 명종이 즉위한 후 명종의 외척인 소윤 세력(윤원형 등)이 선왕인 인종의 외척인 대윤 세력(윤임 등)을 역적으로 몰아 숙청한 사건이다.

05 고려 시대 거란 난이도 하 ●○○

자료분석

소손녕 + 서희를 보내 화의를 요청함 → ㉠ 거란

정답설명

③ 거란은 강조의 정변(서북면 도순검사 강조가 김치양의 반역을 들어 목종을 폐위시키고 현종을 왕위에 올린 사건)을 구실로 고려에 2차 침입하였다.

오답분석

① **몽골:** 경주의 황룡사 9층 목탑을 불태운 것은 몽골이다. 몽골의 3차 침입 때 경주의 황룡사 9층 목탑이 소실되었다.

② **여진:** 윤관이 이끄는 별무반에 의해 토벌된 것은 여진이다. 윤관은 예종 때 별무반을 이끌고 여진을 토벌하였으며, 동북 지역에 9성을 쌓았다.

④ **몽골:** 고려에 정동행성을 설치하여 내정을 간섭한 것은 몽골이다. 정동행성은 몽골이 일본을 정벌하기 위해 고려에 설치하였으나, 일본 정벌에 실패한 이후에도 존속되어 고려의 내정을 간섭하였다.

06 조선 후기 정약용 난이도 중 ●●○

자료분석

『경세유표』 + 『흠흠신서』 → 정약용

정답설명

② 정약용은 토지 개혁론으로 마을을 단위로 하여 토지를 공동으로 소유·경작하고 그 수확량을 노동량에 따라 분배하자는 여전론을 주장하였다.

오답분석

① **정약전:** 『자산어보』를 저술한 인물은 정약전이다. 정약전은 신유박해 때 흑산도로 유배를 가서 흑산도 연해에서 잡히는 다양한 어종의 생태와 습성을 연구하여 『자산어보』를 저술하였다.

③ **홍대용:** 지구가 우주의 중심이 아니라는 무한 우주론을 주장한 인물은 홍대용이다. 홍대용은 『의산문답』에서 지구가 자전한다는 지전설과 지구가 우주의 중심이 아니라 무수한 별 중 하나라는 무한 우주론을 주장하며 중국 중심의 세계관에서 벗어나고자 하였다.

④ **유수원:** 『우서』에서 상업적 경영을 통한 농업 생산성의 증대를 주장한 인물은 유수원이다.

이것도 알면 합격

정약용의 저술

저술	내용
『목민심서』	지방 행정 조직 개혁, 목민관(지방관)의 자세 제시
『흠흠신서』	형옥 관련 법률 제시
『경세유표』	중앙과 지방의 통치 체제 개혁, 정전제 주장
『기예론』	기술 교육과 기술 진흥 강조(북학파의 주장 지지)
『마과회통』	홍역에 관한 의서, 제너의 종두법 소개

07 근대 병인양요 난이도 중 ●●○

자료분석

양헌수가 은밀하게 정족산성으로 들어감 → 병인양요

정답설명

② 병인양요는 조선이 프랑스 선교사들을 비롯한 다수의 천주교 신자들을 처형한 병인박해를 빌미로 일어난 사건이다.

오답분석

① **제너럴셔먼호 사건:** 평안도 관찰사였던 박규수가 평양 군민들과 함께 화공으로 물리친 사건은 제너럴셔먼호 사건이다. 미국의 상선인 제너럴셔먼호가 대동강을 거슬러 평양까지 와서 통상을 요구하며 난폭한 행위를 하자, 당시 평안도 관찰사였던 박규수는 평양의 군민들과 함께 제너럴셔먼호를 화공으로 공격하여 물리쳤다.

③ **운요호 사건:** 우리나라 최초의 근대적 조약인 강화도 조약(조·일 수호 조규)이 체결되는 계기가 된 것은 운요호 사건이다.

④ **신미양요:** 어재연이 이끄는 부대가 광성보에서 결사 항전한 사건은 신미양요이다. 신미양요 때 광성보에서 어재연이 이끄는 조선군이 결사 항전하였지만, 이 과정에서 어재연이 전사하고, 수(帥)자기를 약탈당했다.

08 조선 후기 정조 재위 시기의 사실 난이도 중 ●●○

자료분석

(고금)도서집성 5천여 권을 연경(북경)의 시장에서 사옴 → 정조

정답설명

④ 정조 재위 시기에는 각 당파의 주장이 옳고 그른지를 명백히 가리며, 각 붕당의 입장을 떠나 능력 있는 관리를 중용하는 적극적인 탕평책인 준론 탕평을 실시하였다.

오답분석

① **영조:** 『속대전』을 편찬하여 법률 체제를 정비한 것은 영조 때이다. 영조는 『경국대전』 시행 이후 공포된 법령 중에서 시행할 수 있는 법령만을 추려내서 『속대전』을 편찬하였다.

② **숙종:** 백두산 정계비를 세워 청나라와의 국경을 확정한 것은 숙종 때이다. 숙종은 박권 등을 파견하여 백두산 일대를 답사하고 백두산 정계비를 건립하여 청과의 국경선을 확정하도록 하였다.

③ **영조:** 『수성윤음』을 반포하여 도성 방어 체제를 강화한 것은 영조 때이다. 영조는 『수성윤음』을 반포하여 한양 내에 거주하는 백성들을 거주지에 따라 훈련도감, 금위영, 어영청의 군영에 각각 배속하고, 유사시 도성을 수비하도록 하였다.

이것도 알면 합격

정조의 왕권 강화 정책

초계문신제 시행	신진 인물이나 중·하급 관리 중 유능한 인사 재교육
규장각 설치	자신의 개혁을 뒷받침할 수 있는 정치 기구로 육성
장용영 설치	국왕의 친위 부대로 왕권을 뒷받침하는 군사적 기반 마련
수령 권한 강화	수령이 향약을 직접 주관하게 하여 지방 사족의 향촌 지배력을 줄이고 수령의 권한을 강화

09 일제 강점기 무단 통치 시기의 사실 난이도 중 ●●○

자료분석

일본에 강제로 합병됨 + 식민지 관리가 압제 정치를 펼침 + 3월 1일에 독립 국가임을 선언함(3·1 운동) → 무단 통치 시기

정답설명

③ 일제는 무단 통치 시기에 헌병이 민간의 치안 및 행정 업무 등 일반 경찰 업무까지 수행하도록 하였다.

오답분석

① **민족 말살 통치 시기:** 한국인의 성과 이름을 일본식으로 바꾸도록 강요하는 창씨개명 조치가 시행된 것은 민족 말살 통치 시기이다.

② **민족 말살 통치 시기:** 학도 지원병 제도가 시행된 것은 민족 말살 통치 시기이다.

④ **문화 통치 시기:** 조선일보와 동아일보 등 민족 신문의 발행을 허가한 것은 문화 통치 시기의 사실이다.

이것도 알면 합격

무단 통치 (헌병 경찰 통치) 시기의 모습

조선 총독부 설치	· 조선 총독부의 총독은 일본 국왕에 직속된 관직 · 행정권, 입법권, 사법권 및 군사 통수권을 가짐
헌병 경찰제 실시	헌병 사령관이 경찰 업무를 수행하고 범죄 즉결례, 조선 태형령, 경찰범 처벌 규칙을 행사
제복 착용과 착검	일반 관리 및 교원들까지 제복과 칼을 착용
기본권 박탈	보안법, 신문지법, 출판법을 적용하여 언론·출판·집회·결사의 자유를 박탈
독립운동 탄압	안악 사건(1910), 105인 사건(1911) 등 국내의 민족 독립운동을 철저하게 탄압

10 일제 강점기 박은식 난이도 중 ●●○

자료분석

나라는 형(形)이나 역사는 신(神) → 『한국통사』 → 박은식

정답설명

② 박은식은 양명학에 기초를 두고 공자의 대동 사상과 맹자의 민중 중시 사상을 받아들여 독특한 대동 사상을 수립하였으며, 이를 바탕으로 성리학 중심의 당시 유교 학풍을 실천적 성격의 양명학으로 개편해야 함을 주장하였다.

오답분석

① **정인보:** 민족 정신으로 '조선얼'을 강조한 인물은 정인보이다. 정인보는 「5천 년간 조선의 얼」에서 우리 민족의 시조를 단군으로 설정하였으며 민족 정신으로 '얼'을 강조하였다.

③ **한용운:** 『조선불교유신론』을 통해 불교의 혁신을 주장한 인물은 한용운이다. 한용운은 일본 불교의 유입으로 인해 조선 불교가 약화되자, 불교의 혁신과 자주성 회복을 주장하였다.

④ **신채호:** 역사를 '아(我)와 비아(非我)의 투쟁'이라고 정의한 인물은 신채호이다.

이것도 알면 합격

박은식

특징	· "나라는 형체이고 역사는 정신이다." · 민족 정신으로 '혼' 강조
대표 저서	· 『한국통사』: 근대 이후의 일본의 침략 과정을 저술 · 『한국독립운동지혈사』: 민족의 독립운동 정리

하프모의고사 16 정답 및 해설

정답 한눈에 보기

01	①	02	③	03	④	04	③	05	②
06	④	07	③	08	④	09	④	10	②

01 고대 법흥왕 재위 시기의 사실 난이도 하 ●○○

자료분석

처음으로 병부를 설치함 + 율령을 반포함 + 연호를 칭하여 건원 원년이라 함 → 법흥왕

정답설명

① 법흥왕 때 상대등 제도를 처음 시행하였다. 상대등은 귀족의 대표자로서 화백 회의를 주관하였다.

오답분석

② **신문왕:** 관리들에게 관료전을 처음 지급한 것은 신문왕 때이다. 신문왕은 관료에게 관등에 따라 차등 있게 토지의 수조권만을 인정하는 관료전을 지급하였다.

③ **진흥왕:** 역사서인 『국사』를 편찬하게 한 것은 진흥왕 때이다.

④ **지증왕:** 시장 감독 기구인 동시전을 설치한 것은 지증왕 때이다.

이것도 알면 합격

6세기 신라 왕의 업적

지증왕	신라 국호, 왕 칭호 사용, 우경 장려, 우산국 정벌, 순장 금지, 동시전 설치
법흥왕	'건원' 연호 사용, 율령 반포, 불교 공인, 병부 설치, 금관가야 복속
진흥왕	화랑도 공인, 한강 확보, 대가야 정복, 『국사』 편찬

02 고대 금관가야 난이도 하 ●○○

자료분석

김구해 + 본국을 식읍으로 삼도록 함 → (가) 금관가야

정답설명

③ 금관가야는 우수한 철을 생산하여 해상 교역을 통해 왜와 낙랑 등에 수출하였다.

오답분석

① **고구려:** 대대로가 국정을 총괄한 국가는 고구려이다.

② **대가야:** 진흥왕의 공격으로 멸망한 국가는 대가야이다. 한편, 금관가야는 법흥왕 때 신라에 항복하였다.

④ **신라:** 화백 회의를 통해 국가 중대사를 결정한 국가는 신라이다.

이것도 알면 합격

금관가야(전기 가야 연맹의 중심체)

건국	김수로왕이 김해 지역에서 건국
성립	금관가야를 중심으로 전기 가야 연맹 형성(3세기경)
발전	덩이쇠(철)를 화폐와 같은 교환 수단으로 이용, 중계 무역 발달
멸망	· 광개토 대왕의 공격으로 쇠퇴(5세기 초) → 전기 가야 연맹 몰락 · 구해왕(구형왕)이 신라 법흥왕에게 항복(532)

03 조선 후기 비변사 난이도 중 ●●○

자료분석

변방의 방비 + 지변재신들이 한 자리에 모여 계책을 세움 + 육조의 업무가 이곳으로 들어감 → 비변사

정답설명

④ 비변사는 안동 김씨 등에 의한 세도 정치 시기에 핵심적인 정치 기구로서 외교, 재정, 인사 문제 등 거의 모든 정무를 총괄하였다.

오답분석

① 비변사는 고종 때 흥선 대원군에 의해 그 기능이 축소되고 사실상 폐지되었다.

② **홍문관:** 조선 시대에 사간원, 사헌부와 함께 삼사에 속한 것은 홍문관이다.

③ 비변사는 중종 때 일어난 삼포왜란을 계기로 임시 회의 기구로 설치되었다. 한편, 비변사는 명종 때 일어난 을묘왜변을 계기로 상설 기구화되었다.

04 고려 시대 『제왕운기』 난이도 하 ●○○

자료분석

이승휴가 펴낸 책 +중국의 역사를 7언시, 우리나라 역사를 5언시로 서술 → 『제왕운기』

정답설명

③ 『제왕운기』에서는 단군을 강조하여 우리나라의 역사를 고조선부터 서술하였으며, 발해를 고구려의 계승자로 보고 발해에 대한 내용도 포함시켰다.

오답분석

①, ② 『삼국사기』: 신라의 역사를 상대(박혁거세~진덕 여왕), 중대(무열왕~혜공왕), 하대(선덕왕~경순왕)로 구분하였으며, 열전에 김유신을 비롯한 신라인이 편중되어 서술된 역사서는 김부식이 저술한 『삼국사기』이다.

④ 『삼국유사』: 「왕력」, 「기이」, 「흥법」, 「탑상」, 「의해」 등으로 구성된 것은 일연이 저술한 『삼국유사』이다.

05 조선 후기 홍경래의 난 난이도 중 ●●○

자료분석

평서 대원수 + 관서를 버림이 분토와 다름없음 → 홍경래의 난

정답설명

② 옳은 것을 모두 고르면 ㉠, ㉢이다.

㉠ 홍경래 등은 처음 가산에서 난을 일으켜 선천, 정주 등 청천강 이북 지역을 거의 장악하였으나 5개월 만에 관군에 의해 진압되었다.

㉢ 홍경래의 난은 몰락 양반인 홍경래의 지휘 아래에 가난한 농민, 광산 노동자, 중소 상인 등이 참여하여 전개되었다.

오답분석

㉡, ㉣ 임술 농민 봉기: 농민들이 탐관오리의 횡포에 저항하여 진주성을 점령하고, 이를 수습하기 위해 정부에서 박규수를 안핵사로 파견한 것은 임술 농민 봉기이다.

이것도 알면 합격

홍경래의 난

원인	· 세도 정치의 폐해 · 평안도 지역에 대한 부당한 차별 대우
중심 세력	몰락 양반 홍경래의 지휘 + 가난한 농민, 광산 노동자, 중소 상인 합세
전개	가산을 시작으로 청천강 이북 지역을 거의 장악 → 5개월 만에 관군에 의해 진압됨

06 고려 시대 광종의 업적 난이도 하 ●○○

자료분석

쌍기의 의견을 받아들여 과거로 인재를 뽑음 → 광종

정답설명

④ 광종은 광덕, 준풍 등의 독자적인 연호를 사용하여 자주 국가로서의 면모를 과시하였다.

오답분석

① 고려 현종: 주현공거법을 실시한 왕은 고려 현종이다. 주현공거법은 지방 향리 자제에게 과거 응시 자격을 부여하였던 제도이다.

② 고려 경종: 전시과 제도를 처음 시행한 왕은 고려 경종이다. 전시과 제도는 관리에게 관직 복무와 직역의 대가로 전지(논밭)와 시지(땔감을 얻을 수 있는 땅)에 대한 수조권(세금을 거둘 수 있는 권리)을 차등적으로 지급하는 제도였다.

③ 고려 성종: 2성 6부제의 중앙 관제를 마련한 왕은 고려 성종이다. 성종은 당의 3성 6부제를 참고하여 중앙 관제를 중서문하성과 상서성의 2성 6부로 정비하였다. 중서문하성은 국정을 총괄하였고, 상서성은 6부를 통해 이를 집행하였다.

이것도 알면 합격

광종의 정책

주현공부법	주현 단위로 공물과 부역을 책정하여 해마다 징수
노비안검법	불법으로 노비된 자들을 양민으로 해방
과거 제도	후주에서 귀화한 쌍기의 건의를 받아들여 실시
백관 공복 제정	자·단·비·녹색으로 공복 색을 정하여 위계 질서 확립

07 근대 국채 보상 운동 난이도 중 ●●○

자료분석

서상돈 + 각자 1원씩만 모으면 1,200만 원이 됨 → 국채 보상 운동

정답설명

③ 국채 보상 운동은 대구에서 서상돈, 김광제 등의 주도로 시작되어 전국적인 모금 운동으로 확대되었다.

오답분석

① 국채 보상 운동은 일진회의 방해와 통감부의 탄압으로 중지되었다. 한편, 한·일 신협약은 국채 보상 운동과 직접적인 관련이 없다.

② 상권 수호 운동: 황국 중앙 총상회를 중심으로 전개된 것은 상권 수호 운동이다. 한편, 국채 보상 운동은 국채 보상 기성회 등을 중심으로 전개되었다.

④ 물산 장려 운동: '내 살림 내 것으로'라는 표어를 내걸었던 것은 물산 장려 운동이다.

이것도 알면 합격

국채 보상 운동

배경	일본의 차관 도입에 따라 대한 제국의 재정이 일본에 예속됨
전개	· 대구에서 시작, 서울에서 국채 보상 기성회가 조직됨. · 대한매일신보, 황성신문 등 언론 기관들의 후원 · 금주, 금연 및 반지와 비녀 모으기 등의 모금 운동 전개
결과	국채 보상 기성회의 간사인 양기탁에게 공금을 횡령했다는 혐의를 씌워 구속하는 등 일진회와 통감부의 방해·탄압으로 실패

08 일제 강점기 한국 독립군 난이도 중 ●●○

자료분석

대전자령의 공격 → 한국 독립군

정답설명

④ 한국 독립군은 중국군과 연합하여 쌍성보 전투, 사도하자 전투, 대전자령 전투 등에서 일본군에게 크게 승리하였다.

오답분석

①, ② **조선 혁명군:** 조선 혁명당 소속의 독립군 부대로, 양세봉이 총사령관으로 역임하였던 것은 조선 혁명군이다.

③ **조선 의용대:** 일부 대원이 한국광복군에 합류한 것은 조선 의용대이다. 김원봉이 이끄는 조선 의용대의 일부 세력은 충칭으로 이동하여 한국광복군에 합류하였다.

이것도 알면 합격

한국 독립군과 조선 혁명군

한국 독립군	· 한국 독립당 산하의 독립군 부대 · 북만주 일대에서 지청천을 중심으로 활동 · 중국 호로군 등과 연합 작전 수행 · 쌍성보 전투(1932), 동경성 전투(1933), 사도하자 전투(1933), 대전자령 전투(1933)에서 일본군을 크게 격파
조선 혁명군	· 조선 혁명당 소속의 독립군 부대 · 남만주 일대에서 양세봉을 중심으로 활동 · 중국 의용군과 연합 작전 수행 · 영릉가 전투(1932), 흥경성 전투(1933)에서 일본에 대승

09 일제 강점기 김원봉 난이도 중 ●●○

자료분석

급진적인 독립운동을 표방한 결사를 조직 + 의열단 → (가) 김원봉

정답설명

④ 김원봉은 중·일 전쟁 이후 조선 민족 혁명당을 중심으로 조선 민족 전선 연맹을 결성하고, 중국 국민당과 협력하여 산하 부대인 조선 의용대를 창설하였다.

오답분석

① **여운형:** 조선 건국 동맹을 조직하여 일제의 패망과 광복에 대비한 인물은 여운형이다.

② **안재홍:** 신민족주의를 내세운 국민당을 창당한 인물은 안재홍이다.

③ **이승만:** 제헌 국회에서 초대 대통령으로 선출된 인물은 이승만이다.

이것도 알면 합격

김원봉의 활동

- 1919년: 의열단 조직
- 1926년: 황포 군관 학교 훈련생으로 입소, 의열단의 투쟁 노선 변경
- 1932년: 난징에서 조선 혁명 간부 학교를 창설
- 1935년: 민족 혁명당 조직 → 조선 민족 혁명당으로 개편
- 1937년: 조선 민족 통일 전선 연맹 조직
- 1938년: 조선 의용대 편성
- 1942년: 한국광복군에 합류

10 현대 조선 건국 준비 위원회 난이도 중 ●●○

자료분석

완전한 독립 국가의 건설 + 일시적 과도기에 국내 질서를 자주적으로 유지 → 조선 건국 준비 위원회

정답설명

② 좌·우 합작 7원칙을 결정한 것은 조선 건국 준비 위원회가 아닌 좌·우 합작 위원회이다.

오답분석

① 조선 건국 준비 위원회는 중도 좌파인 여운형과 중도 우파인 안재홍 등을 중심으로 결성되었다.

③ 조선 건국 준비 위원회는 전국 각지에 치안과 행정을 담당하는 치안대를 설치하고, 전국에 145개의 지부를 조직하였다.

④ 조선 건국 준비 위원회는 미군과의 협상에서 유리한 입장을 차지하기 위해 미군이 한반도에 진주하기 전에 조선 인민 공화국 수립을 선언하였다.

이것도 알면 합격

조선 건국 준비 위원회

조직	중도 우파(안재홍)와 중도 좌파(여운형)가 연합
구성	· 치안대 설치: 치안과 행정을 담당 · 전국에 145개의 지부 조직
강령	자주 독립 국가 건설, 민주주의 정권 수립, 대중 생활의 확보 등을 표방
의의	광복 이후 최초의 정치 단체

17일 하프모의고사 17 정답 및 해설

■ 정답 한눈에 보기

01	②	02	③	03	③	04	③	05	④
06	④	07	④	08	②	09	④	10	④

01 선사 시대 옥저 난이도 중 ●●○

자료분석

시체의 가죽과 살이 썩은 다음 뼈만 나무 곽 속에 안치 → 골장제 → (가) 옥저

정답설명

② 옥저에는 여자가 어렸을 때 남자 집에 살다가 성장한 후 남자가 여자 집에 예물을 치르고 혼인을 하는 민며느리제의 혼인 풍속이 있었다.

오답분석

① **부여·고구려:** 1세기 초에 왕호를 사용한 국가는 부여와 고구려이다. 한편, 옥저는 고구려의 압력을 받아 군장 국가 단계에서 멸망하였다.

③ **고구려:** 중범죄자는 제가 회의를 통해 사형을 시키고 그 가족을 노비로 삼았던 국가는 고구려이다.

④ **동예:** 특산물로 단궁(활), 반어피(바다표범의 가죽), 과하마(키가 작은 말) 등이 유명한 국가는 동예이다.

02 고대 연개소문 난이도 중 ●●○

자료분석

아들인 남생이 대신 막리지가 됨 → 연개소문

정답설명

③ 연개소문이 당에 도교를 전래해줄 것을 요청하자 당에서는 숙달 등 8명의 도사와 도교 경전인 『도덕경』을 보냈다. 연개소문은 기존의 귀족 세력과 결탁한 불교를 억압하고자 도교를 육성하였다.

오답분석

① **을지문덕:** 살수에서 수나라의 군대를 물리친 인물은 을지문덕이다. 을지문덕은 수 양제가 대군을 이끌고 고구려를 침략하자, 살수에서 수나라의 군대를 크게 격파하였다(살수 대첩).

② **온달:** 한강 유역을 수복하려다 아단성 전투에서 전사한 인물은 온달이다. 온달은 영양왕 때 과거 신라에게 빼앗긴 한강 유역을 되찾기 위해 신라를 공격하였으나 아단성 전투에서 전사하였다.

④ **검모잠:** 안승을 왕으로 추대하고 고구려 부흥 운동을 전개한 인물은 검모잠이다. 검모잠은 고구려가 멸망하자 보장왕의 서자인 안승을 왕으로 추대하고, 한성(황해도 재령)을 중심으로 고구려 부흥 운동을 전개하였다.

03 고려 시대 지눌 난이도 중 ●●○

자료분석

부처와 다르지 않음을 돈오라 함 + 깨달음에 의지해 닦고 점차 익히는 것을 점수라 함 → 돈오점수 → 지눌

정답설명

③ 지눌은 대구 팔공산의 거조암에서 「권수정혜결사문」을 발표하고 정혜 결사를 결성하였으며, 이후 전남 송광산의 길상사로 정혜 결사의 근거지를 옮겼다. 한편 길상사는 수선사, 송광사로 개칭되었다.

오답분석

① **보우:** 원으로부터 선종의 일파인 임제종을 들여와 전파한 인물은 보우이다.

② **의천:** 교종을 중심으로 선종을 통합하기 위해 국청사를 중심으로 해동 천태종을 창시한 인물은 의천이다.

④ **균여:** 성속무애 사상을 주장하면서 종파를 통합하려 한 인물은 균여이다. 균여의 성속무애 사상은 불교 사상뿐만 아니라 남녀나 귀천의 차이까지 융합하고자 하는 사상이다.

이것도 알면 합격

수선사 결사 운동

배경	고려 후기 불교계의 타락 심화
내용	승려 본연의 자세인 독경, 선 수행, 노동에 힘쓰자는 개혁 운동
전개	송광사를 중심으로 개혁적 승려들과 지방민이 활발하게 전개

04 조선 전기 세종의 업적 난이도 중 ●●○

자료분석

경자년에 다시 주조함 + 갑인자를 주조함 → 세종

정답설명

③ 세종은 우리나라의 풍토에 맞는 약재와 치료법 등을 정리한 의학서인 『향약집성방』을 편찬하였다.

오답분석

① **정종:** 도평의사사를 개편하여 의정부를 설치한 왕은 정종이다. 정종 때 이방원의 주도로 도평의사사를 개편하여 최고 국정 기구인 의정부를 설치하였다.

② **태종:** 사병을 모두 혁파하고 16세 이상 60세 이하의 양인 남자는 군역의 의무를 지게 하는 양인 개병제를 처음 실시한 왕은 태종이다.

④ **성종:** 『국조오례의』를 완성하여 국가의 예법과 절차를 정한 왕은 성종이다. 성종은 『국조오례의』를 통해 국가의 중요 행사인 길례·가례·빈례·군례·흉례의 예법과 절차 등을 정하였다.

이것도 알면 합격

세종 대에 편찬된 의서

『향약채취월령』	약재 이론서, 우리나라의 자생 약재 소개
『향약집성방』	우리나라 풍토에 맞는 약재와 치료법을 정리
『태산요록』	임산부와 어린 아이의 질병 치료에 관한 의서
『의방유취』	의학 백과 사전

05 조선 후기 숙종 대의 사실 난이도 중 ●●○

자료분석

궐내에 보관하던 기름 먹인 장막을 허적이 다 가져감(유악 남용 사건) + 왕은 남인을 제거할 결심을 함 → 경신환국 → 숙종

정답설명

④ 숙종 재위 시기에 안용복이 두 차례[1693(1차), 1696(2차)]에 걸쳐 일본으로 건너가 울릉도와 독도가 조선의 영토임을 확인받고 돌아왔다.

오답분석

① **정조:** 왕의 친위 부대인 장용영을 설치한 것은 정조 대의 사실이다. 숙종 때는 국왕의 호위와 수도 방어를 담당하는 금위영을 설치하여 5군영 체제가 완성되었다.

② **효종:** 제주도에 표류한 네덜란드인 하멜을 훈련도감에 배속시켜서 서양식 무기를 제조하도록 한 것은 효종 대의 사실이다.

③ **효종:** 김육 등의 건의로 서양 선교사인 아담 샬이 만든 새로운 역법인 시헌력을 채택한 것은 효종 대의 사실이다.

06 근대 갑신정변의 결과 난이도 하 ●○○

자료분석

박영효 + 갑신년에 이르러 멋대로 경솔한 거사를 행함 → 갑신정변

정답설명

④ 갑신정변의 결과 청나라와 일본은 조선에 군대를 파견할 때 상대국에 상호 통보하기로 합의하는 톈진 조약을 체결하였다.

오답분석

① 군국기무처 설치는 갑신정변과 관련이 없다. 군국기무처는 1894년 6월에 설립되어 같은 해 12월까지 존속하였으며, 제1차 갑오개혁을 추진한 기구이다.

②, ③ **임오군란:** 조선이 일본과 제물포 조약을 체결하여 일본 공사관의 경비병 주둔을 허용하였으며, 청나라의 마젠창(내정 고문)과 묄렌도르프(외교 고문)가 조선의 고문으로 파견된 것은 임오군란의 결과이다.

이것도 알면 합격

갑신정변 결과 체결된 조약

명칭	대상	주요 내용
한성 조약 (1884)	조선 - 일본	· 조선이 일본에게 배상금 지불 · 조선이 일본 공사관의 신축 비용 부담
톈진 조약 (1885)	일본 - 청	· 조선 내 청·일 양군 공동 철수 · 조선 파병 시 상대국에게 통보할 것을 규정

07 고려 시대 『동명왕편』 난이도 중 ●●○

자료분석

동명왕의 신통하고 이상한 일 → 『동명왕편』

정답설명

④ 『동명왕편』은 이규보가 동명왕의 업적을 칭송한 영웅 서사시로, 그의 시문집인 『동국이상국집』 제3권에 수록되어 있다.

오답분석

① **『발해고』:** 남북국이라는 용어를 처음으로 사용한 서적은 유득공이 저술한 『발해고』이다.

② 『동명왕편』은 시간순으로 기록하는 편년체가 아닌 오언시체(하나의 구절이 다섯 글자로 된 장편 한시) 형식으로 작성된 영웅 서사시이다.

③ **『삼국유사』:** 불교사를 중심으로 민간 설화와 신라의 향가 14수를 수록한 서적은 일연이 저술한 『삼국유사』이다.

08 근대 영선사 난이도 하 ●○○

자료분석

통리기무아문 + 무기 제조법을 배워 오는 일과 관련 → (가) 영선사

정답설명

② 영선사는 근대 무기 제조법을 배우기 위해 김윤식을 중심으로 하여 청나라에 파견된 사절단이다. 이들은 청의 기기국에서 근대 무기 제조법과 군사 훈련법을 배우고 돌아와 우리나라 최초의 근대식 무기 제조창인 기기창을 설립하는 데 기여하였다.

오답분석

① **수신사:** 수신사는 강화도 조약 체결 이후에 일본으로 파견된 사절단으로, 처음에는 일본 사절 파견에 대한 답례로 파견되었으며 이후 통상 문제 협상, 정치적 사건 수습 등을 위해 파견되었다.

③ **보빙사:** 보빙사는 조·미 수호 통상 조약 체결 이후 진행된 미국 공사 파견에 대한 답례로 파견된 사절단이다.

④ **조사 시찰단:** 조사 시찰단은 일본의 정세를 파악하고 각종 산업 시설을 시찰하기 위해 비밀리에 파견된 사절단이다.

이것도 알면 합격

시찰단 파견

일본	· 수신사: 1차(1876), 2차(1880), 3차(1882) 파견, 강화도 조약 체결 이후 일본 문물의 시찰을 위해 파견 · 조사 시찰단(1881): 박정양·홍영식 등 파견, 일본의 산업 시찰
청	영선사(1881): 김윤식 등 파견, 톈진 기기국에서 무기 제조 기술과 군사 훈련법 습득, 귀국 후 기기창 설치(1883)
미국	보빙사(1883): 민영익·홍영식·유길준 등 파견

09 일제 강점기 2·8 독립 선언서 발표 이후의 사실 난이도 상 ●●●

자료분석

조선 청년 독립단 + 기필코 독립을 이룸 → 2·8 독립 선언서(1919. 2.)

정답설명

④ 일제가 경기도 수원(지금의 화성시) 제암리의 주민들을 무차별적으로 학살한 것은 2·8 독립 선언서 발표 이후인 1919년 4월의 사실이다. 일제는 3·1 운동 때 만세 운동이 일어난 제암리에 와서 주민들을 감금하고 불을 질러 무차별하게 학살하였다(제암리 학살 사건).

오답분석

모두 2·8 독립 선언서 발표 이전의 사실이다.

① 박용만이 하와이에서 독립군을 양성하기 위해 대조선 국민 군단을 창설한 것은 1914년의 사실이다.

② 연해주 블라디보스토크에서 이상설과 이동휘를 정·부통령으로 한 대한 광복군 정부가 수립된 것은 1914년의 사실이다.

③ 신규식, 박은식, 신채호, 조소앙 등 14명의 지식인들이 공화주의를 표방하며 임시 정부 수립의 필요성을 제기한 대동 단결 선언을 발표한 것은 1917년의 사실이다.

10 현대 5·18 민주화 운동 난이도 중 ●●○

자료분석

껍데기 과도 정부와 계엄 당국 + 전세계 이목이 광주에 집중함 → 5·18 민주화 운동

정답설명

④ 5·18 민주화 운동의 발발과 진압, 이후의 진상 규명 및 가해자의 처벌 등과 관련된 각종 문서, 사진, 영상 등은 2011년에 유네스코 세계 기록유산으로 등재되었다.

오답분석

① **6월 민주 항쟁:** 호헌 철폐와 독재 타도를 주장한 민주화 운동은 6월 민주 항쟁이다. 전두환 대통령이 간선제를 유지하겠다는 4·13 호헌 조치를 발표하자 시민과 학생들은 호헌 철폐와 독재 타도, 민주 헌법 쟁취 등을 구호로 시위를 전개하였다.

② **6월 민주 항쟁:** 1987년에 학생 운동을 전개하던 서울대 학생 박종철이 경찰 조사를 받던 중 고문과 폭행으로 사망하였다. 전두환 정부는 조직적으로 이 사건을 은폐하려 하였으나 결국 사건의 진상이 폭로되었으며, 이는 6월 민주 항쟁이 일어나게 되는 배경이 되었다.

③ **부·마 민주 항쟁:** 신민당 총재인 김영삼의 국회의원직 제명으로 촉발된 민주화 운동은 부·마 민주 항쟁이다. YH 무역 사건을 계기로 신민당 총재 김영삼이 국회에서 제명되자 이에 대한 반발로 부·마 민주 항쟁이 일어났으며, 이는 유신 체제가 붕괴되는 결정적인 계기가 되었다.

18일 하프모의고사 18 정답 및 해설

정답 한눈에 보기

01	③	02	②	03	②	04	④	05	②
06	②	07	③	08	③	09	②	10	①

01 고려 시대 태조 왕건의 업적 난이도 하 ●○○

자료분석

공산에서 견훤을 맞아 싸움 + 신숭겸이 전사함 → 공산 전투 → 태조 왕건

정답설명

③ 태조 왕건은 빈민 구제를 위한 기구로 흑창을 설치하였다. 흑창은 춘궁기에 곡식을 나눠 주고 추수 후에 갚게 했던 빈민 구휼 기관이었다.

오답분석

① **고려 광종:** 백관의 공복을 제정하여 통치 질서를 확립한 왕은 고려 광종이다.

② **고려 성종:** 개성에 교육 기관인 국자감을 설치한 왕은 고려 성종이다.

④ **고려 정종(3대):** 거란의 침략에 대비하기 위해 광군을 조직하고, 그 지휘부로 광군사를 설치한 왕은 고려 정종(3대)이다.

이것도 알면 합격

태조 왕건의 업적

정치	· 호족 통합책: 혼인 정책, 사성 정책, 본관제 · 호족 견제책: 기인 제도, 사심관 제도 · 북진 정책: 서경(평양) 중시, 영토 확장(청천강~영흥만) · 통치 이념 정리: 『정계』, 『계백료서』 저술, 훈요 10조 반포
경제·사회	· 역분전 지급, 세율을 1/10로 경감(취민유도) · 흑창(구휼 기관) 설치

02 고대 원효 난이도 중 ●●○

자료분석

스스로 소성 거사라 부름 + 무애(가) → 원효

정답설명

② 원효는 『십문화쟁론』을 저술하여 종파 간의 사상적 대립을 조화시키고자 하였다.

오답분석

① **요세(고려):** 백련 결사를 제창한 인물은 요세이다. 요세는 강진의 만덕사(백련사)에서 자신의 행동을 진정으로 참회하는 법화 신앙에 중점을 둔 백련 결사를 제창하였다.

③ **원광(신라):** 수나라에 군사를 청하는 걸사표를 작성한 인물은 원광이다.

④ **자장(신라):** 선덕 여왕에게 황룡사 9층 목탑의 건립을 건의한 인물은 자장이다.

이것도 알면 합격

원효

불교 이해 기준 확립	여러 불교 서적에 대한 폭넓은 이해를 바탕으로 『대승기신론소』, 『금강삼매경론』 등 저술
종파 융합에 기여	종파 간의 사상적 대립을 해소하기 위해 『십문화쟁론』 저술
불교 대중화에 기여	나무아미타불만 염불하면 누구나 극락왕생할 수 있다는 아미타 신앙 전파
법성종 개창	교종의 하나인 법성종 창시

03 고대 선덕 여왕 재위 시기의 사실 난이도 중 ●●○

자료분석

당 태종이 세 가지 색으로 그린 모란과 그 씨앗을 보냄 → 지기삼사 설화 → 선덕 여왕

정답설명

② 선덕 여왕 때는 인평(仁平)이라는 독자적인 연호를 사용하였다.

오답분석

① **경덕왕:** 귀족층의 반발로 녹읍을 부활시킨 것은 경덕왕 때이다.

③ **경덕왕:** 관직과 주현의 이름을 중국식 한자로 바꾼 것은 경덕왕 때이다.

④ **진성 여왕:** 각간 위홍과 승려 대구화상이 향가를 수집하여 『삼대목』을 편찬한 것은 진성 여왕 때이다.

이것도 알면 합격

선덕 여왕 재위 시기의 사실

· 영묘사, 분황사 창건
· 자장의 건의로 황룡사 9층 목탑 건립
· 현존하는 동양 최고(最古)의 천문대인 첨성대 축조
· 비담·염종의 난 → 진덕 여왕 즉위 후 김춘추, 김유신 등이 진압

04 시대 통합 유네스코 세계 기록유산 난이도 하 ●○○

정답설명

④ 『의궤』(2007), 『난중일기』(2013), 산림녹화 기록물(2025)은 모두 유네스코 세계 기록유산에 등재되었다.

오답분석

① 『조선왕조실록』(1997)과 『제주 4·3 사건 기록물』(2025)은 유네스코 세계 기록유산이 맞으나, 『비변사등록』은 유네스코 세계 기록유산으로 등재되지 않았다.

② 『동의보감』(2009)과 4·19 혁명 기록물(2023)은 유네스코 세계 기록유산이 맞으나, 『삼국사기』는 유네스코 세계 기록유산으로 등재되지 않았다.

③ 『일성록』(2011)과 국채 보상 운동 기록물(2017)은 유네스코 세계 기록유산이 맞으나, 『열하일기』는 유네스코 세계 기록유산으로 등재되지 않았다.

이것도 알면 합격

유네스코 세계 기록유산

『조선왕조실록』(1997), 『훈민정음(해례본)』(1997), 『직지심체요절』(2001), 『승정원일기』(2001), 『고려대장경판 및 제경판』(2007), 『의궤』(2007), 『동의보감』(2009), 5·18 민주화 운동 기록물(2011), 『일성록』(2011), 『난중일기』(2013), 새마을 운동 기록물(2013), 한국의 유교 책판(2015), '이산가족을 찾습니다' 기록물(2015), 조선 왕실 어보와 어책(2017), 국채 보상 운동 기록물(2017), 조선 통신사 기록물(2017), 4·19 혁명 기록물(2023), 동학 농민 운동 기록물(2023), 제주 4·3 사건 기록물(2025), 산림녹화기록물(2025)

05 조선 전기 임진왜란 난이도 중 ●●○

자료분석

『징비록』 + 임금(선조)께서 수도를 떠나 피란함 → ㉠ 임진왜란

정답설명

② 임진왜란은 1592년부터 1598년까지 2차례에 걸쳐 조선에 침입한 일본과의 전쟁으로, 1차 침입은 임진년에 일어나 임진왜란이라 부르며, 2차 침입은 정유년에 일어나 정유재란이라 부른다.

오답분석

① **정묘호란:** 정묘호란은 후금이 광해군을 위하여 보복한다는 명분으로 조선에 쳐들어와 황해도 평산까지 침입한 사건이다.

③ **을묘왜변:** 을묘왜변은 삼포왜란 이후 조선 정부가 왜에 대한 무역 통제를 강화하자, 명종 때 이에 반발한 왜인들이 전라도 남쪽 해안을 침략한 사건이다.

④ **이괄의 난:** 이괄의 난은 인조반정에 공을 세운 이괄이 논공행상에 불만을 품고 일으킨 난이다.

06 고려 시대 경정 전시과 난이도 중 ●●○

자료분석

문종+ 양반 전시과를 다시 고침 → 경정 전시과

정답설명

② 경정 전시과에서는 이전까지 18과에 속하지 못하고 토지를 받던 관리를 모두 과내로 포함시키면서 한외과가 소멸되었다.

오답분석

① 경정 전시과에서는 토지의 소유권이 아닌 수조권을 지급하였다.

③ 문종 때의 경정 전시과 체제 하에서는 현직 관료에게 관직을 기준으로 토지를 지급하였으며 인품은 반영되지 않았다.

④ **역분전:** 고려 건국 과정에서 공을 세운 공신 및 군인에게 충성도와 공로에 따라 토지를 지급한 것은 태조 때 실시한 역분전이다.

이것도 알면 합격

전시과 제도의 변천

제도	지급 대상	특징
시정 전시과(경종)	전·현직 관리	· 관품과 인품 반영 · 4색 공복 + 문·무반·잡업으로 나누어 지급
개정 전시과(목종)	전·현직 관리	· 인품을 배제하고 관직만 고려 · 현직자 우대, 한외과 설치, 토지 지급량 축소
경정 전시과(문종)	현직 관리	· 산직 배제, 공음전, 한인전, 구분전 정비 · 무관 차별 완화, 별정 전시과 정비, 한외과 폐지

07 조선 후기 홍대용 난이도 중 ●●○

자료분석

땅덩이는 하루 동안에 한 바퀴를 돎 → 지전설 → 홍대용

정답설명

③ 홍대용은 『임하경륜』에서 성인 남성에게 2결의 토지를 나누어 주자는 균전제를 주장하였다.

오답분석

① **이익:** 『곽우록』에서 화폐 유통으로 농민의 파산이 가속화되고 풍속이 각박해졌으므로 화폐 유통을 금지해야 한다는 폐전론을 주장한 인물은 이익이다.

② **박지원:** 「양반전」, 「호질」 등의 소설을 통해 놀고먹는 양반 계급의 허위 의식과 부정부패를 비판한 인물은 박지원이다.

④ **유형원:** 『반계수록』에서 신분에 따라 차등을 두어 토지를 재분배하자는 균전론을 주장한 인물은 유형원이다.

08 근대 신미양요 이후의 사실 난이도 중 ●●○

자료분석

조선군은 근대적인 무기를 보유하지 못함 + 미군에 대항하여 용감히 싸움 → 신미양요(1871)

정답설명

③ 일본 군함 운요호가 강화도 초지진을 공격한 것은 1875년으로, 신미양요 이후의 사실이다. 일본은 조선의 문호를 개방하기 위해 군함 운요호를 보내 강화도 초지진에 함포 공격을 가하였고, 일본군은 영종도에 상륙하여 관아와 민가를 노략질하였다.

오답분석

모두 신미양요 이전의 사실이다.

① 미국의 상선인 제너럴셔먼호가 대동강을 거슬러와 통상을 요구하였으나 거부당하자, 관리를 살해하고 평양 주민을 약탈하였다(1866).

② 독일의 상인인 오페르트가 조선에 통상을 요구하였다가 거절당하자, 흥선 대원군의 부친인 남연군의 묘를 도굴하여 유해와 부장품을 미끼로 조선에 통상을 요구하려고 하였으나 실패하였다(1868).

④ 조선 정부가 천주교 탄압을 위해 9명의 프랑스 선교사와 수천 명의 신도들을 처형하였다(병인박해, 1866).

09 일제 강점기 민족 말살 통치 시기의 사실 난이도 하 ●○○

자료분석

내선일체라는 국시 + 충량한 황국 신민으로 만듦 → 민족 말살 통치 시기(1931~1945)

정답설명

② 민족 말살 통치 시기에 일제는 군량을 마련하기 위해 조선 미곡 배급 조정령(1939)을 공포하였고, 식량 배급제를 실시하여 식량을 통제하였다.

오답분석

① **무단 통치 시기:** 회사령을 제정(1910)한 것은 무단 통치 시기이다. 무단 통치 시기에 일제는 민족 기업의 성장을 억압하기 위해 회사령을 제정하였고, 조선인은 회사 설립 시 총독부의 허가를 받도록 하였다.

③ **문화 통치 시기:** 치안 유지법을 제정(1925)한 것은 문화 통치 시기이다. 문화 통치 시기에 일제는 치안 유지법을 제정하여 식민 체제를 부인하는 반정부·반체제 사상이나 사회주의 단체의 조직과 활동을 탄압하였다.

④ **문화 통치 시기:** 산미 증식 계획을 수립(1920)한 것은 문화 통치 시기이다. 문화 통치 시기에 일제는 일본 본국의 식량 부족 문제를 해결하기 위해 미곡 증산을 표방한 산미 증식 계획을 수립하였다.

10 현대 여운형 난이도 중 ●●○

자료분석

엔도를 만나 다섯 가지 요구 사항을 제시 → (가) 여운형

정답설명

① 여운형은 중도 좌파 세력을 중심으로 조선 인민당을 창당하였다. 조선 인민당은 진보적 민주주의를 표방하면서 좌·우 합작을 추진하였다.

오답분석

② **안재홍:** 미 군정의 민정 장관을 역임한 인물은 안재홍이다.

③ **김규식:** 남조선 과도 입법 의원 의장을 역임한 인물은 김규식이다.

④ 여운형은 1947년에 암살되어 1948년 평양에서 열린 남북 지도자 회의(남북 협상)에 참석하지 못하였다.

이것도 알면 합격

여운형

1918년	신한청년당 조직
1919년	대한민국 임시 정부 수립에 가담 → 임시 의정원 의원 역임
1944년	조선 건국 동맹 조직 → 조선 건국 준비 위원회로 개편(1945)
1945년	조선 건국 준비 위원회 결성 → 조선 인민 공화국 선포
1946년	김규식과 좌·우 합작 위원회 조직

19일 하프모의고사 19 정답 및 해설

정답 한눈에 보기

01	②	02	④	03	④	04	②	05	④
06	③	07	②	08	②	09	②	10	④

01 선사 시대 고구려 난이도 중 ●●○

자료분석

대가는 모두 고추가로 불림 + 모든 대가들은 사자·조의·선인을 둠 → (가) 고구려

정답설명

② 고구려는 10월에 동맹이라는 제천 행사를 성대하게 열었으며, 이 때 왕과 신하들은 동쪽에 있는 큰 동굴인 국동대혈에 모여 제사를 지냈다.

오답분석

① **부여:** 사출도라는 행정 구역이 있었던 국가는 부여이다. 부여는 왕 아래에 마가, 우가, 구가, 저가라는 가(加)들이 있었고, 이들은 저마다 별도의 행정 구역인 사출도를 다스렸다.

③ **변한:** 철이 많이 생산되어 왜와 낙랑에 수출한 국가는 삼한 중 변한이다.

④ **동예·옥저:** 읍락의 우두머리들이 스스로 '삼로(三老)'라고 불렀던 국가는 동예와 옥저이다. 동예와 옥저는 후·읍군·삼로라고 불리는 군장이 피지배층인 하호를 통치하는 군장 국가였다.

02 고려 시대 고려 후기의 문화 동향 난이도 중 ●●○

정답설명

④ 지역 특색이 반영된 논산 관촉사 석조 미륵보살 입상 등의 대형 석불이 만들어진 것은 고려 전기의 일이다.

오답분석

① 고려 후기에는 안향에 의해 처음으로 성리학이 국내로 소개되었으며, 이색, 정몽주, 정도전, 권근 등의 유학자들에 의해 확산되었다.

② 고려 후기에는 민간에 구전되는 이야기를 한문으로 기록한 이규보의 『백운소설』, 이제현의 『역옹패설』과 같은 패관 문학이 유행하였다.

③ 고려 후기에는 대리석을 재료로 한 경천사지 10층 석탑이 제작되었다. 이 탑은 원나라 석탑의 영향을 받았으며, 화려한 조각이 새겨져 있는 것이 특징이다.

03 조선 전기 서인과 동인 난이도 중 ●●○

자료분석

(가) 심의겸을 지지하는 기성 사림 → 서인

(나) 김효원을 지지하는 신진 사림 → 동인

정답설명

④ 동인은 정철의 처벌 문제를 두고 강경파인 북인과 온건파인 남인으로 분열하였다. 서인인 정철이 건저의 문제(세자 책봉 문제)로 선조의 미움을 받아 탄핵되자 동인은 정철의 처벌 수위를 둘러싸고 의견이 나뉘어 분열하였다.

오답분석

① **동인:** 정여립 모반 사건에 연루되어 많은 피해를 입은 것은 동인이다. 정여립 모반 사건은 정여립이 급진적인 일부 동인과 연결하여 역성 혁명을 준비하였다는 혐의로 처형되고, 이에 연루된 동인들이 대거 제거된 사건이다.

② **북인:** 광해군 재위 시기에 정권을 장악한 것은 북인이다. 북인은 임진왜란 당시 의병장을 많이 배출하였으며, 이후 선조가 사망하고 광해군이 즉위하자 정국을 주도하였다.

③ **서인:** 이이와 성혼의 학맥을 계승한 것은 서인이다. 동인은 대체로 이황과 조식의 학맥을 계승하였다.

이것도 알면 합격

동인과 서인

구분	동인	서인
출신 배경	신진 사림(김효원 지지)	기성 사림(심의겸 지지)
정치 개혁	척신 정치 개혁에 적극적	척신 정치 개혁에 소극적
학문 계승	이황, 조식, 서경덕	이이, 성혼
학파	영남 학파	기호 학파

04 시대 통합 시대별 지방 행정 제도 난이도 하 ●○○

정답설명

② 시대순으로 바르게 나열하면 ㉠ 5부(고구려) → ㉢ 9주 5소경(통일 신라) → ㉡ 5도 양계와 4도호부 8목(고려) → ㉣ 8도(조선)가 된다.

㉠ **5부(고구려):** 고구려는 수도와 지방을 각각 5부로 나누었으며, 지방의 5부에는 지방관인 욕살을 파견하였다.

㉢ **9주 5소경(통일 신라):** 통일 신라는 신문왕 때 전국을 9주로 나누고, 주요 거점에 5소경을 설치하여 수도의 지역적 편향성을 보완하였다.

ⓒ **5도 양계와 4도호부 8목(고려):** 고려는 현종 때 전국을 5도와 양계로 이원화하고, 주요 지점에 4도호부와 8목을 두었다.

ⓓ **8도(조선):** 조선은 전국을 8도로 나누고 관찰사를 파견하였으며, 그 아래 부·목·군·현을 설치하여 부사, 목사, 군수, 현령 등의 지방관을 파견하였다.

05 고대 의상 난이도 중 ●●○

자료분석

『화엄일승법계도』를 저술함 → (가) 의상

정답설명

④ 의상은 당에서 유학 생활을 하며 지엄에게 화엄학을 배웠으며, 이후 귀국하여 부석사, 낙산사 등을 창건하였다.

오답분석

① **원효:** 『화엄경』의 내용을 쉽게 이해할 수 있도록 무애가를 지어 백성들을 교화하는 등 불교의 대중화에 기여한 인물은 원효이다.

② **원광:** 세속오계를 제시하고 호국 불교의 전통을 세운 인물은 원광이다. 원광은 화랑이 지켜야 할 규율인 세속오계(사군이충, 사친이효, 교우이신, 임전무퇴, 살생유택)를 제시하고, 부처의 힘으로 인해 나라가 평안해질 수 있다는 호국 불교의 전통을 세웠다.

③ **원측:** 당에 유학하여 유식론을 독자적으로 발전시킨 인물은 원측이다. 원측은 당의 현장으로부터 유식학을 배우고, 독자적인 유식론을 발전시켜 중국 서명사에서 서명 학파를 형성하였다.

이것도 알면 합격

의상

화엄 사상의 정립	· 모든 존재가 상호 의존적이면서 서로 조화를 이루고 있다는 화엄 사상 정립(『화엄일승법계도』) · '일즉다 다즉일'의 원융 사상은 전제 왕권 중심의 중앙 집권적 통치 체제를 뒷받침함
관음 신앙 전파	질병이나 재해 등 인간의 현실적 고뇌를 해결해 주는 관(세)음보살을 신봉하는 관음 신앙 전파

06 일제 강점기 대한민국 임시 정부 난이도 중 ●●○

자료분석

명칭은 독립 공채라 함 + 대한민국이 독립한 후 상환함 → 독립 공채 조례 → 대한민국 임시 정부

정답설명

③ 대한민국 임시 정부는 비밀 행정 조직인 연통제를 두었고, 국내와 연락하기 위해 비밀 연락망인 교통국을 운영하였다.

오답분석

① **조선 혁명당:** 산하 부대로 조선 혁명군을 창설한 단체는 조선 혁명당이다. 한편, 대한민국 임시 정부는 1940년에 충칭으로 이동한 뒤 산하 부대로 한국광복군을 창설하였다.

② **신민회:** 서간도의 삼원보에 신흥 강습소를 설립하여 독립군을 양성한 단체는 신민회이다.

④ **흥사단:** 안창호가 미국 샌프란시스코에서 동포들을 모아 조직한 단체는 흥사단이다.

이것도 알면 합격

통합된 임시 정부(1919. 9.)

· 상하이 임시 정부 명칭 및 정부의 위치 + 한성 정부의 법통 + 대한 국민 의회의 헌법
· 우리나라 최초의 3권 분립에 입각한 민주 공화정: 임시 의정원(입법), 국무원(행정), 법원(사법)
· 대통령 중심제에 의원 내각제를 절충: 대통령 이승만, 국무총리 이동휘

07 고려 시대 고려 시대의 가족 제도 난이도 하 ●○○

자료분석

안찰부사 + 재산을 반으로 나누어 남매에게 줌 → 고려 시대

정답설명

② 고려 시대에는 아들이 없는 경우에 딸이 부모의 제사를 지냈다. 또한, 윤회 봉사라 하여 자녀들이 제사를 돌아가면서 지냈으며, 상복에서도 처가와 외가의 차이를 두지 않았다.

오답분석

① 고려 시대에는 여성의 재가가 가능하였고, 재가녀의 자식에 대한 사회적 차별도 거의 없었다.

③ **조선 후기:** 같은 성씨를 가진 아이를 양자로 들이는 것이 일반화된 시기는 조선 후기이다.

④ **조선 후기:** 결혼 후에 여자가 바로 남자 집에서 생활하는 친영 제도가 널리 시행된 것은 조선 후기이다.

08 일제 강점기 대한 광복회 난이도 중 ●●○

자료분석

부호들에게 국권 회복 운동 자금을 제공하라는 통고문을 보냄 + 박상진 → (가) 대한 광복회

정답설명

② 대한 광복회는 박상진, 채기중 등이 조직한 무장 독립 단체로, 공화정체의 국민 국가 수립을 목표로 삼았다.

오답분석

① **조선 국권 회복단:** 이시영 등이 시회(詩會)를 가장하여 조직한 비밀 단체는 조선 국권 회복단이다. 조선 국권 회복단은 3·1 운동에 적극 참여하고, 임시 정부에 군자금을 송금하였으며, 파리 강화 회의에 제출할 독립 청원서를 작성하는 데에도 참여하였다.

③ **독립 협회:** 중추원 개편을 통한 의회 설립을 추진한 단체는 독립 협회이다. 독립 협회는 관민 공동회를 개최하고 헌의 6조를 채택하여 고종의 재가를 받았으며, 이에 따라 의회 설립의 내용을 담은 중추원 관제를 발표하였다.

④ **신민회:** 일제가 조작한 105인 사건으로 인해 와해된 단체는 신민회이다. 신민회는 일제가 데라우치 총독 암살 미수 사건을 조작하여 신민회 회원과 민족 운동가들을 체포하고 105인에게 유죄 판결을 내린 105인 사건으로 와해되었다.

이것도 알면 합격

1910년대 국내의 주요 비밀 결사 단체

독립 의군부 (1912~1914)	· 조직: 임병찬이 고종의 밀명을 받아 의병과 유생을 규합하여 조직, 의병 전쟁을 목표로 활동 · 성향: 복벽주의(왕정 복고 → 고종 복위 주장) · 활동: 조선 총독부와 일본 정부에 국권 반환 요구서 전송 시도 및 전국적인 의병 봉기를 계획
대한 광복회 (1915~1918)	· 조직: 풍기 광복단(대한 광복단)과 조선 국권 회복단 회원 중심으로 박상진 등이 주도하여 군대식으로 조직 · 성격: 공화 정치 체제 지향 · 활동: 군자금 모금과 친일파 색출 및 처단, 만주에 무관 학교와 독립운동 기지 설립 추진

09 근대 화폐 정리 사업 난이도 중 ●●○

자료분석

구 백동화 교환 + 1전 9리의 비율로 새로운 화폐로 교환함 → 화폐 정리 사업

정답설명

② 은본위제가 본격적으로 실시되는 배경이 된 것은 제1차 갑오개혁 때 발표된 신식 화폐 발행 장정이다. 화폐 정리 사업은 금본위제에 입각하여 추진되었다.

오답분석

① 화폐 정리 사업은 제1차 한·일 협약에 따라 대한 제국의 재정 고문으로 파견된 메가타에 의해 시행되었다.

③ 화폐 정리 사업으로 대한 제국의 백동화가 일본 제일은행권으로 교환됨으로써, 일본 제일은행이 대한 제국의 화폐 발행을 담당하는 중앙 은행의 역할을 하게 되었다.

④ 일본이 화폐 정리 사업에 필요한 자금을 대한 제국 정부에 차관으로 강제 제공하면서 대한 제국은 거액의 국채를 지게 되었다.

이것도 알면 합격

화폐 정리 사업

시행	재정 고문인 메가타가 주도
내용	구 백동화를 일본 제일은행권으로 교환, 이때 백동화에 등급을 매겨 차등 교환
결과	국내 중소 상공업자와 금융 기관이 크게 위축됨

10 현대 장면 내각 시기의 사실 난이도 상 ●●●

자료분석

소급 입법이 됨(4차 개헌) + 내각 책임제 → 장면 내각

정답설명

④ 장면 내각 시기에는 통일 논의가 활성화되어 진보적 인사들과 학생들을 중심으로 '중립화 통일론'과 '남북 협상론' 등이 제기되었다.

오답분석

① **이승만 정부:** 장준하를 발행인으로 하는 잡지 『사상계』가 창간된 것은 이승만 정부 시기의 사실이다.

② **5·16 군사 정부:** 화폐 개혁을 통해 화폐 단위가 '환'에서 '원'으로 바뀐 것은 5·16 군사 정부 시기의 사실이다.

③ **이승만 정부:** 정부에 비판적이던 경향신문이 폐간된 것은 이승만 정부 시기의 사실이다.

20일 하프모의고사 20 정답 및 해설

정답 한눈에 보기

01	③	02	①	03	②	04	④	05	②
06	④	07	②	08	③	09	②	10	④

01 고대 백제 성왕의 업적 난이도 중 ●●○

자료분석

신라가 신주를 설치 + 신라를 습격 + 적의 병사들에게 살해됨 → 관산성 전투 → 백제 성왕

정답설명

③ **백제 성왕은 중앙 관청을 왕실 사무를 맡는 내관 12부와 중앙 정무 기관인 외관 10부로 구성된 22부로 확대하였다.**

오답분석

① **근초고왕:** 『서기』를 편찬하게 한 왕은 근초고왕이다. 근초고왕은 강력한 왕권을 바탕으로 박사 고흥에게 역사서인 『서기』를 편찬하게 하였다.

② **문주왕:** 수도를 한성(서울)에서 웅진(공주)으로 옮긴 왕은 문주왕이다. 고구려의 침입으로 한성이 함락되고 개로왕이 죽자 뒤를 이어 즉위한 문주왕은 수도를 웅진(공주)으로 옮겼다.

④ **침류왕:** 중국 동진으로부터 불교를 수용하여 공인한 왕은 침류왕이다. 침류왕은 동진에서 온 인도 승려 마라난타를 통해 불교를 수용하고 공인하였다.

이것도 알면 합격

성왕의 정책

사비 천도	대외 진출에 유리한 사비(부여)로 천도하고, 국호를 남부여로 변경
체제 정비	· 중앙 관청을 22부로 정비 · 수도를 5부·지방을 5방으로 정비
불교 진흥	· 겸익을 등용하여 불교 진흥 · 노리사치계를 일본에 파견하여 불교 전파

02 조선 전기 세조 재위 시기의 사실 난이도 중 ●●○

자료분석

직전을 두려고 함 + 직에서 물러난 신하는 1결의 토지도 가질 수 없게 됨 → 직전법 → 세조

정답설명

① **세조 재위 시기에는 진관 체제를 실시하였다. 진관 체제는 지역 단위의 방어 체제로, 각 도에 한두 개의 병영을 두고, 병영 밑에 여러 개의 거진을 설치하여 거진의 수령이 그 지역의 군대를 통제하는 체제였다.**

오답분석

② **영조:** 이인좌의 난이 발생한 것은 영조 재위 시기의 사실이다. 영조 때에 소론 강경파와 남인 일부가 경종의 죽음에 영조가 관련되었음을 주장하며 이인좌를 중심으로 반란을 일으켰다.

③ **성종:** 『경국대전』을 완성한 것은 성종 재위 시기의 사실이다. 조선의 기본 법전인 『경국대전』은 세조 때 편찬이 시작되어 성종 때 완성되었다.

④ 세조 재위 시기에는 행정을 담당하는 6조가 모든 업무를 직접 왕에게 보고하는 6조 직계제를 실시하였다.

03 고대 고구려의 대외 항쟁 난이도 중 ●●○

정답설명

② **순서대로 바르게 나열하면 ㉠ 영양왕의 요서 지방 선제공격(598) → ㉢ 살수 대첩(612) → ㉣ 천리장성 축조 시작(631) → ㉡ 안시성 전투(645)가 된다.**

㉠ **영양왕의 요서 지방 선제공격:** 수나라가 동북쪽으로의 세력 확대를 꾀하자, 고구려 영양왕은 중국의 요서 지방을 선제공격하였다(598).

㉢ **살수 대첩:** 을지문덕이 이끄는 고구려의 군대가 살수에서 수나라 군대를 격파하였다(612).

㉣ **천리장성 축조 시작:** 고구려는 당나라의 침입에 대비하여 비사성에서 부여성까지 이어지는 천리장성을 축조하기 시작하였다(631). 이후 천리장성은 647년에 완성되었다.

㉡ **안시성 전투:** 안시성의 군·민이 당 태종이 이끄는 당나라 군대를 격퇴하였다(645).

이것도 알면 합격

고구려 대외 항쟁의 전개

고구려 영양왕의 요서 지방 선제공격(598) → 수 문제의 고구려 침입 → 수 양제의 고구려 침입 → 을지문덕이 살수에서 수나라 군대 격파(살수 대첩, 612) → 거듭된 전쟁으로 인한 국력 소모와 내란으로 수 멸망(618) → 당 건국 → 당의 침입에 대비하여 천리장성 축조 시작(631) → 연개소문이 정권 장악 이후 대당 강경책을 추진하여 당을 자극 → 당 태종의 고구려 침입 → 안시성에서 군·민이 당군 격파(안시성 전투, 645)

04 시대 통합 제주도 난이도 하 ●○○

자료분석

김통정은 패잔병을 거느리고 (가)(으)로 들어감 → (가) 제주도

정답설명

④ 제주도에는 원 간섭기 때 원이 제주도를 직접 관할하기 위한 기구로 탐라총관부를 설치하였고, 원나라로 보낼 말을 기르기 위해 목마장을 운영하였다.

오답분석

① **평양:** 김대중 정부 때 제1차 남북 정상 회담이 개최된 지역은 평양이다.

② **의주:** 조선 후기에 만상이 근거지로 삼아 활동한 지역은 의주이다.

③ **개성:** 한국 전쟁 당시에 유엔군과 공산군이 처음으로 휴전 회담을 개최한 지역은 개성이다.

05 고려 시대 충선왕 난이도 하 ●○○

자료분석

소금세를 궁원과 절, 권세가가 차지 + 국가의 재정이 부족 + 조사하여 혁파 → 소금 전매제 → 충선왕

정답설명

② 충선왕은 사림원을 설치하여 왕명 출납을 담당하게 하였고, 이곳에 신진 관료들을 등용하여 정치 개혁을 추진하였다.

오답분석

① **충렬왕:** 양현고의 부실을 보강하고자 섬학전을 설치한 왕은 충렬왕이다.

③ **충목왕:** 정치도감을 설치한 왕은 충목왕이다. 충목왕은 정치도감을 설치하여 권세가들이 불법으로 빼앗은 토지와 노비를 본 주인에게 환원하도록 하였으나, 권문세족의 극심한 반발 등으로 실패하였다.

④ **공민왕:** 원나라의 연호를 폐지한 왕은 공민왕이다.

이것도 알면 합격

충선왕

사림원 설치	사림원을 설치하여 왕명 출납을 담당하게 함
심양왕 즉위	조비 무고 사건으로 원에 압송되었다가 이후 원 무종(武宗)의 옹립에 기여하여 심양왕에 봉해짐
소금 전매제 실시	국가 수입 증대를 위해 의염창을 설치하고 소금 전매제(각염법) 실시
만권당 설치	왕위를 충숙왕에게 물려준 이후, 원의 연경(베이징)에 학문 연구소인 만권당 설치

06 일제 강점기 3·1 운동 난이도 중 ●●○

자료분석

파고다 공원 + 독립 만세 + 고종에게 조의를 표함 → 3·1 운동

정답설명

④ 3·1 운동은 민족 유일당 운동의 전개와 관련이 없다. 한편, 민족 유일당 운동이 전개되는 계기가 된 운동은 6·10 만세 운동이다. 6·10 만세 운동은 준비 과정에서 민족주의 계열인 천도교와 사회주의 계열의 단체가 연대함으로써, 이후 민족 유일당 운동이 전개되는 계기를 마련하였다.

오답분석

① 3·1 운동은 중국의 5·4 운동, 인도의 비폭력·불복종 운동 등 국외 약소 민족의 독립운동에 영향을 주었다.

② 3·1 운동으로 인해 독립운동의 구심체 역할을 수행할 단체의 필요성이 대두되어 상하이에서 대한민국 임시 정부가 수립되었다.

③ 3·1 운동으로 인해 일제는 기존의 무단 통치로는 한민족을 억압할 수 없다고 판단하여 문화 통치로 통치 방식을 전환하였다.

07 조선 후기 균역법 난이도 중 ●●○

자료분석

어린아이는 젖 밑에서 군정으로 편성됨(황구첨정) + 백골은 지하에서 징수 당함(백골징포) → 군역의 폐단 → 균역법

정답설명

② 양반에게도 군포를 부담하게 한 것은 고종 때 흥선 대원군이 실시한 호포법이다.

오답분석

① 균역법은 양인에게 부과된 군포의 액수를 1년에 2필에서 1필로 감면한 제도이다.

③ 균역법의 시행으로 군포 징수액이 반으로 감소하자 재정 보충책으로 지주(토지 소유자)에게 토지 1결당 미곡 2두의 결작미를 징수하였다.

④ 균역법은 균역청에서 담당하다가 이후 선혜청이 통합하여 관리하였다.

08 근대 강화도 조약 난이도 하 ●○○

정답설명

③ 강화도 조약에는 일본인 상인들에게 조선의 내지 통상권을 허용한다는 내용은 없다. 일본인 상인에 대한 내지 통상권이 허용된 것은 조·일 통상 장정 개정(1883) 이후부터이다.

오답분석

① 강화도 조약의 제10관에는 일본인 거주 지역 내에서는 치외 법권을 인정한다는 내용이 있다.
② 강화도 조약의 제1관에는 조선은 자주국으로 일본과 평등한 권리를 가진다는 내용이 있다.
④ 강화도 조약의 제7관에는 일본 항해자가 수시로 조선의 해안을 측량하는 것을 허락한다는 내용이 있다.

09 일제 강점기 한인 애국단 난이도 하 ●○○

자료분석

소속 대원인 이봉창 의사의 의거와 윤봉길 의사의 의거 → (가) 한인 애국단

정답설명

② 한인 애국단은 침체된 독립운동을 활성화하기 위해 상하이에서 김구의 주도로 조직되었다.

오답분석

① **의열단:** 조선 혁명 간부 학교를 설립한 단체는 의열단이다. 의열단을 조직한 김원봉은 중국 국민당의 북벌에 참가하였고, 이를 계기로 장제스의 지원을 받아 조선 혁명 간부 학교를 설립하였다.
③ **의열단:** 신채호가 작성한 「조선혁명선언」을 활동 지침으로 삼은 단체는 의열단이다.
④ **신간회:** 광주 학생 항일 운동에 조사단을 파견한 단체는 신간회이다. 신간회는 광주 학생 항일 운동에 진상 조사단을 파견하여 지원하고, 대규모의 민중 대회를 개최하려 하였으나 일제의 방해로 실패하였다.

이것도 알면 합격

한인 애국단

조직	김구가 침체된 독립운동을 활성화하기 위해 1931년에 상하이에서 조직
주요 활동	· 이봉창: 도쿄에서 일왕의 마차에 폭탄 투척 → 실패 · 윤봉길: 상하이 훙커우 공원에서 개최한 전승 축하식에 폭탄 투척 → 일본군 장성·고관들 살상
영향	윤봉길의 의거는 중국 국민당 정부가 대한민국 임시 정부를 지원하는 계기가 됨

10 현대 농지 개혁법 난이도 중 ●●○

자료분석

농지의 분배는 1가구당 총 경영 면적 3정보를 초과하지 못함 → 농지 개혁법

정답설명

④ 농지 개혁법에 따라 정부는 토지 매입의 대가로 지주에게 연평균 생산량의 1.5배를 5년간 분할 지급할 것을 담보하는 지가 증권을 발급하였다.

오답분석

① 농지 개혁법은 농지만을 대상으로 하였으며, 산림이나 임야는 포함되지 않았다.
② 농지 개혁법에 따라 농민들은 유상으로 토지를 매입하였다. 한편, 지주 소유의 토지를 몰수하여 농민에게 무상으로 분배한 것은 북한의 토지 개혁이다.
③ 농지 개혁법 시행 결과, 소작농의 수가 감소하고 자작농이 증가하여 농민 중심의 토지 제도가 확립되었고, 지주제가 점차 소멸되었다.

이것도 알면 합격

남한의 농지 개혁

배경	북한의 무상 몰수, 무상 분배 원칙의 토지 개혁에 자극받아 소작농의 토지 분배와 지주제 개혁에 대한 요구 고조
대상	농지에 한정(임야·산림 제외)
시행	1949년 6월에 농지 개혁법이 제정되었으나, 이후 개정되어 1950년부터 농지 개혁이 시행됨
특징	· 3정보 이상의 토지 소유 금지 · 유상 매수와 유상 분배의 원칙 적용 · 농지를 매각한 지주는 지가 증권을 교부 받음

21일 하프모의고사 21 정답 및 해설

정답 한눈에 보기

01	②	02	④	03	③	04	④	05	①
06	④	07	④	08	④	09	②	10	③

01 선사 시대 삼한 난이도 중 ●●○

자료분석

천군 + 소도 → 삼한

정답설명

② 삼한은 정치적 지배자 중 세력이 큰 자를 신지·견지라 하였고, 세력이 작은 자를 부례·읍차 등으로 불렀다.

오답분석

① **동예:** 다른 부족의 생활권을 함부로 침범하면 노비와 소, 말로 변상하게 하는 책화라는 풍습이 있었던 나라는 동예이다.

③ **부여:** 만주 지린시 일대를 중심으로 한 쑹화강 유역의 평야 지대에서 성장한 나라는 부여이다.

④ **부여, 고구려:** 도둑질한 자에게 훔친 물건 값의 12배를 변상하게 하는 1책 12법의 법률이 있었던 나라는 부여와 고구려이다.

이것도 알면 합격

삼한의 정치

연맹체 형성	· 78개의 소국 연맹체로 형성(한반도 남부 지방) · 마한의 소국 중 하나인 목지국의 지배자가 마한왕(진왕)으로 추대되어 삼한 연맹체를 주도
지배 세력	신지, 견지 등의 대군장과 부례, 읍차 등의 소군장이 있었음

02 고려 시대 삼별초 난이도 중 ●●○

자료분석

야별초 + 좌·우로 나눔(좌·우별초) + 신의군 → (가) 삼별초

정답설명

④ 양계 지방에서 국경 지역 방어를 맡았던 상비군은 삼별초가 아닌 주진군이다. 한편, 삼별초는 경찰 및 전투와 같은 공적인 임무를 수행하였으나 거의 최씨 가문의 사병으로 활동하였다.

오답분석

① 삼별초는 몽골에 대항하기 위하여 일본에 외교 문서를 보내 연합을 제의하는 등 외교 접촉을 시도하였다.

② 삼별초는 몽골과의 강화 체결과 개경 환도에 반발하여, 승화후 온을 왕으로 옹립하고 항몽 정권을 수립하였다.

③ 삼별초는 대몽 항쟁을 전개하며 근거지를 강화도에서 진도로 이동하였고, 진도의 용장성을 거점으로 삼아 주변의 섬과 해안 일대를 장악하였다.

이것도 알면 합격

삼별초의 대몽 항쟁(1270 ~ 1273)

강화도	배중손의 지휘, 왕족 승화후 온을 왕으로 삼고 정부 수립
진도	· 용장성에서 배중손의 지휘 아래 항전 · 일본에 국서를 보내 대몽 연합 전선 구축 제의
제주도	· 애월에서 김통정의 지휘 아래 항전 · 여·몽 연합군에 의해 진압됨

03 조선 전기 성종의 업적 난이도 하 ●○○

자료분석

존경각을 성균관에 세움 + 『동국여지승람』 → 성종

정답설명

③ 성종은 관리들이 농민으로부터 직접 조세를 거둘 때 과다하게 수취하는 일이 잦아지자, 국가가 농민으로부터 직접 조세를 거둔 후에 관리에게 나누어주는 관수 관급제를 시행하였다.

오답분석

① **세종:** 백성과 더불어 즐거움을 함께 나눈다는 뜻을 가진 「여민락」이라는 음악을 짓고, 소리의 장단과 높낮이를 표현할 수 있는 정간보를 창안한 왕은 세종이다.

② **세조:** 간경도감을 설치하여 불교 경전을 한글로 언해하거나 간행한 왕은 세조이다.

④ **중종:** 일본과 임신약조를 체결하여 세견선 25척, 세사미두 100석으로 무역 규모를 제한한 왕은 중종이다.

04 고대 원광 난이도 하 ●○○

자료분석

세속의 5계가 있음 → 원광

정답설명

④ **원광은 고구려가 여러 차례 영토를 침범해 오자 진평왕의 명으로 수나라에 군사를 청하는 글인 걸사표를 작성하였다.**

오답분석

① **의상:** 왕이 도성을 정비하려 하자 만류한 인물은 의상이다. 의상은 문무왕이 전쟁이 끝난 지 얼마 지나지 않았음에도 도성 정비를 위해 공사를 일으키려 하자 백성들을 위해 이를 만류하였다.

② **혜초:** 인도와 중앙 아시아 등을 순례하고 기행문인 『왕오천축국전』을 저술한 인물은 혜초이다.

③ **자장:** 선덕 여왕 때 대국통이 되어 모든 출가자의 규범과 계율을 주관한 인물은 자장이다.

05 고려 시대 최영 난이도 중 ●●○

자료분석

우왕과 요동을 공격할 것을 의논 → 최영

정답설명

① **최영은 고려 우왕 때 홍산 전투에서 왜구를 크게 격퇴하였다. 고려 말에는 원의 간섭으로 국방력이 약화되어 왜구의 침입이 심해졌으며, 이에 홍산 대첩, 황산 대첩 등에서 최영, 이성계 등이 왜구들을 격퇴하였다.**

오답분석

② **최충헌:** 교정별감이 되어 국정을 장악한 인물은 최충헌이다. 최충헌은 모든 국가 업무를 관장하는 최고 권력 기구로 교정도감을 설치하고, 교정도감의 장관인 교정별감의 자리에 올라 국정을 장악하였다.

③ **최무선:** 고려 우왕 때 화약 무기를 사용하여 진포 해전에서 승리한 인물은 최무선이다.

④ **이성계:** 압록강의 위화도에서 회군하여 최영을 제거하고 정권을 장악한 인물은 이성계이다.

06 고려 시대 고려 시대의 건축물 난이도 하 ●○○

정답설명

④ **내부가 하나로 통하는 통층 구조로 되어있는 구례 화엄사 각황전은 조선 후기에 건립된 불교 건축물이다.**

오답분석

① 황해도 사리원의 성불사 응진전은 고려 시대의 대표적인 다포 양식의 건축물이다. 다포 양식은 공포가 기둥 위뿐만 아니라 기둥 사이에도 짜여 있는 구조로, 고려 후기에 등장하여 조선 시대의 건축에 큰 영향을 주었다.

② 안동 봉정사 극락전은 우리나라에서 현존하는 가장 오래된 목조 건축물로, 주심포 양식으로 지어졌다.

③ 영주 부석사 무량수전은 고려 시대의 주요 건축물로, 주심포 양식과 배흘림 기둥, 팔작 지붕으로 구성되어 있다.

이것도 알면 합격

고려의 건축

주심포식 건물	안동 봉정사 극락전, 영주 부석사 무량수전, 예산 수덕사 대웅전
다포식 건물	황해도 사리원 성불사 응진전, 함경남도 안변 석왕사 응진전

07 조선 후기 훈련도감 난이도 중 ●●○

자료분석

조총 쏘는 법과 창·칼 쓰는 기술을 가르침 → ㉠ 훈련도감

정답설명

④ **훈련도감에 소속되어 있는 군인들은 일정한 급료를 받는 직업 군인으로, 상비군의 성격을 가지고 있었다.**

오답분석

① **금위영:** 훈련별대와 정초군을 합하여 조직한 것은 금위영이다. 금위영은 숙종 때 병조판서인 김석주의 건의로 훈련도감 소속의 별대(별동대)와 정초군을 합하여 조직하였으며, 국왕 호위 및 궁궐 수비를 담당하게 하였다.

② **어영청:** 효종 때 북벌 계획에 따라 조직이 정비된 것은 어영청이다. 효종은 즉위 이후 청나라를 정벌하자는 북벌 운동을 전개하여 인조 때 설치된 어영청의 화포병과 기병을 증원하는 등 조직을 정비하였다.

③ **잡색군:** 서리, 잡학인, 신량역천인, 노비 등이 소속되어 유사시에 전투에 동원된 것은 잡색군이다. 잡색군은 일종의 예비군으로, 평상시에는 생업에 종사하며 일정 기간 군사 훈련을 받고 유사시에 전투에 동원되었다.

08 일제 강점기 한국광복군 난이도 중 ●●○

자료분석

대한민국 임시 정부가 창설 + 연합군의 일원으로 항전 → (가) 한국광복군

정답설명

④ **한국광복군은 미국 전략 정보국(OSS)의 지원을 받아 국내 정진군을 편성하였으며, 국내 진공 작전을 준비하였다.**

오답분석

① **조선 혁명군:** 영릉가, 흥경성 전투 등에서 일본군을 물리친 부대는 조선 혁명군이다.

② **대한 독립 군단:** 러시아의 적군과 연합하고자 자유시(스보보드니)로 이동한 부대는 서일을 총재로 구성된 대한 독립 군단이다.

③ 한국광복군은 단독으로 일본에 선전 포고를 하였다. 한편, 조선 의용군은 한국광복군이 대일 선전 포고문을 발표(1941. 12.)한 이후인 1942년에 조직되었다.

이것도 알면 합격

한국광복군의 활동

대일 선전 포고	태평양 전쟁이 일어나자 일본에 선전 포고를 하고 연합군의 일원으로 참전
미얀마·인도 전선에 파견	영국군의 요청으로 미얀마와 인도 등의 전선에 파견되어 포로 심문, 선전 전단의 작성, 암호문 번역 등 담당
국내 진공 작전 계획	· 활동: 미군 전략 정보처(OSS)의 도움을 받아 국내 정진군을 편성하여 특수 훈련 실시 · 실행 직전에 일본의 무조건 항복으로 무산

09 현대 박정희 정부 시기의 사실 난이도 하 ●○○

자료분석

대한민국 헌법을 비방하는 일체의 행위를 금함 + 조치를 비방하는 자는 비상 군법 회의에서 처단 → 긴급조치 1호 → 박정희 정부

정답설명

② 박정희 정부 때는 경제 개발 자금을 마련하기 위해 미국의 권고에 따라 비밀리에 한·일 회담을 열고, 한·일 기본 조약을 체결하여 일본과의 국교를 정상화하였다.

오답분석

① **김대중 정부:** 외환 위기를 극복하기 위해 금 모으기 운동을 전개한 것은 김대중 정부 때의 사실이다.

③ **신군부:** 국가 보위 비상 대책 위원회가 설치된 것은 신군부 때의 사실이다. 국가 보위 비상 대책 위원회는 전두환 등의 신군부가 통치권을 확립하기 위하여 설치한 기관으로, 이후 국가 보위 입법 회의로 개편되었다.

④ **노태우 정부:** 소련과 중국 등 공산권 국가와 국교를 맺은 것은 노태우 정부 때의 사실이다. 노태우 정부는 북방 외교 정책을 적극적으로 추진하여 소련(1990), 중국(1992) 등 공산권 국가와 국교를 맺었다.

10 근대 제1차 갑오개혁의 내용 난이도 중 ●●○

자료분석

국내의 크고 작은 일을 전적으로 의논함 + 총재 1인은 총리대신이 겸임함 → 군국기무처 → 제1차 갑오개혁

정답설명

③ 제1차 갑오개혁 때는 경무청을 설치하여 근대식 경찰 제도를 도입하였다.

오답분석

① **제2차 갑오개혁:** 의정부를 폐지하고 내각제를 도입하였으며, 8아문을 7부로 개편한 것은 제2차 갑오개혁 때이다.

② **을미개혁:** 제1차 갑오개혁 때 사용하던 '개국' 기년을 폐지하고 '건양'이라는 연호를 제정하여 사용한 것은 을미개혁 때이다.

④ **제2차 갑오개혁:** 지방 행정 제도를 개편하여 8도제를 폐지하고, 전국을 23부 337군으로 재편한 것은 제2차 갑오개혁 때이다.

이것도 알면 합격

제1차 갑오개혁

정치	· 청의 연호를 버리고 '개국' 기년 사용 · 궁내부(왕실 담당)와 의정부(정부 담당)로 사무를 분리 · 6조를 8아문으로 개편, 과거제 폐지, 경무청 설치
경제	· 탁지아문으로 재정 일원화 · 은본위 화폐 제도 채택, 조세 금납제 시행, 도량형 통일
사회	· 공·사 노비 제도 폐지, 조혼 금지, 과부의 재가 허용 · 고문과 연좌법 폐지

22일 하프모의고사 22 정답 및 해설

■ 정답 한눈에 보기

01	②	02	④	03	③	04	④	05	③
06	②	07	③	08	④	09	③	10	③

01 고대 발해 문왕 재위 시기의 사실 난이도 하 ●○○

자료분석

수도를 중경에서 상경으로, 다시 동경으로 옮김 + '황상'이라는 칭호 사용 → 발해 문왕

정답설명

② 발해 문왕 재위 시기에는 '대흥', '보력' 등의 독자적인 연호를 사용하였다.

오답분석

① **대인선(제15대 왕):** 거란의 야율아보기의 침입으로 수도인 홀한성(상경성)이 포위된 것은 대인선 때이다. 홀한성 함락 이후 발해는 멸망하였다.

③ **대조영(고왕):** 당으로부터 발해 군왕으로 처음 책봉된 것은 대조영(고왕) 때이다. 당나라는 대조영을 발해 군왕으로 책봉하여 현실적인 지배 세력으로 인정하였으며, 이에 대조영은 국호를 진국에서 발해로 고쳤다. 한편, 발해 문왕 때는 당나라가 발해 왕을 발해 군왕에서 발해 국왕으로 승격하여 책봉하였다.

④ **선왕:** 대부분의 말갈족을 복속시키고 요동 지역으로 진출하여 넓은 영토를 확보한 것은 선왕 때이다.

이것도 알면 합격

발해 문왕의 업적

연호 사용	대흥, 보력의 연호 사용
체제 정비	당의 체제를 받아들여 3성 6부제 정비
천도	수도를 중경 현덕부 → 상경 용천부 → 동경 용원부로 옮김

02 고려 시대 고려 예종의 업적 난이도 중 ●●○

자료분석

복원관을 세움 → (가) 고려 예종

정답설명

④ 고려 예종은 국학(국자감)에 7재를 설치하여 관학을 부흥시키고자 하였다. 예종은 최충의 9재 학당을 모방하여 국학에 과거를 준비하기 위한 전문 강좌인 7재를 설치하였다.

오답분석

① **고려 광종:** 귀법사를 창건한 왕은 고려 광종이다. 광종은 귀법사를 창건하고, 화엄종 승려인 균여를 귀법사의 주지로 삼아 화엄종을 중심으로 교종의 여러 종파를 통합하는 등 불교를 정비하였다.

② **고려 숙종:** 주전도감을 설치한 왕은 고려 숙종이다. 숙종은 의천의 건의로 주전도감을 설치하고 해동통보, 삼한통보 등의 동전을 주조하게 하였으나, 널리 유통되지는 못하였다.

③ **고려 성종:** 향리 직제를 마련한 왕은 고려 성종이다. 성종은 지방의 중소 호족들을 호장과 부호장으로 편입하는 등 향리 직제를 마련하여 지방 세력을 통제하였다.

03 고대 고대 국가의 고분 난이도 중 ●●○

정답설명

③ 옳은 것을 모두 고르면 ㉡, ㉢이다.

㉡ 백제는 한성 시기에 계단식 돌무지무덤(석촌동 고분)을 만들었는데, 이 무덤은 고구려의 돌무지무덤(장군총)과 유사하여 백제 건국 주도 세력이 고구려와 같은 계통이라는 건국 이야기를 뒷받침한다.

㉢ 통일 신라는 무덤 주위에 둘레돌을 두르고 12지 신상을 조각하기도 하였으며, 대표적인 무덤으로는 김유신 묘가 있다.

오답분석

㉠ 돌무지덧널무덤은 통일 이전 신라의 대표적인 무덤 양식이다. 한편, 고구려는 초기에 돌무지무덤을 주로 만들었다.

㉣ 발해의 정혜 공주 묘는 고구려 양식을 계승하여 굴식 돌방무덤으로 만들어졌다. 한편, 당나라의 영향을 받아 벽돌 무덤으로 만들어진 것은 정효 공주 묘이다.

이것도 알면 합격

고대의 고분

고구려	· 돌무지무덤: 장군총 · 굴식 돌방무덤: 무용총, 강서 고분, 각저총, 쌍영총
백제	· 계단식 돌무지무덤: 석촌동 고분 · 벽돌무덤: 공주 송산리 6호분, 무령왕릉 · 굴식 돌방무덤: 공주 송산리 1~5호분, 부여 능산리 고분
신라	· 통일 이전: 돌무지덧널무덤(천마총, 호우총), 굴식 돌방무덤 · 통일 이후: 굴식 돌방무덤(김유신 묘, 성덕왕릉), 화장(문무왕릉)
발해	· 굴식 돌방무덤: 정혜 공주 묘(모줄임 천장) · 벽돌 무덤: 정효 공주 묘(평행 고임 천장)

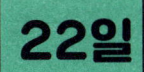

04 고려 시대 최충헌 난이도 상 ●●●

자료분석

진강후로 책봉 + 부를 세워 흥녕부로 함 → (가) 최충헌

정답설명

④ 최충헌은 국정을 총괄하는 최고 정치 기구로 교정도감을 설치하고, 교정도감의 장관인 교정별감이 되어 권력을 장악하였다.

오답분석

① **최우:** 사저에 서방을 설치한 인물은 최우이다. 최우는 사저에 문신들의 숙위 기구인 서방을 설치하였다.

② **경대승:** 도방을 처음으로 조직한 인물은 경대승이다. 경대승은 자신의 신변 보호를 위해 도방을 처음으로 조직하였다.

③ **정중부:** 이의방을 제거하고 권력을 장악한 인물은 정중부이다.

이것도 알면 합격

무신 정권 주요 집권자

집권자	주요 내용
정중부 (1170~1179)	· 이의방을 제거하고 권력 장악 · 중방을 중심으로 국정 운영
경대승 (1179~1183)	· 정중부를 제거하고 권력 장악 · 도방(사병 집단) 설치
이의민 (1183~1196)	천민 출신으로, 경대승이 병사한 후 정권 장악
최충헌 (1196~1219)	· 이의민을 제거하고 권력 장악 · 봉사 10조 제시, 교정도감 설치, 흥녕부 설치
최우 (1219~1249)	· 정방 설치, 서방 설치 · 몽골과의 장기 항쟁을 위해 강화도로 천도

05 조선 후기 조선 후기의 미술 난이도 하 ●○○

정답설명

③ 조선 후기에 파적도를 그린 인물은 김홍도가 아닌 김득신이다. 한편, 김홍도는 서민들의 삶을 해학적으로 표현한 무동, 씨름도 등을 그렸다.

오답분석

① 신윤복은 남녀 사이의 애정, 주로 양반과 부녀자의 생활과 유흥 등을 감각적이고 해학적인 필치로 묘사하였다.

② 조선 후기에는 중국 남종과 북종의 화법을 고루 수용하여 우리의 고유한 자연과 풍속을 사실적으로 표현한 진경 산수화가 유행하였다.

④ 강세황은 서양화의 수채화 기법을 동양화와 접목하고 원근법을 도입하는 등 서양화 기법을 반영하여 사물을 실감나게 표현하였다.

06 고대 지증왕 대의 사실 난이도 하 ●○○

자료분석

순장을 금함 + 실직주를 두어 이사부를 군주로 삼음 → 지증왕

정답설명

② 지증왕은 아라가야가 있던 곳으로 추정되는 아시촌에 최초의 소경을 설치하였다. 소경은 신라가 복속 지역의 통치를 위해 설치한 특수 행정 구역으로, 주로 정치·군사적 요충지에 설치되었다.

오답분석

① **법흥왕:** 울진 봉평 신라비를 세운 것은 법흥왕 때이다. 법흥왕 때 세워진 울진 봉평 신라비에는 신라 영토로 편입된 울진 지역 거벌모라의 남미지 주민들의 저항에 대한 처벌 내용이 새겨져 있다.

③ **소지 마립간:** 백제 동성왕과 결혼 동맹을 맺은 것은 소지 마립간 때이다. 백제와 신라는 결혼 동맹을 체결하여 나·제 동맹을 더욱 견고히 함으로써 고구려의 남하에 대항하였다.

④ **진흥왕:** 고구려 승려 혜량을 승통(국통)으로 삼은 것은 진흥왕 때이다.

07 근대 동학 농민 운동 난이도 중 ●●○

자료분석

최제우가 창시한 종교를 바탕으로 일어남 + 반봉건·반외세 투쟁을 전개함 → (가) 동학 농민 운동

정답설명

③ 동학 농민 운동 당시에 농민군은 자치 조직인 집강소를 설치하고, 당시 사회적·정치적 폐단을 바로잡기 위한 폐정 개혁을 추진하였다.

오답분석

① 단발령은 을미개혁 때인 1895년에 선포된 것으로, 동학 농민 운동이 종결된 이후에 시행되었다.

② **갑신정변:** 한성 조약이 체결되는 결과를 가져온 사건은 갑신정변이다. 한성 조약은 조선이 일본에 배상금을 지불하고, 일본 공사관 신축 비용을 조선이 부담한다는 내용을 담고 있다.

④ **임술 농민 봉기:** 경상 우병사 백낙신의 수탈에 반발하여 봉기를 일으킨 것은 임술 농민 봉기이다.

이것도 알면 합격

동학 농민 운동의 전개

고부 농민 봉기 → 안핵사 이용태 파견, 고부 봉기 관련자 탄압 → 무장 봉기 → 백산 집결, 창의문 및 4대 강령 발표 → 황토현 전투 → 황룡촌 전투 → 전주성 점령 → 청·일군 파병 → 전주 화약, 폐정 개혁안 12개조 건의, 집강소 설치 → 일본군 경복궁 점령, 청·일 전쟁 발발 → 동학 농민군의 재봉기 → 우금치 전투 → 농민군 패배, 전봉준 체포

08 근대 보빙사 난이도 하 ●○○

자료분석

민영익을 전권대신으로 임명 + 미국에 파견 → 보빙사

정답설명

④ **보빙사는 미국의 농장을 시찰하고 돌아온 후 고종에게 새로운 농업 기술을 도입하기 위한 모범 농장의 설치를 건의하였고, 정부는 이를 수용하여 농무 목축 시험장을 설치하였다.**

오답분석

① **영선사:** 정부의 재정 문제 등으로 조기 귀국한 것은 영선사이다. 영선사는 청의 근대식 무기 제조법과 군사 훈련법을 배우기 위해 톈진의 기기국에 파견된 사절단으로, 임오군란의 발발과 정부의 재정 문제 등으로 인하여 1년 만에 조기 귀국하였다.

② **수신사:** 『조선책략』을 들여와 국내에 소개한 것은 수신사이다. 제2차 수신사로 파견된 김홍집은 황쭌셴이 쓴 『조선책략』을 가지고 조선으로 돌아와 국내에 소개하였다.

③ 보빙사는 조·미 수호 통상 조약이 체결(1882)된 이후인 1883년에 파견되었다.

09 일제 강점기 형평 운동 난이도 중 ●●○

자료분석

계급을 타파하고 모욕적 칭호를 폐지할 것 → 형평 운동

정답설명

③ **형평 운동은 진주에서 조직된 조선 형평사의 주도로 전개되었으며, 백정의 사회적 차별 철폐를 요구하는 신분 해방 운동을 넘어 민족 해방 운동으로까지 발전하였다.**

오답분석

① 형평 운동은 통감부의 탄압이 아닌 조선 총독부의 탄압과 내부 이념 대립 등으로 중단되었다.

② 혜상공국의 혁파를 주장한 것은 갑신정변의 14개조 혁신 정강 중 제9조의 내용으로, 형평 운동과는 관련이 없다.

④ 신분 제도가 법적으로 폐지된 것은 제1차 갑오개혁(1894) 때로, 1920년대에 일어난 형평 운동 이전의 사실이다.

이것도 알면 합격

형평 운동

배경	갑오개혁 이후 신분제는 법적으로 철폐되었으나 백정에 대한 사회적 차별이 여전히 존재
단체	진주에서 이학찬을 중심으로 조선 형평사 창립(1923)
활동	사회적 차별 철폐를 요구하는 신분 해방 운동 전개
변질	일제의 탄압으로 인해 조선 형평사가 대동사로 개칭(1935)된 이후 친일 단체로 변질됨

10 현대 이승만 정부 시기의 경제 상황 난이도 중 ●●○

자료분석

미국은 육군, 해군, 공군을 한국의 영토 내와 그 부근에 배치할 수 있는 권리를 가짐 → 한·미 상호 방위 조약 → 이승만 정부

정답설명

③ **이승만 정부 시기에는 미국의 원조로 수입된 밀가루, 면화, 설탕의 원료를 바탕으로 제분, 면방직, 제당 공업 등의 삼백 산업이 발달하였다.**

오답분석

① **박정희 정부:** 제1차 경제 개발 5개년 계획을 추진하여 경공업과 사회 간접 자본 확충을 위한 비료·시멘트 등의 산업을 육성한 것은 박정희 정부 시기의 사실이다.

② **박정희 정부:** 건설업의 중동 진출로 제1차 석유 파동을 극복한 것은 박정희 정부 시기의 사실이다.

④ **미 군정기:** 신한 공사를 설치하여 동양 척식 주식회사의 재산과 일본인 소유의 귀속 재산을 민간인에게 불하한 것은 미 군정기의 사실이다.

이것도 알면 합격

시기별 경제 정책

1950년대	전후 복구 및 원조 경제, 소비재 산업 발달, 농지 개혁, 귀속 재산 불하
1960년대	제1·2차 경제 개발 5개년 계획(경공업 중심)
1970년대	제3·4차 경제 개발 5개년 계획(중화학 공업 육성), 제1·2차 석유 파동, 새마을 운동
1980년대	3저 호황, 국제 무역 수지 흑자 달성
1990년대	금융 실명제 실시, UR 협정 체결, OECD 가입, 외환 위기

23일 하프모의고사 23 정답 및 해설

정답 한눈에 보기

01	④	02	③	03	③	04	①	05	④
06	①	07	②	08	④	09	③	10	②

01 선사 시대 구석기 시대의 사회 모습 난이도 하 ●○○

정답설명

④ 후기 구석기 시대에는 슴베찌르개를 만들어 나무나 뼈에 꽂아서 창처럼 사용하였다.

오답분석

① **신석기 시대:** 처음으로 농경이 시작된 것은 신석기 시대이다. 신석기 시대에는 처음으로 농경과 목축을 시작하여 식량을 생산하였다.

② **신석기 시대:** 갈돌과 갈판 등의 간석기 도구를 사용한 것은 신석기 시대이다. 신석기 시대에는 갈돌과 갈판을 이용하여 열매나 씨앗의 껍질을 벗기거나 곡물의 가루를 만들었다.

③ **철기 시대:** 벼농사를 위하여 수리 시설을 축조한 것은 철기 시대이다.

02 고려 시대 권문세족 난이도 중 ●●○

자료분석

좋은 토지와 비옥한 땅을 모두 자기 소유로 만듦 + 높은 산과 큰 강을 토지의 경계로 삼음 + 『고려사』 → 권문세족

정답설명

③ 새로운 사상인 성리학을 수용하여 개혁을 주도하였던 것은 신진 사대부이다. 신진 사대부는 새로운 유교 사상인 성리학을 바탕으로 불교의 폐단을 지적하고, 토지 제도를 정비하는 등 개혁을 주도하였다.

오답분석

① 권문세족은 원 간섭기의 대표적인 지배 세력으로, 대체로 친원적인 성향이 강하였다.

② 권문세족은 과거보다는 음서를 통해 관직에 진출하여 신분을 세습하였으며, 첨의부, 밀직사 등의 고위 관직을 장악하였다.

④ 권문세족은 고려 후기의 최고 정무 기구인 도평의사사(도당)를 장악하여 권력을 독점하였다.

03 근대 독립 협회 난이도 중 ●●○

자료분석

백정 박성춘 + 관과 민이 합심한 연후에야 가능 → 관민 공동회 → (가) 독립 협회

정답설명

③ 독립 협회는 관민 공동회를 개최하고 중추원 관제를 발표하여 의회 설립을 추진하는 등 국민 참정권 운동을 전개하여 민중을 중심으로 근대적인 자주 독립 국가를 건설하고자 하였다.

오답분석

① **신민회:** 민중 계몽을 위해 평양, 서울에 태극 서관을 설립하여 각종 교재를 제공하거나 판매한 단체는 신민회이다.

② **대한민국 임시 정부:** 미국 워싱턴에 구미 위원부를 설치하여 외교 활동을 전개한 단체는 대한민국 임시 정부이다.

④ **조선 민립 대학 설립 기성회:** 일제의 식민지 차별 교육에 대항하여 우리 민족의 고등 교육을 위한 민립 대학 설립을 추진한 단체는 조선 민립 대학 설립 기성회이다.

이것도 알면 합격

독립 협회의 활동

민중 계몽 운동	독립신문 발간, 강연회와 토론회를 개최하여 민중 계몽
자주 국권 운동	만민 공동회를 개최하여 러시아의 내정 간섭과 이권 침탈 규탄
자유 민권 운동	언론·출판·집회·결사의 자유 요구, 국민 참정권 운동 전개

04 조선 전기 이황 난이도 중 ●●○

자료분석

성학에는 커다란 단서가 있음 + 그림을 만듦 → 『성학십도』 → 이황

정답설명

① 이황은 예안 향약을 만들었다. 이황은 향촌 사회를 안정시키고자 예안 향약을 만들었는데, 이황의 학풍을 계승한 영남 학파의 문인들에 의해 영남 지방(경상도)에서는 예안 향약을 표본으로 삼은 향약이 유행하였다.

오답분석

② **조식:** 서리망국론을 주장한 인물은 조식이다. 조식은 선조에게 올린 무진봉사에서 '서리망국론'을 주장하여 당시 서리의 폐단을 강력하게 비판하였다.

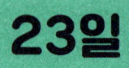

③ **이이**: 『동호문답』을 저술한 인물은 이이이다. 『동호문답』은 이이가 왕도 정치에 대한 경륜을 문답체로 서술하여 선조에게 올린 글이다.

④ **이이·성혼**: 기호 학파 형성에 영향을 준 인물은 이이와 성혼이다. 기호 학파는 이이와 성혼의 학풍을 계승한 조헌, 김장생 등을 중심으로 형성되었다.

이것도 알면 합격

퇴계 이황

- 주리론 주장, 동인에 영향을 줌
- 백운동 서원의 사액을 건의(소수 서원)
- 도산 서당에서 후학 양성, 예안 향약 실시
- 『주자서절요』, 『성학십도』, 『논사단칠정서』 등을 저술함
- 임진왜란 이후 일본 성리학 발전에 영향을 줌

05 고려 시대 혜심 난이도 중 ●●○

자료분석

유교와 도교의 종은 불법에서 흘러 나옴 + 방편은 다르지만 실제는 같은 것임 → 유·불 일치설→ 혜심

정답설명

④ 혜심은 수선사의 2대 교주로 유·불 일치설을 통해 심성의 도야를 강조하여 이후 성리학을 수용할 수 있는 사상적 토대를 마련하였다.

오답분석

① **각훈**: 왕명을 받아 『해동고승전』을 편찬한 인물은 각훈이다. 『해동고승전』은 각훈이 삼국 시대부터 고려 고종 때까지 고승들의 전기를 정리한 것으로, 현재는 삼국 시대의 고승 30여 명에 관한 기록만 남아있다.

② **지눌**: 대구 팔공산의 거조사에서 「권수정혜결사문」을 발표하고 정혜 결사를 결성한 인물은 지눌이다.

③ **균여**: 어려운 불경을 향가 형식으로 쉽게 풀어 쓴 『보현십원가』를 지어 불교의 대중화에 기여한 인물은 균여이다.

06 고대 고국원왕 사망과 고구려의 신라 구원 사이의 사실 난이도 상 ●●●

자료분석

고국원왕 사망(371) → (가) → 고구려의 신라 구원(400)

정답설명

① (가) 시기인 375년에 고구려의 소수림왕은 초문사를 창건하여 순도를 머물게 하고, 이불란사를 창건하여 아도를 머물게 하였다.

오답분석

② **(가) 이전**: 중국이 5호 16국 시대로 인해 혼란스러운 틈을 타 서안평을 점령한 것은 고구려 미천왕 때인 311년으로, (가) 시기 이전의 사실이다.

③ **(가) 이전**: 전연 모용황의 침입으로 환도성이 함락된 것은 고구려 고국원왕 때인 342년으로, (가) 시기 이전의 사실이다.

④ **(가) 이후**: 고구려가 남하 정책을 펼쳐 한성을 함락시키고 백제의 개로왕을 살해(475)한 뒤, 죽령 일대부터 남양만에 이르는 영토를 확보한 것은 고구려 장수왕 때로, (가) 시기 이후의 사실이다.

07 일제 강점기 신간회 난이도 중 ●●○

자료분석

민족주의적 세력에 대해서 부르주아 민주주의적 성질을 인식 + 과정적 동맹을 맺음 → 정우회 선언 → 신간회

정답설명

② 신간회는 정우회 선언을 계기로 비타협적 민족주의 계열과 사회주의 계열의 일부가 연대하여 창립한 단체로, 기회주의자 배격, 민족 대단결, 정치·경제적 각성을 촉구하였다.

오답분석

① 신간회는 일제 강점기 최대 규모의 합법적인 민족 운동 단체로, 비밀 결사 단체가 아니었다.

③ **한인 사회당**: 이동휘를 중심으로 설립된 한국 최초의 사회주의 단체는 한인 사회당이다. 이동휘는 러시아 볼셰비키 정권의 원조를 받아 러시아의 하바로프스크에서 사회주의 독립운동 단체인 한인 사회당을 결성하였다.

④ **신민회**: 오산 학교와 대성 학교 등을 설립하여 민족 교육을 추진한 단체는 신민회이다.

이것도 알면 합격

1920년대 민족 유일당 운동의 전개

6·10 만세 운동 (1926. 6.)	민족주의 계열과 사회주의 계열의 연대 가능성 발견
조선 민흥회 결성 (1926. 7.)	조선 물산 장려회와 서울 청년회 중심의 좌·우 합작 단체 결성
정우회 선언 (1926. 11.)	사회주의 계열이 비타협적 민족주의 계열과의 연대 주장
신간회 창립 (1927. 2.)	비타협적 민족주의 계열과 사회주의 계열의 통합

08 조선 후기 향전 난이도 하 ●○○

정답설명

④ 조선 후기에 구향은 결속력을 다지기 위해 전국에 많은 동족 마을을 형성하였고, 문중을 중심으로 서원과 사우를 세웠다.

오답분석

① 조선 후기에 일어난 향전은 수령과 향리의 권한이 강해지는 결과를 낳았다. 향전이 전개되면서 기존 재지 사족의 힘은 약화되었고, 새로 성장한 부농층이 수령을 포섭하면서 관권이 강화되었다.

② 조선 후기에 향전이 전개되자 정부는 이를 붕당 갈등의 일환으로 파악하고 향전을 억제하였다.

③ 부농층을 중심으로 한 신향은 관권과 결탁하여 향촌 사회에서 영향력을 확대하였으나, 향촌 사회를 완전히 장악하지는 못하였다.

09 현대 김영삼 정부 시기의 경제 상황 난이도 중 ●●○

자료분석

문민 민주 정부를 세움 → 김영삼 정부

정답설명

③ 김영삼 정부 때는 금융 개혁을 단행하여 고위 공직자의 재산 등록제와 금융 실명제를 실시하였다. 금융 실명제는 은행 예금이나 증권 투자 등의 금융 거래를 할 때에 실제 명의로 하여야 하며 가명이나 무기명 거래는 인정하지 않는 제도이다.

오답분석

① **노무현 정부:** 칠레와 자유 무역 협정(FTA)을 체결한 것은 노무현 정부 때이다.

② **박정희 정부:** 연간 수출 총액이 100억 달러를 돌파한 것은 박정희 정부 때이다. 박정희 정부 때는 1970년대에 '100억불 수출과 1000불 국민 소득'을 목표로 경제 성장 정책을 추진하였고, 1977년에 연간 수출 총액이 100억 달러를 돌파하였다.

④ **김대중 정부:** 기업 구조 조정과 벤처 기업 육성 등으로 외환 위기를 극복한 것은 김대중 정부 때이다.

10 일제 강점기 김구 난이도 중 ●●○

자료분석

나의 부하가 일왕에게 폭탄을 던짐 → 이봉창 의거(한인 애국단) → 김구

정답설명

② 김구는 대한민국 임시 정부의 초대 경무국장을 역임하였다. 경무국은 일제의 정탐 방지, 정찰 업무, 임시 정부 요인의 경호 등을 담당하던 기관으로, 김구는 상하이 임시 정부 내무부 산하에 신설된 경무국의 초대 경무국장을 맡았다.

오답분석

① **이승만:** 미국 대통령 윌슨에게 국제 연맹에 의한 위임 통치를 주장한 인물은 이승만이다. 이승만은 이를 계기로 대한민국 임시 정부의 대통령직에서 탄핵되었다.

③ **이동녕:** 대한민국 임시 의정원의 초대 의장을 맡은 인물은 이동녕이다.

④ **김규식:** 신한 청년당의 대표로 파리 강화 회의에 파견된 인물은 김규식이다.

이것도 알면 합격

일제 강점기 김구의 활동

- 1919년: 대한민국 임시 정부 초대 경무국장 역임
- 1926년: 대한민국 임시 정부 국무령 취임
- 1930년: 한국 독립당 창당
- 1931년: 한인 애국단 조직
- 1932년: 상해 대한 교민단 의경대장 역임
- 1940년: 대한민국 임시 정부 주석 취임

24일 하프모의고사 24 정답 및 해설

정답 한눈에 보기

01	④	02	②	03	②	04	④	05	②
06	③	07	②	08	③	09	③	10	④

01 고려 시대 공민왕의 업적 난이도 중 ●●○

자료분석

왕이 복주(안동)에 이름 + 홍건적을 물리치고 개경을 회복 → 공민왕

정답설명

④ 공민왕은 원의 내정 간섭 기구인 정동행성 이문소를 폐지하고, 친원 세력인 기철 등을 제거하는 등 반원 자주 정책을 실시하였다.

오답분석

① **공양왕:** 과전법을 시행한 왕은 공양왕이다. 과전법은 전·현직 관리에게 경기 지방에 한정하여 전지만 지급한 제도이다.

② **우왕:** 화통도감을 설치한 왕은 우왕이다. 우왕은 최무선의 건의를 받아들여 화약 및 화기의 제조를 담당하는 관청으로 화통도감을 설치하였다.

③ **공양왕:** 군을 통솔하는 기관인 삼군도총제부를 설치한 왕은 공양왕이다.

이것도 알면 합격

공민왕의 개혁 정치

반원 자주 정책	· 기철 등 친원 세력 제거, 정동행성 이문소 폐지 · 쌍성총관부 무력 수복 · 원의 연호와 풍습 폐지 · 2성 6부제로 관제 복구
왕권 강화 정책	· 정방 폐지(인사권 회복), 내재추제 신설 · 성균관 정비(유교 교육 강화)

02 근대 을미개혁 난이도 중 ●●○

자료분석

육군을 친위와 진위 2종으로 나눔 → 제4차 김홍집 내각 → 을미개혁

정답설명

② 을미개혁 때 서울을 비롯한 전국 각지에 초등 교육 기관인 소학교를 설치하였다.

오답분석

① **제1차 갑오개혁:** 과부의 재가를 허용한 것은 제1차 갑오개혁 때이다. 제1차 갑오개혁 때 과부의 재가 허용, 공·사 노비 제도의 폐지 등 봉건적인 악습을 타파하였다.

③ **제2차 갑오개혁:** 교육 입국 조서를 반포하여 근대적 교육 제도를 마련한 것은 제2차 갑오개혁 때이다.

④ **제1차 갑오개혁:** 신식 화폐 발행 장정을 반포하여 은본위 화폐 제도를 채택한 것은 제1차 갑오개혁 때이다.

이것도 알면 합격

을미개혁

정치	· '건양' 연호 사용 · 군제 개편: 중앙군은 친위대, 지방군은 진위대로 편성
사회	· 단발령 시행, 종두법 실시, 태양력 사용 · 소학교 설치 · 우체사 설치: 갑신정변으로 중단되었던 우편 사무 재개

03 시대 통합 부산 지역의 역사 난이도 하 ●○○

자료분석

동삼동 유적 + 동래성 전투 + 내상 → 부산

정답설명

② 부산은 6·25 전쟁 중 대한민국의 임시 수도였다. 갑작스러운 6·25 전쟁의 발발로 국군이 낙동강까지 후퇴하게 되었고, 이에 각종 정부 기관이 부산으로 이전되면서 부산이 대한민국의 임시 수도가 되었다.

오답분석

① **전주:** 견훤이 후백제의 도읍으로 삼은 곳은 전주(완산주)이다.

③ **개성:** 남북 경제 협력 사업으로 공단이 조성된 지역은 개성이다. 김대중 정부 때 남북한이 개성 공업 지구 조성에 합의하였으며, 노무현 정부 때 개성 공단 착공식을 열고 공단을 조성하였다.

④ **원산:** 우리나라 최초의 근대적 사립 학교인 원산 학사가 설립된 지역은 원산이다.

04 조선 후기 인조 재위 시기의 사실 난이도 중 ●●○

자료분석

임금이 세 번 절하고 아홉 번 머리를 조아리는 예를 행함 → 병자호란 → 인조

정답설명

④ 인조 재위 시기에 남한산성을 중심으로 경기 남부 지역을 방어하기 위해 수어청을 설치하였다.

오답분석

① **효종:** 청의 요청으로 나선 정벌에 조총 부대를 파견한 것은 효종 재위 시기의 사실이다.

② **정조:** 수원에 성곽 도시인 화성을 건설한 것은 정조 재위 시기의 사실이다. 정조는 아버지인 사도 세자의 묘를 수원으로 이전하고, 화성을 건설하여 정치적, 군사적 기능을 부여하였다.

③ **숙종:** 서인이 경신환국을 통해 정국을 주도한 것은 숙종 재위 시기의 사실이다.

05 현대 전두환 정부 시기의 사실 난이도 중 ●●○

자료분석

보도 지침 + 컬러 TV 보급 + 프로 야구 출범 → (가) 전두환

정답설명

② 전두환 정부 시기에는 국민들의 대통령 직선제 요구를 거부하고 기존의 대통령 간선제를 유지하겠다는 4·13 호헌 조치가 발표되었다. 이 조치는 6월 민주 항쟁의 계기가 되었다.

오답분석

① **이명박 정부:** 다문화 가족 지원법이 제정되어 결혼 이민자와 이주 노동자 및 그 자녀들로 구성되는 다문화 가족을 지원한 것은 이명박 정부 시기의 사실이다.

③ **박정희 정부:** 외화 수입을 위해 서독에 광부와 간호사를 파견한 것은 박정희 정부 시기의 사실이다.

④ **노무현 정부:** 일제 강점기에 있었던 친일 반민족 행위를 조사하려는 목적으로 친일 반민족 행위 진상 규명 위원회를 조직한 것은 노무현 정부 시기의 사실이다.

06 근대 정미의병 난이도 중 ●●○

자료분석

한국 정규군의 구식 제복을 입음 → 정미의병

정답설명

③ 정미의병은 13도 창의군을 결성하여 이인영을 총대장으로, 허위를 군사장으로 추대하여 서울 진공 작전을 시도하였다.

오답분석

① **동학 농민 운동:** '나라를 보호하고 백성을 평안하게 한다'는 보국안민과 '폭정을 제거하고 백성을 구한다'는 제폭구민을 기치로 내세운 것은 동학 농민 운동이다.

②, ④ **을미의병:** 고종의 해산 권고 조칙으로 대부분 해산하였으며, 해산 이후 의병 잔여 세력이 활빈당을 조직한 것은 을미의병이다.

이것도 알면 합격

정미의병

배경	고종의 강제 퇴위, 군대 해산(1907)
주도 세력	유생 의병장(이인영·허위) + 평민 의병장(홍범도) + 해산 군인
전개	· 시위대 대대장 박승환의 자결로 시위대와 진위대가 봉기 → 해산 군인의 의병 합류 → 13도 창의군 결성(총대장 이인영과 군사장 허위) → 서울 주재 각 영사관에 의병을 국제법상 교전 단체로 승인해줄 것을 요청 → 서울 진공 작전 전개(1908. 1.) → 실패 · 일본이 호남 지방 의병 세력을 진압하기 위해 '남한 대토벌' 작전(1909. 9.) 전개 → 국내의 의병 세력이 국외로 이동하여 독립군으로 활동

07 고대 백제 무왕 재위 시기의 사실 난이도 하 ●○○

자료분석

절 이름을 미륵사라고 함 → 백제 무왕

정답설명

② 백제 무왕 재위 시기에 왕권을 강화하기 위하여 금마저(익산)로 천도를 추진하였다.

오답분석

① **동성왕:** 탐라국을 복속시킨 것은 동성왕 때이다.

③ **무령왕:** 지방에 22담로를 설치하고 왕족을 파견하여 지방 통제를 강화한 것은 무령왕 때이다.

④ **성왕:** 노리사치계를 왜에 파견하여 불교를 전파한 것은 성왕 때이다.

08 조선 후기 천주교 박해 난이도 중 ●●○

정답설명

③ 시기순으로 바르게 나열하면 ㉢ 신해박해(1791) → ㉣ 신유박해(1801) → ㉠ 병오박해(1846) → ㉡ 병인박해(1866)이다.

㉢ **신해박해:** 정조 때 윤지충이 모친상에서 신주를 불태우고 천주교식으로 장례를 치른 것이 알려지면서 신해박해가 일어났다(1791).

㉣ **신유박해:** 순조가 즉위한 후 정권을 장악한 노론 벽파가 남인 시파 탄압을 목적으로 청나라 신부 주문모를 비롯하여 이승훈 등을 처형하는 신유박해가 일어났다(1801).

㉠ **병오박해:** 헌종 때 우리나라 최초의 신부인 김대건이 처형당하였다(1846).

㉡ **병인박해:** 고종 때 흥선 대원군의 천주교 탄압(병인박해)으로 인하여 프랑스 선교사를 비롯한 남종삼 등 수천 명의 천주교 신자들이 순교하였다(1866).

이것도 알면 합격

천주교 박해

신해박해 (정조, 1791)	진산 사건을 일으킨 윤지충 처형
신유박해 (순조, 1801)	· 노론 벽파가 남인 시파 탄압 목적으로 정약용·정약전 형제를 비롯한 약 400명을 유배보냄 · 중국인 신부 주문모와 이승훈, 정약종 등 처형 · 황사영 백서 사건으로 박해가 더욱 심화됨
기해박해 (헌종, 1839)	· 천주교도 색출을 위해 5가작통법 강화 · 정하상(정약종의 아들) 등 처형
병오박해 (헌종, 1846)	김대건(한국인 최초의 천주교 신부) 처형
병인박해 (고종, 1866)	프랑스 선교사와 남종삼 등 수천 명이 순교, 병인양요의 원인이 됨

09 일제 강점기 하와이 지역의 독립운동 난이도 중 ●●○

자료분석

사탕수수 농장으로의 노동 이민 시작 → 하와이

정답설명

③ 하와이에서는 박용만이 독립군을 양성하기 위해 대조선 국민 군단을 창설하였다.

오답분석

① **상하이:** 여운형, 김규식 등이 신한청년당을 결성한 지역은 상하이이다.

② **도쿄:** 2·8 독립 선언이 발표된 지역은 도쿄이다. 일본 도쿄에서 유학생들을 중심으로 조직된 조선 청년 독립단이 한국의 독립을 요구하는 2·8 독립 선언서를 발표하였다.

④ **샌프란시스코:** 안창호 등이 공립 협회를 조직한 곳은 미국 샌프란시스코이다.

이것도 알면 합격

미주 지역의 민족 독립운동

샌프란시스코	· 대한인 국민회(1910): 박용만·이승만 중심, 위임 통치 청원서 제출 · 흥사단(1913): 안창호가 조직, 미주 동포들이 애국 계몽 운동 전개, 국내 지부로 수양 동우회 조직
하와이	대조선 국민군단(1914): 박용만이 조직, 독립군 양성
멕시코	숭무 학교(1910): 독립군 양성

10 고대 대가야 난이도 하 ●○○

자료분석

고령군 + 시조 이진아시왕 → (가) 대가야

정답설명

④ 대가야는 전성기에 서쪽으로의 영토 개척을 추진하여 소백 산맥을 너머 호남 일부 지역까지 세력을 확장하였다.

오답분석

① **금관가야:** 법흥왕에 의해 멸망한 국가는 금관가야이다. 한편, 대가야는 진흥왕에 의해 멸망하였다.

② **백제:** 관산성 전투에서 국왕(성왕)이 전사한 국가는 백제이다. 대가야도 관산성 전투에 참전한 것은 맞으나, 국왕이 전사하지는 않았다.

③ **고구려:** 신라를 도와 낙동강 유역에 침입한 왜를 격퇴한 국가는 고구려이다.

이것도 알면 합격

대가야(후기 가야 연맹의 중심체)

건국	이진아시왕이 고령 지역에서 건국
재편성	대가야를 중심으로 후기 가야 연맹 형성(5세기 후반)
발전 및 쇠퇴	· 중국 남제와 수교, 호남 동부 지역까지 진출 · 신라(법흥왕)와 결혼 동맹 체결(522) · 백제를 도와 관산성 전투에 참여 → 신라군에 대패
멸망	신라 진흥왕의 공격으로 멸망(562)

실전모의고사 제1회 정답 및 해설

정답 한눈에 보기

01	③	02	②	03	②	04	②	05	③
06	②	07	②	08	④	09	②	10	④
11	①	12	①	13	④	14	①	15	④
16	④	17	②	18	②	19	③	20	③

01 고대 고대 문화의 일본 전파

난이도 하 ●○○

정답설명

③ 일본의 스에키 토기 제작에 영향을 준 것은 신라가 아닌 가야의 토기 제작 기술이다.

오답분석

① 고구려의 승려 혜관은 영류왕 때 일본으로 건너가 삼론종을 전파하여 일본 삼론종의 시조가 되었다.

② 백제의 고안무는 무령왕 때 일본에 건너가 유학을 전해주었다.

④ 고구려의 담징은 영양왕 때 일본으로 건너가 종이와 먹의 제조 방법을 전해주었고, 호류사의 금당 벽화를 그렸다고 전해진다.

02 고대 의자왕 재위 시기의 사실

난이도 하 ●○○

자료분석

계백을 보내 황산으로 가서 신라 병사와 싸우게 함 → 황산벌 전투 → 의자왕

정답설명

② 의자왕 때인 642년에 윤충은 신라의 대야성을 공격하여 함락시켰다.

오답분석

① 당이 안동 도호부를 설치한 것은 백제 멸망 이후의 사실이다.

③ **성왕:** 승려 겸익을 등용하여 불교를 진흥시킨 것은 백제 성왕 때의 사실이다.

④ 복신과 도침이 주류성에서 당나라에 대항한 것은 백제 멸망 이후의 사실이다.

03 고대 6두품

난이도 중 ●○○

정답설명

② 6두품은 관등 승진에서 일종의 특진 제도인 중위제(重位制)의 적용을 받았다.

오답분석

① 6두품의 관등 승진 상한선은 제6등급인 아찬까지였다. 제5등급인 대아찬부터는 진골 출신들만 올라갈 수 있었다.

③, ④ **진골 귀족:** 9주의 도독으로 임명되어 지방을 통제하였으며, 대표적인 인물로 김춘추, 김주원 등이 있는 신분은 진골 귀족이다.

04 조선 전기 조광조의 개혁 내용

난이도 하 ●○○

자료분석

그의 건의에 따라 천거과(현량과)를 설치함 → 조광조

정답설명

② 옳은 것을 모두 고르면 ㉠, ㉢이다.

㉠ 조광조는 중종반정 공신들의 가짜 훈작을 삭제하자는 위훈 삭제를 통해 구세력(훈구)을 제거하고 신진 사림 세력을 중심으로 정치 세력을 재편하려 하였다.

㉢ 조광조는 성리학적 통치 규범을 확립하기 위해 도교 의식을 행하던 소격서를 혁파하였다.

오답분석

모두 조광조의 개혁 내용과는 관련이 없다.

㉡ 만동묘는 임진왜란 때 원군을 보낸 명나라 신종과 마지막 황제인 의종의 제사를 지내기 위해 숙종 재위 시기에 설치된 사당이다.

㉣ 도첩제는 승려가 출가할 때 국가가 허가증을 발급하여 신분을 공인해주는 제도로, 성종 때 폐지되었다.

05 조선 전기 조선 시대의 노비

난이도 중 ●●○

자료분석

우리나라에서는 (가)을/를 재물로 삼음 → (가) 노비

정답설명

③ 조선 시대의 노비는 부모 중에 한명이라도 노비이면, 자식의 신분도 노비가 되는 일천즉천의 법칙을 적용받았다.

오답분석

① 조선 시대에 노비들은 과거에 응시할 수 없었다. 조선 시대의 과거는 법제적으로 천인을 제외한 양인 이상만 응시가 가능하였다.

② **서얼:** 중서라고 불리기도 한 신분은 서얼이다.

④ **신량역천:** 나장, 일수, 봉수군 등이 해당되는 신분은 신량역천이다.

06 고려 시대 팔관회 난이도 중 ●●○

자료분석

봄에는 연등회를 벌이고 겨울에는 ㉠을/를 개최함 + 시무 28조 → ㉠ 팔관회

정답설명

② 태조 왕건이 남긴 훈요 10조에서는 연등회와 더불어 팔관회의 시행을 강조하였으며, 이에 따라 팔관회는 고려의 중요 의례로 자리잡았다.

오답분석

① 팔관회는 삼국 시대부터 시행되었으며, 고려 태조 왕건 때부터 국가적인 행사로 자리잡았다.

③ 팔관회에서는 부처뿐 아니라 하늘, 산신, 물의 신, 용신 등의 토속신에게 제사를 지내며 나라의 안녕과 평화를 기원하였다.

④ 팔관회는 외국 상인들이 방문하여 서로 교류하는 무역의 장이 되기도 하였다.

07 고려 시대 우왕 재위 시기의 사실 난이도 중 ●●○

자료분석

(가)와 창(창왕)은 본디 왕씨가 아님 + 거짓 임금을 폐하고 참 임금을 새로 세움(폐가입진) → (가) 우왕

정답설명

② 우왕 때인 1388년에 이성계가 위화도에서 회군하여 우왕과 최영을 제거하고 권력을 장악하였다.

오답분석

① **충렬왕:** 경사교수도감을 설치한 것은 충렬왕 때의 사실이다.

③ **공민왕:** 기철 등의 부원 세력을 제거하고 반원 자주 정책을 추진한 것은 공민왕 때이다.

④ **공민왕:** 성균관을 순수한 유학 교육 기관으로 개편하고 성리학을 연구하게 한 것은 공민왕 때의 사실이다.

08 시대 통합 우리나라의 역사서 난이도 중 ●●○

정답설명

④ 『연려실기술』은 조선 후기의 실학자인 이긍익이 조선 시대의 정치와 문화를 야사 중심으로 객관적·실증적으로 정리한 역사서이다.

오답분석

① 우리나라에 현존하는 최고(最古)의 역사서는 김부식의 『삼국사기』이다. 한편, 『사략』은 공민왕 때 이제현이 성리학적 사관을 반영하여 저술한 역사서로, 현재는 『사략』에 실려있던 「사론」만 남아있다.

② 『삼국사절요』는 조선 전기 성종 때 편찬된 역사서로, 서거정 등이 왕명을 받아 단군 조선부터 삼국의 멸망까지 편년체로 서술한 역사서이다.

③ 500여 종의 중국 및 일본의 자료를 참고하여 저술된 역사서는 한치윤의 『해동역사』이다. 한편, 『동사강목』은 안정복이 단군 조선부터 고려 시대까지의 역사를 기록한 역사서이다.

09 현대 한·일 기본 조약 체결 시기 난이도 하 ●○○

자료분석

양 체약 당사국 간에 외교 및 영사 관계를 수립함 + 대한 제국과 일본 제국 간에 체결된 모든 조약 및 협정이 무효임 → 한·일 기본 조약(1965)

(가) 5·10 총선거(1948) ~ 5·16 군사 정변(1961)

(나) 5·16 군사 정변(1961) ~ 10월 유신 선포(1972)

(다) 10월 유신 선포(1972) ~ 10·26 사태(1979)

(라) 10·26 사태(1979) ~ 6월 민주 항쟁(1987)

정답설명

② 한·일 기본 조약은 (나) 시기인 1965년에 체결되었다. 박정희 정부는 경제 개발 자금 확보와 선진 기술 도입을 위해 일본과의 국교 정상화를 추진하였고, 이에 한·일 기본 조약이 체결되어 한·일 국교 정상화가 이루어졌다.

10 조선 후기 효종의 업적 난이도 중 ●●○

자료분석

대국(청나라)이 군병을 동원하여 나선을 토벌하려 함 → 나선 정벌 → 효종

정답설명

④ 효종은 북벌을 위해 인조 때 설치된 어영청을 정비하여 화포병과 기병의 수를 늘리는 등 군사력을 강화하였다.

오답분석

① **중종:** 『이륜행실도』를 간행하도록 한 왕은 중종이다.

② **정조:** 우리나라에 맞는 『천세력』을 만들어 간행한 왕은 정조이다.

③ **광해군:** 명과 후금 사이에서 중립 외교 정책을 실시한 왕은 광해군이다.

11 근대 유길준의 중립화론 발표 배경 난이도 상 ●●●

자료분석

우리나라의 지리는 아시아의 인후에 처해 있음 + 우리나라가 아시아의 중립국이 됨 → 유길준의 중립화론(1885)

정답설명

① 유길준은 갑신정변 이후 영국이 거문도를 불법 점령하는 등 한반도를 둘러싼 열강들의 경쟁이 심화되자, 한반도 중립화론을 주장하였다.

오답분석

모두 유길준의 중립화론이 발표된 이후의 사실이다.

② 동학 농민군의 진압을 위해 청나라가 군대를 파병하자 텐진 조약에 따라 일본도 조선에 군사를 파견하였다. 이에 위기감을 느낀 조선 정부는 양군의 철군을 요구하였으나, 일본은 이를 거부하고 기습적으로 경복궁을 점령하였다(1894).

③ 청·일 전쟁 이후 체결된 시모노세키 조약으로 일본이 청으로부터 랴오둥(요동) 반도를 할양 받게 되자, 러시아와 독일, 프랑스는 일본에 랴오둥(요동) 반도를 청에 반환할 것을 요구하였다(1895, 삼국 간섭). 이후 조선 내에서는 민씨 정권이 러시아를 이용하여 조선 내의 일본 세력을 약화시키기 위해 친러 내각을 형성하였다.

④ 만주와 한반도를 둘러싸고 일본과 러시아의 갈등이 심화되다가, 일본의 뤼순(여순) 공격을 시작으로 러·일 전쟁이 발발(1904)하였다. 이에 한반도 내에는 긴장감이 심화되었다.

12 조선 후기 임술 농민 봉기 난이도 하 ●○○

자료분석

최근 남쪽에서 일어남 + 양민이 일으키는 것이 아니라 궁민(생활이 어려운 백성)이 일으킴 → 임술 농민 봉기

정답설명

① 임술 농민 봉기는 삼정(전정, 군정, 환곡)의 문제를 해결하기 위한 관청인 삼정이정청이 설치되는 계기가 되었다.

오답분석

② **고부 민란:** 고부 군수인 조병갑의 횡포에 반발하여 전개된 것은 고부 민란이다.

③ **홍경래의 난:** 서북민(평안도)에 대한 차별에 반발하여 시작된 것은 홍경래의 난이다.

④ 임술 농민 봉기가 일어나자 정부에서는 삼정이정청을 설치하여 부세 제도를 개혁하고자 하였으나, 삼정이정청이 얼마 지나지 않아 폐지되면서 근본적 해결책 마련에는 실패하였다.

13 근대 동양 척식 주식회사 난이도 하 ●○○

자료분석

1908년에 설립됨 + 한반도 내 토지의 매매와 관리·경영 + 1926년에 의열단원인 나석주가 공격함 → (가) 동양 척식 주식회사

정답설명

④ 동양 척식 주식회사는 1908년에 일제가 대한 제국의 토지와 자원을 수탈할 목적으로 설립한 국책 회사이다.

오답분석

① **농광 회사:** 농광 회사는 일본의 황무지 개간권 요구에 대응하여 우리 손으로 직접 황무지를 개간하기 위해 설립된 특허 회사이다.

② **일본 제일은행:** 일본 제일은행은 일본에서 설립된 최초의 은행으로, 메가타가 주도한 화폐 정리 사업을 계기로 우리나라의 화폐 발행을 담당하는 중앙 은행의 역할을 맡게 되었다.

③ **임시 토지 조사국:** 임시 토지 조사국은 일제가 토지 조사 사업을 시행하기 위해 조선 총독부 산하에 설치한 임시 기관이다.

14 현대 8차 개헌 시행 시기의 사실 난이도 상 ●●●

자료분석

대통령은 대통령 선거인단에서 무기명 투표로 선거함 → 8차 개헌 (1980~1987)

정답설명

① 8차 개헌 시행 시기인 전두환 정부 때는 국민 유화 정책의 일환으로 프로 야구가 출범하였다(1982).

오답분석

② **9차 개헌:** 조선 총독부 건물이 철거된 것은 김영삼 정부 때인 1995년으로, 9차 개헌 시행 시기의 사실이다.

③ **7차 개헌:** 판문점 도끼 만행 사건이 일어난 것은 박정희 정부 때인 1976년으로, 7차 개헌 시행 시기의 사실이다.

④ **9차 개헌:** 3당 합당으로 거대 야당인 민주 자유당이 창당된 것은 노태우 정부 때인 1990년으로, 9차 개헌 시행 시기의 사실이다.

15 고대 백제 멸망과 매소성 전투 사이의 사실 난이도 하 ●○○

자료분석

(가) 소정방 + 의자와 태자 효가 항복함 → 백제 멸망(660)

(나) 이근행이 매소성에 주둔 + 신라 군사가 공격함 → 매소성 전투 (675)

정답설명

④ 신라가 기벌포 전투에서 설인귀가 이끄는 당나라 군사를 물리친 것은 (나) 시기 이후인 676년의 사실이다.

오답분석

모두 (가), (나) 사이 시기의 사실이다.

① 백제를 멸망시킨 당나라는 신라의 수도인 경주에 계림 도독부를 설치하여 한반도 지배에 대한 야욕을 드러내었다(663).

② 신라 문무왕은 당을 견제하기 위해 고구려 유민을 금마저(익산)에 머물게 하고 안승을 보덕국왕으로 책봉하였다(674).

③ 백제 부흥 운동을 지원하기 위해 온 왜군은 백강에서 나·당 연합군에 맞서 전투를 벌였으나 크게 패배하였다(663).

16 고려 시대 고려 시대의 음서 제도

난이도 하 ●○○

정답설명

④ 옳은 것을 모두 고른 것은 ㉢, ㉣이다.

㉢ 고려 시대의 음서 제도에서 관직을 받을 수 있는 나이는 원칙적으로 18세 이상으로 규정되어 있었다. 그러나 실제로는 15세를 전후한 나이에도 관직에 등용되었으며, 10세 미만이 관직을 받은 사례도 있었다.

㉣ 고려 시대에 음서는 공신의 자손, 조종 묘예(왕족의 후예), 문무 5품 이상 관리의 자손 등에게 주어졌다.

오답분석

㉠ **과거 제도:** 후주에서 귀화한 쌍기의 건의로 처음 시작된 것은 과거 제도이다.

㉡ 고려 시대에는 음서를 통해 등용된 사람들도 승진에 차별을 받지 않아 5품 이상의 고위직에 오를 수 있었다.

17 조선 전기 향교

난이도 하 ●○○

자료분석

역을 피하는 곳으로 삼음 + 훈도·교수 → (가) 향교

정답설명

② 조선 시대에 향교는 전국의 부·목·군·현에 각각 하나씩 설립되어 규모에 따라 정원이 책정되었고, 중앙에서는 향교에 교수와 훈도를 파견하였다.

오답분석

① **4부 학당(조선):** 문묘가 없는 순수 교육 기관은 4부 학당이다.

③ **국자감(고려):** 유학부와 기술학부로 나누어 교육한 것은 고려 시대의 국자감이다.

④ 향교는 8세 이상의 양인 남성만 입학이 가능하였고, 천민 출신인 경우에는 향교에 입학할 수 없었다.

18 현대 노무현 정부의 통일 정책

난이도 하 ●○○

자료분석

호주제는 폐지함 → 노무현 정부

정답설명

② 노무현 정부는 제2차 남북 정상 회담을 개최하여 6·15 남북 공동 선언을 재확인하고, 종전 선언 추진 등에 합의한 10·4 남북 공동 선언을 발표하였다.

오답분석

① **김대중 정부:** 6·15 남북 공동 선언을 발표한 것은 김대중 정부이다. 6·15 남북 공동 선언은 제1차 남북 정상 회담의 결과로 채택되었으며, 남측의 연합제 안과 북측의 낮은 단계의 연방제 안의 공통성을 인정하였다.

③ **노태우 정부:** 남북한이 국제 연합(UN)에 동시 가입한 것은 노태우 정부이다.

④ **노태우 정부:** 민족 자존과 통일 번영을 위한 특별 선언(7·7 선언)을 발표한 것은 노태우 정부이다. 노태우 정부는 이 선언을 통해 남북 관계를 선의의 동반자이며 함께 번영해야 할 민족 공동체 관계로 규정하고, 모든 부분에서의 교류를 표방하였다.

19 근대 안중근

난이도 중 ●●○

자료분석

동양 평화를 유지 + 재앙을 동양인이 일치단결해서 막아 내는 것 → 『동양평화론』 → 안중근

정답설명

③ 안중근은 1909년에 만주 하얼빈 역에서 초대 통감인 이토 히로부미를 저격하였다.

오답분석

① 안중근은 대마도가 아닌 중국의 뤼순(여순) 감옥에서 순국하였다.

② **유인석 등:** 13도 의군 조직을 주도한 인물은 유인석, 이상설, 이범윤 등이다. 13도 의군은 러시아 블라디보스토크에서 안중근이 순국한 이후인 1910년 6월에 조직된 의병 부대로, 안중근과는 관련이 없다.

④ **홍범도:** 산포대를 조직하여 삼수·갑산 등에서 활약한 인물은 홍범도이다.

20 일제 강점기 조선 의용대

난이도 중 ●●○

자료분석

조선 민족 전선 연맹'의 기치 아래 일치 단결함 → (가) 조선 의용대

정답설명

③ 조선 의용대는 중국 관내(한커우)에서 결성된 최초의 한인 무장 부대로, 대일전에 참여해 심리전과 후방 공작 활동 등을 전개하였다.

오답분석

① 조선 의용대는 김원봉의 지휘 아래 활동하였다. 한편, 지청천의 지휘 아래 활동한 군사 조직으로는 한국 독립군, 한국광복군 등이 있다.

② **동북 항일 연군:** 함경남도 보천보의 일제 통치 기구를 공격한 군사 조직은 동북 항일 연군이다.

④ **한국광복군:** 영국군의 요청으로 인도, 미얀마 전선에 참전한 군사 조직은 한국광복군이다.

실전모의고사 제2회 정답 및 해설

정답 한눈에 보기

01	②	02	③	03	④	04	③	05	②
06	③	07	③	08	①	09	②	10	①
11	②	12	②	13	③	14	③	15	①
16	②	17	②	18	③	19	③	20	①

01 선사 시대 신석기 시대의 유적지 난이도 하 ●○○

자료분석

애니미즘 + 샤머니즘 + 토테미즘 → ㉠ 신석기

정답설명

② 서울 암사동 유적은 대표적인 신석기 시대의 유적으로 움집터가 발견되었으며, 곡물을 담는 데 사용된 빗살무늬 토기 등이 출토되었다.

오답분석

① **구석기 시대:** 연천 전곡리 유적은 구석기 시대의 유적으로, 동아시아 최초로 아슐리안형 주먹 도끼가 출토되었다.

③ **청동기 시대:** 부여 송국리 유적은 청동기 시대의 유적으로, 탄화미와 송국리식 토기 등이 출토되었다.

④ **구석기 시대:** 종성 동관진 유적은 광복 이전 한반도에서 최초로 발견된 구석기 시대 유적으로, 포유류의 화석과 골각기 등이 출토되었다.

02 고대 고이왕 재위 시기의 사실 난이도 중 ●●○

자료분석

내신·내두·병관 좌평 → 고이왕

정답설명

③ 고이왕 때는 낙랑군과 대방군을 공격하는 등 한 군현과 대립하였다.

오답분석

① **근초고왕:** 아직기와 왕인을 일본에 파견한 것은 근초고왕 때이다.

② **비유왕:** 장수왕의 남진 정책에 대항하여 신라 눌지 마립간과 나·제 동맹을 체결한 것은 비유왕 때이다.

④ **성왕:** 수도는 5부(상·하·전·후·중), 지방은 5방(동·서·남·북·중)으로 나누어 정비한 것은 성왕 때이다.

03 조선 후기 5군영 난이도 중 ●●○

정답설명

④ 훈련도감은 명나라 장수 척계광이 저술한 병서인 『기효신서』의 군사 편제와 훈련 방법을 참고하여 운영되었다.

오답분석

① 남한산성에 근거지를 둔 군영은 수어청이다. 한편, 총융청은 북한산성에 근거지를 두었다.

② 포수(조총), 살수(창·검), 사수(활)로 구성된 군영은 훈련도감이다.

③ 5군영 중에서 가장 마지막에 설치된 군영은 숙종 때 설치된 금위영이다.

04 현대 현대사의 전개 난이도 하 ●○○

자료분석

(가) 사사오입 개헌(1954) ~ 부마 항쟁(1979)

(나) 부마 항쟁(1979) ~ 3당 합당(1990)

정답설명

③ (가) 시기인 1972년에 자주·평화·민족 대단결의 통일 원칙에 합의한 7·4 남북 공동 성명이 발표되었다.

오답분석

① **(나) 시기:** 김영삼계와 김대중계의 인사들이 민주화 추진 협의회를 조직한 것은 1984년으로, (나) 시기의 사실이다.

② **(나) 이후:** 국민학교가 초등학교로 개칭된 것은 1996년으로, (나) 이후의 사실이다.

④ **(가) 시기:** 국가 재건 최고 회의가 구성된 것은 1961년으로, (가) 시기의 사실이다.

05 고려 시대 『직지심체요절』 난이도 중 ●●○

자료분석

청주 흥덕사에서 간행 + 2001년에 유네스코 세계 기록유산으로 등재 → (가) 『직지심체요절』

정답설명

② 옳은 것을 모두 고르면 ㉠, ㉣이다.

㉠, ㉣ 『직지심체요절』은 우왕 때인 1377년에 간행되어 현존 세계 최고(最古)의 금속 활자본으로 공인 받았으며, 현재 프랑스 국립 도서관에 소장되어 있다.

오답분석

㉡ 『**상정고금예문**』: 최우 집권기에 강화도에서 다시 간행된 것은 『상정고금예문』이다.

㉢ 『**무구정광대다라니경**』: 불국사 3층 석탑을 보수하는 과정에서 발견된 것은 『무구정광대다라니경』이다.

06 일제 강점기 조소앙 난이도 중 ●●○

자료분석

대한 독립 선언서 → 조소앙

정답설명

③ 조소앙은 개인과 개인, 민족과 민족, 국가와 국가 간의 균등을 주장한 삼균주의를 제창하였다.

오답분석

① **이동휘**: 하바로프스크에서 우리나라 최초의 사회주의 정당인 한인사회당을 결성한 인물은 이동휘이다.

② **김구**: 남한만의 단독 정부 수립에 반대하며 '삼천만 동포에게 읍고함'이라는 글을 발표한 인물은 김구이다.

④ **김원봉**: 조선 의용대의 일부를 이끌고 한국광복군에 합류한 인물은 김원봉이다.

07 근대 독립신문 난이도 중 ●●○

자료분석

모두 한글로 씀 + 한쪽에 영문으로 기록 → 독립신문

정답설명

③ 독립신문은 우리나라 최초의 민간 신문으로, 한글판과 영문판으로 간행되었으며 대중을 계몽하고, 외국인에게 국내 사정을 알리는 역할을 담당하였다.

오답분석

① **한성순보**: 한성순보는 우리나라 최초의 신문으로, 10일에 한 번씩 박문국에서 간행되었다.

② **제국신문**: 제국신문은 순 한글판으로 발간되어 부녀자 및 일반 서민들에게 인기가 많았다.

④ **대한매일신보**: 대한매일신보는 양기탁과 영국인 베델이 창간한 신문으로, 베델이 발행인으로 있었기 때문에 일본의 검열을 피할 수 있어 다른 신문보다 자유롭게 기사를 게재할 수 있었다.

08 시대 통합 조선 시대의 법전 난이도 중 ●●○

정답설명

① 조준의 주도로 편찬한 조선 시대 최초의 공식적인 통일 성문 법전은 『경제육전』이다. 한편, 『조선경국전』은 정도전이 개인적으로 저술한 사찬 법전이다.

오답분석

② 『육전조례』는 6조 각 관아의 사무 처리에 필요한 행정 법규와 사례를 편집한 행정 법전으로, 고종 때 흥선 대원군에 의해 편찬되었다.

③ 『경국대전』은 「이전」, 「호전」, 「예전」, 「병전」, 「형전」, 「공전」의 6전으로 구성되었다.

④ 정조 때 편찬된 『대전통편』은 『경국대전』과 『속대전』 및 그 후에 제정된 법령을 통합하여 편찬한 법전이다.

09 일제 강점기 상하이 지역의 독립운동 난이도 중 ●●○

자료분석

서구 열강의 조계 지역이 있음 + 임시 정부가 수립됨 → (가) 상하이

정답설명

② 상하이에서는 신규식, 박은식 등의 주도로 독립운동 단체인 동제사가 조직되었다.

오답분석

① **샌프란시스코**: 안창호의 주도로 흥사단이 결성된 지역은 샌프란시스코이다.

③ **북간도**: 서전서숙과 명동 학교 등이 설립된 지역은 북간도이다.

④ **연해주**: 해조신문과 대동공보 등의 신문이 발행된 지역은 연해주이다.

10 일제 강점기 국민 대표 회의 개최 시기 난이도 중 ●●○

자료분석

독립운동이 나아갈 방향을 확립함 → 국민 대표 회의(1923)

(가) 3·1 운동(1919) ~ 박은식 대통령 취임(1925)

(나) 박은식 대통령 취임(1925) ~ 한인 애국단 조직(1931)

(다) 한인 애국단 조직(1931) ~ 대한민국 건국 강령 발표(1941)

(라) 대한민국 건국 강령 발표(1941) ~ 8·15 광복(1945)

정답설명

① 국민 대표 회의는 (가) 시기인 1923년에 상하이에서 개최되었다. 국민 대표 회의는 독립운동 방향을 모색하기 위해 상하이에서 개최되었으나, 새 정부를 만들자는 창조파와, 임시 정부를 그대로 두고 개편하자는 개조파의 대립으로 결국 결렬되었다.

11 조선 전기 유향소 난이도 중 ●●○

자료분석

좌수와 별감을 두도록 함 → (가) 유향소

정답설명

② 유향소는 경재소를 통해 중앙의 통제를 받았다. 경재소는 유향소와 정부 사이의 연락을 담당하던 기구로, 중앙의 현직 고관이 출신 지역의 유향소를 통제하였다.

오답분석

① **수령:** 지방의 행정·사법·군사권을 행사한 것은 수령이다. 한편, 유향소는 향촌 자치 기구로 수령을 감시하며 보좌하는 역할을 하였다.

③ **성균관, 서원 등:** 선현에 대한 제사와 교육을 담당한 것은 성균관, 서원 등이다.

④ **서원:** 흥선 대원군에 의해 대부분 철폐된 것은 서원이다. 흥선 대원군은 서원이 백성을 수탈하는 근거지로 변질되자 전국 600여 개의 서원을 47개소만 남기고 철폐하였다.

12 근대 김홍집 난이도 중 ●●○

자료분석

수신사로 일본에 다녀옴 + 『조선책략』을 고종에게 바침 → 김홍집

정답설명

② 김홍집은 제1차 갑오개혁을 추진한 군국기무처의 총재를 역임하였다.

오답분석

① **유길준:** 『서유견문』을 저술한 인물은 유길준이다.

③ **박정양:** 초대 주미 공사로 미국에 파견된 인물은 박정양이다.

④ **박영효:** 철종의 부마로 갑신정변에 참여한 인물은 박영효이다.

13 고대 선종 불교의 영향을 받은 문화재 난이도 하 ●○○

자료분석

도의 대사 + 참선의 종(宗) → (가) 선종 불교

정답설명

③ 쌍봉사 철감선사탑은 신라 하대에 선종 불교의 유행으로 나타난 팔각원당형의 대표적인 승탑이다.

오답분석

모두 선종 불교와는 관련이 없다.

① **석굴암 본존불:** 석굴암은 신라 경덕왕 때 창건된 인공 석굴로, 석굴암 본존불은 균형 잡힌 모습과 사실적인 조각으로 살아 움직이는 느낌을 준다.

② **분황사 모전 석탑:** 분황사 모전 석탑은 신라 선덕 여왕 때 건립된 석탑으로, 석재를 벽돌 모양으로 만들어 쌓았다.

④ **금동 연가 7년명 여래 입상:** 금동 연가 7년명 여래 입상은 연가 7년(539)에 제작된 고구려의 불상이다.

14 고대 무열왕 재위 시기의 사실 난이도 중 ●●○

자료분석

고구려에 군사를 요청하였으나 이루지 못함 + 당나라에 들어가 군사를 요청 → (가) 무열왕(김춘추)

정답설명

③ 태종 무열왕 때는 사정부를 설치하여 관리들의 비리를 감찰하였다.

오답분석

① **경애왕:** 발해가 거란에 의해 멸망한 것은 경애왕 때이다.

② **신문왕:** 감은사가 완공된 것은 신문왕 때이다.

④ **문무왕:** 신라가 웅진 도독 부여융과 취리산에서 회맹을 맺은 것은 문무왕 때이다.

15 조선 후기 이앙법의 결과 난이도 중 ●●○

자료분석

한 번 유행되자 농사를 망치는 백성이 많이 생겨남 + 모판에 볍씨를 뿌림 → 이앙법(모내기법)

정답설명

① 이앙법의 시행 결과 쌀이 장시에서 많이 거래가 되었고, 이에 농민들이 밭을 논으로 바꾸는 현상이 일어나게 되었다.

오답분석

② 이앙법의 시행으로 볍씨를 키우는 동안 농지에서 보리를 키울 수 있게 되면서 벼와 보리를 번갈아 심는 이모작이 가능해졌다.

③ 이앙법의 시행 결과 일부 농민은 경영형 부농으로 성장하였지만 대다수의 농민들은 토지를 잃고 소작농이나 임노동자로 전락하는 등 농촌 내 빈부 격차가 심화되었다.

④ 이앙법의 시행으로 농사에 필요한 노동력이 절감되면서 지주들이 소작을 주는 대신 노비나 머슴을 고용하여 농지를 직접 경영하게 되었다.

16 조선 후기 호락 논쟁 난이도 중 ●●○

정답설명

② 옳은 것을 모두 고르면 ㉠, ㉢이다.

㉠ 호락 논쟁은 조선 후기에 성리학에 대한 이해가 깊어지면서 '인간과 사물의 본성을 어떻게 볼 것인가?'에 대한 노론 내부에서 전개된 논쟁이다.

㉢ 인간과 사물의 본성은 동일하다는 '인물성동론'을 주장한 것은 낙론으로, 낙론의 대표적인 인물로는 이간, 이재, 김창협 등이 있다.

오답분석

㉡ 낙론은 인간과 사물의 본성이 동일하다는 '인물성동론'을 주장하였다. 한편, 인간과 사물의 본성이 서로 다르다고 주장한 것은 호론이다.

㉣ 호론이 주장한 '인물성이론'은 이후 위정척사 사상으로 이어졌다. 한편, 북학파의 실학 사상으로 이어진 것은 낙론의 주장(인물성동론)이다.

17 현대 모스크바 3국 외상 회의의 결의 내용 난이도 하 ●○○

자료분석

남한에서 간행되는 신문들이 한국 문제에 관한 결정에 대해 왜곡된 보도를 전함 + 신탁 통치 → 모스크바 3국 외상 회의

정답설명

② 옳은 것을 모두 고르면 ㉡, ㉢이다.

㉡, ㉢ 모스크바 3국 외상 회의에서는 한반도에 독립 국가 건설을 위한 민주주의 임시 정부 수립에 대해 협의하였으며, 임시 정부의 수립을 돕기 위해 미·소 공동 위원회를 설치한다는 것에 대해 결의하였다.

오답분석

㉠ **카이로 선언:** 한국을 적당한 시기(in due course)에 자주 독립을 시킨다는 것은 카이로 선언의 내용이다.

㉣ **유엔 총회:** 유엔 한국 임시 위원단의 감시하에 남북한 총선거로 정부를 수립한다는 것은 1947년 11월에 열린 유엔 총회에서 결의된 내용이다.

18 고대 을지문덕 난이도 하 ●○○

자료분석

신기한 책략은 하늘의 이치를 다함 + 만족함을 알고 그만 두기를 바라노라 → 「여수장우중문시」 → 을지문덕

정답설명

③ 을지문덕은 수나라 장수 우중문에게 5언시인 「여수장우중문시」를 보냈고, 이후 회군하는 수나라군을 살수에서 격파하였다(살수 대첩, 612).

오답분석

모두 「여수장우중문시」와는 관련이 없는 인물이다.

① **강감찬:** 강감찬은 고려 현종 때 거란이 침입(거란의 3차 침입, 1018)하자, 귀주에서 퇴각하던 거란군을 섬멸하였다(귀주 대첩, 1019).

② **양만춘:** 양만춘은 안시성에서 고구려 군·민과 협력하여 당나라 군대와의 공방전을 벌인 끝에 승리하였다고 전해지는 인물이다.

④ **연개소문:** 연개소문은 고구려 영류왕 때 정변을 일으켜 권력을 장악하였으며 스스로 대막리지가 되어 독재 정치를 단행하였다.

19 일제 강점기 광주 학생 항일 운동 난이도 중 ●●○

자료분석

학생, 대중이여 궐기하라 + 조선인 본위의 교육 제도를 확립시켜라 → 광주 학생 항일 운동

정답설명

③ 광주 학생 항일 운동은 광주에서 나주로 가는 통학 열차 안에서 발생한 한·일 학생 간의 갈등에 대해 일본 경찰이 편파적으로 수사하자 이를 계기로 학생들이 식민지 차별 교육 철폐, 한국인 본위의 교육 제도 확립 등을 주장하며 전개되었다.

오답분석

모두 광주 학생 항일 운동과는 관련이 없다.

① **3·1 운동:** 미국의 윌슨 대통령이 발표한 민족 자결주의에 영향을 받아 전개된 것은 3·1 운동이다.

② **원산 노동자 총파업:** 중국, 소련, 프랑스의 노동자들이 격려 전문을 보낸 것은 원산 노동자 총파업이다.

④ 조선 민흥회는 사회주의 계열인 서울 청년회와 민족주의 계열인 조선 물산 장려회가 광주 학생 항일 운동(1929) 이전인 1926년에 연합하여 결성한 단체이다.

20 고대 발해와 통일 신라의 관계 난이도 중 ●●○

자료분석

왕자 대봉예가 글을 올려 말함 + (가)이/가 (나)의 위에 있도록 허락해 주기를 청함 → 쟁장 사건 → (가) 발해, (나) 통일 신라

정답설명

① 발해가 중앙 관제를 3성 6부로 정비한 것은 신라가 아닌 당나라의 영향을 받은 것이다.

오답분석

② 발해는 문왕 때인 8세기 무렵부터 상설 교통로인 신라도를 통해 통일 신라와 교류하였다.

③ 통일 신라는 발해를 견제하기 위해 패강(예성강 혹은 대동강)에 수자리를 설치하였다.

④ 통일 신라는 헌덕왕 때인 812년에 급찬 숭정을 발해에 사신으로 파견하였다.

실전모의고사 제3회 정답 및 해설

■ 정답 한눈에 보기

01	③	02	④	03	④	04	④	05	②
06	④	07	④	08	③	09	②	10	③
11	③	12	④	13	②	14	④	15	①
16	②	17	②	18	②	19	④	20	②

01 선사 시대 고구려와 부여

난이도 하 ●○○

자료분석

(가) 큰 산과 깊은 골짜기가 많고 평원과 연못이 없음 + 사람들의 성품은 흉악하고 급하며 노략질하기를 좋아함 → 고구려

(나) 의복은 흰색을 숭상함 + 순장을 함 → 부여

정답설명

③ 고구려에는 혼인을 정한 뒤 남자가 여자 집 뒤꼍에 지은 조그만 집(서옥)에 들어가 살다가, 아이가 장성하면 가족을 데리고 남자 집으로 돌아가는 혼인 풍습인 서옥제가 있었다.

오답분석

① **부여:** 특산물로 말, 주옥, 모피 등이 유명하였던 국가는 부여이다.

② **동예:** 호랑이를 신으로 여겨 제사를 지낸 국가는 동예이다.

④ **삼한:** 목지국의 지배자가 왕으로 추대된 국가는 삼한이다. 삼한 중에서 마한의 세력이 가장 컸으며, 마한의 소국 중 하나인 목지국의 지배자가 마한왕 또는 진왕으로 추대되어 삼한 연맹체를 주도하였다.

02 시대 통합 평양의 역사

난이도 중 ●●○

자료분석

조위총이 군대를 일으킴 → 조위총의 난 → 평양

정답설명

④ 일제 강점기에 평양에서는 조만식 등의 주도로 민족 산업의 보호와 육성을 위해 국산품 애용을 주장한 물산 장려 운동이 시작되었다.

오답분석

① **제주도:** 4·3 사건으로 많은 주민이 희생된 지역은 제주도이다.

② **진주:** 조선 형평사 창립 대회가 개최된 지역은 진주이다.

③ **개성:** 정몽주가 이방원 세력에 의해 피살된 지역은 개성이다. 조선 건국에 반대한 정몽주는 개성의 선죽교에서 이방원 세력에 의해 피살되었다.

03 시대 통합 우리나라의 문화재

난이도 중 ●●○

정답설명

④ 합천 해인사 장경판전은 초조대장경이 아닌 팔만대장경을 보관하기 위해 지어진 건축물로, 1995년에 유네스코 세계 문화유산으로 등재되었다.

오답분석

① 이불 병좌상은 두 명의 부처가 나란히 앉아 있는 발해의 불상으로, 고구려 양식을 계승하였다.

② 논산 관촉사 석조 미륵보살 입상은 지역 특색이 반영된 고려 시대 초기의 대형 석불로, 신체의 비율이 불균형한 것이 특징이다.

③ 서산 용현리 마애 여래 삼존상은 아름다운 미소를 띠고 있어 '백제의 미소'라는 별칭을 가지고 있다.

04 현대 발췌 개헌

난이도 중 ●●○

자료분석

국민의 투표에 의하여 각각 선거 + 재선에 의하여 1차 중임할 수 있음 → 발췌 개헌

정답설명

④ 발췌 개헌안은 6·25 전쟁 도중 임시 수도 부산에서 기립 표결로 통과되었다. 이승만은 기존의 대통령 간선제로는 재선이 어려울 것이라고 판단하여 6·25 전쟁 도중 임시 수도 부산에서 계엄령을 선포하고 기립 표결로 대통령 직선제, 양원제 등을 골자로 한 발췌 개헌안을 통과시켰다.

오답분석

① **제2차 개헌(사사오입 개헌):** 사사오입의 논리(반올림)로 통과된 것은 제2차 개헌이다.

② **제7차 개헌(유신 헌법):** 통일 주체 국민회의 설치를 규정한 것은 제7차 개헌(유신 헌법)이다.

③ **제3차 개헌:** 내각 책임제와 국회 양원제를 규정한 것은 제3차 개헌이다.

05 고려 시대 경천사지 10층 석탑

난이도 중 ●●○

자료분석

대리석을 다듬어 만든 석탑 + 현재 국립 중앙 박물관에 전시되고 있음 → 경천사지 10층 석탑

정답설명

② 경천사지 10층 석탑은 원 간섭기인 충목왕 때 대리석으로 제작된 석탑으로, 현재 국립 중앙 박물관에 전시되어 있다.

오답분석

① **현화사 7층 석탑:** 현화사 7층 석탑은 고려 현종 때 화강암으로 제작된 석탑이다.

③ **원각사지 10층 석탑:** 원각사지 10층 석탑은 조선 세조 때 경천사지 10층 석탑의 영향을 받아 대리석으로 제작된 석탑이다.

④ **월정사 8각 9층 석탑:** 월정사 8각 9층 석탑은 송나라의 영향을 받아 고려 전기에 화강암으로 제작된 다각 다층의 석탑이다.

06 고려 시대 원 간섭기의 사실 난이도 중 ●●○

자료분석

우리나라의 자녀들이 원나라로 끌려가기를 거른 해가 없음 → 원 간섭기

정답설명

④ 원 간섭기에는 원이 조공품으로 요구하는 매(해동청)의 사냥과 사육을 위해 응방이 설치되었다.

오답분석

① **문벌 귀족 사회 시기:** 최충이 사립 교육 기관인 9재 학당을 설립한 것은 고려 문종 때로, 문벌 귀족 사회 시기의 사실이다.

② **무신 집권 시기:** 의학서인 『향약구급방』이 편찬된 것은 고려 고종 때로, 무신 집권 시기의 사실이다.

③ **무신 집권 시기:** 이연년 형제가 백제 부흥을 목표로 담양에서 난을 일으킨 것은 최우 집권기 때로, 무신 집권 시기의 사실이다.

07 조선 전기 직전법 난이도 중 ●●○

자료분석

수신전·휼양전을 폐지 → 직전법

정답설명

④ 직전법은 관리들의 토지 세습으로 새로운 관리에게 지급할 토지가 부족해지자 세조 때 실시된 토지 제도로, 수신전과 휼양전을 폐지하고 현직 관리에게만 수조권을 지급하였다.

오답분석

① **식읍·녹읍:** 해당 지역의 조세와 역 징발권을 부여한 것은 고대의 식읍과 녹읍이다.

② **관수 관급제:** 국가에서 직접 세금을 거두어 관리에게 지급한 것은 조선 성종 때 실시된 관수 관급제이다.

③ **전시과:** 관직 복무에 대한 대가로 관리에게 전지와 시지를 지급한 것은 고려 시대의 전시과이다.

08 일제 강점기 일제 강점기의 사회·문화 난이도 중 ●●○

정답설명

③ 옳은 것을 모두 고르면 ㉡, ㉢이다.

㉡ 1926년에는 나운규가 제작한 영화 아리랑이 종로 단성사에서 처음 개봉하였다.

㉢ 1936년에는 손기정 선수가 베를린 올림픽에서 마라톤 금메달을 획득하였다.

오답분석

㉠ **1900년대:** 국내 최초의 서양식 극장인 원각사는 1908년에 건립되었다.

㉣ **1920년대:** 여성의 단결과 지위 향상을 추구한 여성 단체인 근우회는 1927년에 조직되었다.

09 근대 한성 조약 난이도 중 ●●○

자료분석

조선국은 일본에 국서를 보내 사의를 표명 + 일본 공관의 수축 중건 비용을 조선국이 지불 → 한성 조약(1884)

(가) 고종 즉위(1863) ~ 기기창 설치(1883)

(나) 기기창 설치(1883) ~ 텐진 조약 체결(1885)

(다) 텐진 조약 체결(1885) ~ 대한 제국 수립(1897)

(라) 대한 제국 수립(1897) ~ 통감부 설치(1906)

정답설명

② (나) 시기인 1884년에 조선과 일본은 한성 조약을 체결하였다. 한성 조약은 갑신정변의 결과 체결된 조약으로, 조선이 일본에 배상금을 지불하고, 일본 공사관 신축 비용을 조선이 부담한다는 내용을 담고 있다.

10 고려 시대 『삼국유사』 난이도 중 ●●○

자료분석

책 첫머리에 「기이」편이 실림 → 『삼국유사』

정답설명

③ 『삼국유사』는 일연이 편찬한 역사서로, 불교사를 중심으로 고대의 민간 설화를 수록하는 등 우리 고유의 문화와 전통을 중시하였다.

오답분석

① **『삼국사기』:** 유교적 사관에 기초하여 기전체로 서술된 역사서는 김부식이 편찬한 『삼국사기』이다.

② **『제왕운기』:** 중국과 우리나라의 역사를 운율시 형식으로 서술한 역사서는 이승휴가 저술한 『제왕운기』이다.

④ **『성호사설』:** 천지·인사·만물·경사·시문 등의 5개 부문으로 나누어 백과사전식으로 정리한 것은 이익이 저술한 『성호사설』이다.

11 조선 후기 박제가 난이도 하 ●○○

자료분석

비유하건대 재물은 대체로 우물과 같음 → 우물론 → 『북학의』 → 박제가

정답설명

③ **박제가는 서얼 출신으로 정조 때 유득공, 이덕무 등과 함께 학문 연구 기관인 규장각 검서관으로 등용되어 활동하였다.**

오답분석

① **정약용:** 서양 선교사인 요하네스 테렌츠의 『기기도설』을 참고하여 거중기를 제작한 인물은 정약용이다.

② **이익:** 나라를 좀먹는 여섯 가지의 폐단(노비 제도, 과거 제도, 양반 문벌 제도, 사치와 미신 숭배, 승려, 게으름)을 지적한 인물은 이익이다.

④ **박지원:** 농업 생산력 증대 방안을 제시한 『과농소초』를 저술한 인물은 박지원이다.

12 현대 조봉암 난이도 중 ●●○

자료분석

제3대 정·부통령 선거에서 혁신 노선을 내세움 + 유효표의 30%를 차지 → (가) 조봉암

정답설명

④ **조봉암은 평화 통일론을 주장하며 제3대 대통령 선거 이후 진보당 창당을 주도하였다.**

오답분석

① **이승만:** 독립 촉성 중앙 협의회의 회장으로 추대된 인물은 이승만이다.

② **김영삼:** 당시 야당이었던 신민당의 총재로 유신 체제를 비판하다가 국회에서 제명된 인물은 김영삼이다.

③ **김대중:** 유신 반대 운동을 전개하다가 도쿄에서 납치된 인물은 김대중이다.

13 고려 시대 신진 사대부 난이도 하 ●○○

자료분석

대부분 지방 향리나 하급 관리의 자제 + 주로 과거를 통해 중앙 정계에 진출 → 신진 사대부

정답설명

② **신진 사대부는 새로운 사상인 성리학을 바탕으로 고려 말의 사회 모순을 개혁하려고 하였다.**

오답분석

① **문벌 귀족:** 중서문하성과 중추원 등의 고위 관직을 차지한 것은 문벌 귀족이다.

③ **권문세족:** 친원적 성향으로 산천을 경계로 하는 대규모 농장을 소유한 것은 권문세족이다.

④ **무신:** 문신에 비해 여러가지 차별을 받는 것에 반발하여 정변(무신 정변)을 일으키고, 중방을 중심으로 권력을 장악한 것은 무신이다.

14 고대 장수왕 대의 사실 난이도 중 ●●○

자료분석

집안현 + 고구려가 중국 토지를 침탈했다는 자구들이 들어 있음 → (가) 광개토 대왕릉비 → 장수왕

정답설명

④ **장수왕 때는 남진 정책을 추진하여 백제의 수도인 한성을 점령하였고, 죽령 일대에서 남양만에 이르는 영토를 확보하였다.**

오답분석

① **유리왕:** 수도를 압록강 유역의 졸본에서 국내성으로 옮긴 것은 유리왕 때이다. 한편, 장수왕은 국내성에서 평양으로 수도를 옮겼다.

② **광개토 대왕:** 후연(선비족)을 공격하여 요동 지역에 진출한 것은 광개토 대왕 때이다.

③ **문자왕:** 부여를 복속하여 고구려 최대 영토를 확보한 것은 문자왕 때이다.

15 현대 정읍 발언과 여수·순천 10·19 사건 사이의 사실 난이도 중 ●●○

자료분석

정읍 발언(1946. 6.) → (가) → 여수·순천 10·19 사건(1948. 10.)

정답설명

① **(가) 시기인 1948년 5월 10일에 유엔 한국 임시 위원단의 감시 아래 우리나라 최초의 선거인 5·10 총선거가 실시되었다.**

오답분석

② **(가) 이전:** 여운형의 주도로 조선 건국 동맹이 조직된 것은 1944년으로, (가) 시기 이전의 사실이다.

③ **(가) 이후:** 김구가 경교장에서 안두희에게 암살당한 것은 1949년으로, (가) 시기 이후의 사실이다.

④ **(가) 이전:** 남조선 국방 경비대가 창설된 것은 1946년 1월로, (가) 시기 이전의 사실이다.

16 근대 포츠머스 조약 체결 이후의 사실 난이도 상 ●●●

자료분석

러시아 제국 정부는 일본국이 한국에서 이익을 갖는다는 것을 인정 → 포츠머스 조약(1905)

정답설명

② 포츠머스 조약 체결 이후인 1907년에 헤이그에서 열린 만국 평화 회의에 특사가 파견되었다. 러·일 전쟁에서 승리한 일본은 을사늑약을 체결하여 대한 제국의 외교권을 박탈하였으며, 이에 고종은 헤이그에서 열린 만국 평화 회의에 이준, 이상설, 이위종을 특사로 파견하여 외교권을 회복하고자 하였다.

오답분석

모두 포츠머스 조약 체결 이전의 사실이다.

① 한·일 의정서가 체결된 것은 1904년이다. 일본은 대한 제국의 국외 중립 선언을 무시하고, 일본이 한반도의 군사 요충지와 시설을 마음대로 사용할 수 있도록 규정한 한·일 의정서를 체결하였다.

③ 지계아문이 설치된 것은 1901년이다. 대한 제국은 전국의 토지를 측정하고자 양전 사업에 착수하였으며, 지계아문을 설치하고 토지 소유자에게 토지의 소유권을 인정하는 문서인 지계를 발급하였다.

④ 용암포 사건이 발생한 것은 1903년이다. 용암포 사건은 러시아가 압록강의 벌채 사업 보호를 명분으로 용암포를 불법 점령하고 조차지로 인정해줄 것을 요구한 사건이다.

17 조선 전기 연산군 재위 시기의 사실 난이도 중 ●●○

자료분석

성종 대왕의 맏아들 + 어머니는 폐비 윤씨 → 연산군

정답설명

② 연산군 재위 시기에는 무오사화가 일어나 김일손 등의 사림들이 제거되었다. 무오사화는 사관 김일손이 스승 김종직의 「조의제문」을 「사초」에 기록한 것을 훈구 세력이 문제를 삼으며 일어났다. 이에 결국 김일손을 비롯한 사림들이 제거되었다.

오답분석

① **정조:** 『무예도보통지』가 편찬된 것은 정조 때의 사실이다. 『무예도보통지』는 정조 때 24가지의 전투 동작을 그림과 글로 설명한 종합 무예서이다.

③ **효종:** 나선 정벌에 조총 부대가 파견된 것은 효종 때의 사실이다.

④ **광해군:** 서인이 반정을 일으켜 정권을 장악한 것은 광해군 때이다. 서인은 광해군의 중립외교와 폐모살제를 빌미로 반정을 일으켜 광해군과 북인들을 몰아내고 정권을 장악하였다(인조반정).

18 고대 경주 지역의 문화 유산 난이도 중 ●●○

자료분석

한반도 최초로 통일을 이룬 국가의 도읍 → 경주

정답설명

② 감은사지 3층 석탑은 경주의 대표적인 문화유산으로, 통일 신라 초기의 대표적인 석탑이다.

오답분석

① **평창:** 상원사 동종은 평창에 있는 통일 신라의 문화유산으로, 우리나라에 현존하는 가장 오래된 동종이다.

③ **보은:** 법주사 쌍사자 석등은 보은에 있는 통일 신라의 문화유산으로, 성덕왕 대에 조성된 것으로 추정되고 있으며, 단아하고 균형 잡힌 모습을 보이고 있는 것이 특징이다.

④ **구례:** 화엄사 4사자 3층 석탑은 구례에 있는 통일 신라의 문화유산으로, 4마리의 사자가 탑을 이고 있는 독특한 형태를 띠고 있다.

19 고대 최치원의 저술 난이도 중 ●●○

자료분석

당에 가서 벼슬을 하다가 고국(신라)에 돌아옴 + 때를 만나지 못한 것을 한탄하고 다시는 벼슬에 뜻을 두지 않음 → 최치원

정답설명

④ 옳은 것을 모두 고르면 ㉢, ㉣이다.

㉢, ㉣ 최치원은 신라의 역사를 연표 형식으로 정리한 『제왕연대력』과 당나라 승려인 법장의 생애를 서술한 『법장화상전』을 저술하였다.

오답분석

㉠, ㉡ **김대문:** 화랑들의 전기를 모은 『화랑세기』, 신라·백제·고구려의 설화를 모은 『계림잡전』을 저술한 인물은 김대문이다.

20 근대 온건 개화파 난이도 중 ●●○

자료분석

종교는 배척하되 기술을 본받음 → 동도서기론 → 온건 개화파

정답설명

② 온건 개화파는 전통적인 유교 사상은 유지하고 서양의 과학·기술을 수용하자는 중체서용을 바탕으로 한 청나라의 양무 운동을 개혁의 본보기로 삼았다.

오답분석

①, ③ **급진 개화파:** 대표적인 인물로 김옥균, 박영효 등이 있으며, 우정총국 개국 축하연을 계기로 정변(갑신정변)을 일으킨 것은 급진 개화파이다.

④ 온건 개화파는 전통적인 유교 사상을 지키고자 하였기 때문에 토지 제도의 개혁 및 신분제 폐지를 주장하지는 않았다.

해커스공무원 매일 하프모의고사 한국사 답안지

컴퓨터용 흑색사인펜만 사용

책 형

[필적감정용 기재]
*아래 예시문을 옳게 적으시오
본인은 OOO(응시자성명)임을 확인함
기 재 란

성명	
자필성명	본인 성명 기재
응시직렬	
응시지역	
시험장소	

응 시 번 호						
	⓪	⓪	⓪	⓪	⓪	⓪
	①	①	①	①	①	①
	②	②	②	②	②	②
	③	③	③	③	③	③
	④	④	④	④	④	④
	⑤	⑤	⑤	⑤	⑤	⑤
⑥	⑥	⑥	⑥	⑥	⑥	⑥
⑦	⑦	⑦	⑦	⑦	⑦	⑦
	⑧	⑧	⑧	⑧	⑧	⑧
	⑨	⑨	⑨	⑨	⑨	⑨

생 년 월 일					
⓪	⓪	⓪	⓪	⓪	⓪
	①	①	①	①	①
	②		②	②	②
	③		③	③	③
	④		④	④	④
⑤	⑤		⑤	⑤	⑤
⑥	⑥		⑥	⑥	⑥
⑦	⑦		⑦	⑦	⑦
⑧	⑧		⑧	⑧	⑧
⑨	⑨		⑨	⑨	⑨

※ 시험감독관 서명
(서명을 정자로 기재할 것)

적색 볼펜만 사용

문번	일	문번	일	문번	일	문번	일	문번	일	문번	일	문번	일
01	① ② ③ ④	01	① ② ③ ④	01	① ② ③ ④	01	① ② ③ ④	01	① ② ③ ④	01	① ② ③ ④	01	① ② ③ ④
02	① ② ③ ④	02	① ② ③ ④	02	① ② ③ ④	02	① ② ③ ④	02	① ② ③ ④	02	① ② ③ ④	02	① ② ③ ④
03	① ② ③ ④	03	① ② ③ ④	03	① ② ③ ④	03	① ② ③ ④	03	① ② ③ ④	03	① ② ③ ④	03	① ② ③ ④
04	① ② ③ ④	04	① ② ③ ④	04	① ② ③ ④	04	① ② ③ ④	04	① ② ③ ④	04	① ② ③ ④	04	① ② ③ ④
05	① ② ③ ④	05	① ② ③ ④	05	① ② ③ ④	05	① ② ③ ④	05	① ② ③ ④	05	① ② ③ ④	05	① ② ③ ④
06	① ② ③ ④	06	① ② ③ ④	06	① ② ③ ④	06	① ② ③ ④	06	① ② ③ ④	06	① ② ③ ④	06	① ② ③ ④
07	① ② ③ ④	07	① ② ③ ④	07	① ② ③ ④	07	① ② ③ ④	07	① ② ③ ④	07	① ② ③ ④	07	① ② ③ ④
08	① ② ③ ④	08	① ② ③ ④	08	① ② ③ ④	08	① ② ③ ④	08	① ② ③ ④	08	① ② ③ ④	08	① ② ③ ④
09	① ② ③ ④	09	① ② ③ ④	09	① ② ③ ④	09	① ② ③ ④	09	① ② ③ ④	09	① ② ③ ④	09	① ② ③ ④
10	① ② ③ ④	10	① ② ③ ④	10	① ② ③ ④	10	① ② ③ ④	10	① ② ③ ④	10	① ② ③ ④	10	① ② ③ ④

해커스공무원 매일 하프모의고사 한국사 답안지

컴퓨터용 흑색사인펜만 사용

책 형

[필적감정용 기재]

*아래 예시문을 옮게 적으시오

본인은 OOO(응시자성명)임을 확인함

기 재 란

성명	
자필성명	본인 성명 기재
응시직렬	
응시지역	
시험장소	

응 시 번 호						
	⓪	⓪	⓪	⓪	⓪	⓪
	①	①	①	①	①	①
	②	②	②	②	②	②
	③	③	③	③	③	③
	④	④	④	④	④	④
	⑤	⑤	⑤	⑤	⑤	⑤
⑥	⑥	⑥	⑥	⑥	⑥	⑥
⑦	⑦	⑦	⑦	⑦	⑦	⑦
	⑧	⑧	⑧	⑧	⑧	⑧
	⑨	⑨	⑨	⑨	⑨	⑨

생 년 월 일					
⓪	⓪	⓪	⓪	⓪	⓪
	①	①	①	①	①
	②		②	②	②
	③		③	③	③
	④		④	④	④
⑤	⑤		⑤	⑤	⑤
⑥	⑥		⑥	⑥	⑥
⑦	⑦		⑦	⑦	⑦
⑧	⑧		⑧	⑧	⑧
⑨	⑨		⑨	⑨	⑨

※ 시험감독관 서명

(서명을 정자로 기재할 것)

적색 볼펜만 사용

문번	일	문번	일	문번	일	문번	일	문번	일	문번	일	문번	일
01	① ② ③ ④	01	① ② ③ ④	01	① ② ③ ④	01	① ② ③ ④	01	① ② ③ ④	01	① ② ③ ④	01	① ② ③ ④
02	① ② ③ ④	02	① ② ③ ④	02	① ② ③ ④	02	① ② ③ ④	02	① ② ③ ④	02	① ② ③ ④	02	① ② ③ ④
03	① ② ③ ④	03	① ② ③ ④	03	① ② ③ ④	03	① ② ③ ④	03	① ② ③ ④	03	① ② ③ ④	03	① ② ③ ④
04	① ② ③ ④	04	① ② ③ ④	04	① ② ③ ④	04	① ② ③ ④	04	① ② ③ ④	04	① ② ③ ④	04	① ② ③ ④
05	① ② ③ ④	05	① ② ③ ④	05	① ② ③ ④	05	① ② ③ ④	05	① ② ③ ④	05	① ② ③ ④	05	① ② ③ ④
06	① ② ③ ④	06	① ② ③ ④	06	① ② ③ ④	06	① ② ③ ④	06	① ② ③ ④	06	① ② ③ ④	06	① ② ③ ④
07	① ② ③ ④	07	① ② ③ ④	07	① ② ③ ④	07	① ② ③ ④	07	① ② ③ ④	07	① ② ③ ④	07	① ② ③ ④
08	① ② ③ ④	08	① ② ③ ④	08	① ② ③ ④	08	① ② ③ ④	08	① ② ③ ④	08	① ② ③ ④	08	① ② ③ ④
09	① ② ③ ④	09	① ② ③ ④	09	① ② ③ ④	09	① ② ③ ④	09	① ② ③ ④	09	① ② ③ ④	09	① ② ③ ④
10	① ② ③ ④	10	① ② ③ ④	10	① ② ③ ④	10	① ② ③ ④	10	① ② ③ ④	10	① ② ③ ④	10	① ② ③ ④

해커스공무원 매일 하프모의고사 한국사 답안지

컴퓨터용 흑색사인펜만 사용

책 형

[필적감정용 기재]

*아래 예시문을 옮게 적으시오

본인은 OOO(응시자성명)임을 확인함

기 재 란

성명	
자필성명	본인 성명 기재
응시직렬	
응시지역	
시험장소	

응 시 번 호							
	⓪	⓪	⓪	⓪	⓪	⓪	⓪
	①	①	①	①	①	①	①
	②	②	②	②	②	②	②
	③	③	③	③	③	③	③
	④	④	④	④	④	④	④
	⑤	⑤	⑤	⑤	⑤	⑤	⑤
⑥	⑥	⑥	⑥	⑥	⑥	⑥	⑥
⑦	⑦	⑦	⑦	⑦	⑦	⑦	⑦
	⑧	⑧	⑧	⑧	⑧	⑧	⑧
	⑨	⑨	⑨	⑨	⑨	⑨	⑨

생 년 월 일					
⓪	⓪	⓪	⓪	⓪	⓪
	①	①	①	①	①
	②		②	②	②
	③		③	③	③
	④		④	④	④
⑤	⑤		⑤	⑤	⑤
⑥	⑥		⑥	⑥	⑥
⑦	⑦		⑦	⑦	⑦
⑧	⑧		⑧	⑧	⑧
⑨	⑨		⑨	⑨	⑨

※ 시험감독관 서명

(서명을 정자로 기재할 것)

적색 볼펜만 사용

문번	일	문번	일	문번	일
01	① ② ③ ④	01	① ② ③ ④	01	① ② ③ ④
02	① ② ③ ④	02	① ② ③ ④	02	① ② ③ ④
03	① ② ③ ④	03	① ② ③ ④	03	① ② ③ ④
04	① ② ③ ④	04	① ② ③ ④	04	① ② ③ ④
05	① ② ③ ④	05	① ② ③ ④	05	① ② ③ ④
06	① ② ③ ④	06	① ② ③ ④	06	① ② ③ ④
07	① ② ③ ④	07	① ② ③ ④	07	① ② ③ ④
08	① ② ③ ④	08	① ② ③ ④	08	① ② ③ ④
09	① ② ③ ④	09	① ② ③ ④	09	① ② ③ ④
10	① ② ③ ④	10	① ② ③ ④	10	① ② ③ ④

문번	회	문번	회	문번	회
01	① ② ③ ④	01	① ② ③ ④	01	① ② ③ ④
02	① ② ③ ④	02	① ② ③ ④	02	① ② ③ ④
03	① ② ③ ④	03	① ② ③ ④	03	① ② ③ ④
04	① ② ③ ④	04	① ② ③ ④	04	① ② ③ ④
05	① ② ③ ④	05	① ② ③ ④	05	① ② ③ ④
06	① ② ③ ④	06	① ② ③ ④	06	① ② ③ ④
07	① ② ③ ④	07	① ② ③ ④	07	① ② ③ ④
08	① ② ③ ④	08	① ② ③ ④	08	① ② ③ ④
09	① ② ③ ④	09	① ② ③ ④	09	① ② ③ ④
10	① ② ③ ④	10	① ② ③ ④	10	① ② ③ ④
11	① ② ③ ④	11	① ② ③ ④	11	① ② ③ ④
12	① ② ③ ④	12	① ② ③ ④	12	① ② ③ ④
13	① ② ③ ④	13	① ② ③ ④	13	① ② ③ ④
14	① ② ③ ④	14	① ② ③ ④	14	① ② ③ ④
15	① ② ③ ④	15	① ② ③ ④	15	① ② ③ ④
16	① ② ③ ④	16	① ② ③ ④	16	① ② ③ ④
17	① ② ③ ④	17	① ② ③ ④	17	① ② ③ ④
18	① ② ③ ④	18	① ② ③ ④	18	① ② ③ ④
19	① ② ③ ④	19	① ② ③ ④	19	① ② ③ ④
20	① ② ③ ④	20	① ② ③ ④	20	① ② ③ ④

해커스공무원 매일 하프모의고사 한국사 답안지

컴퓨터용 흑색사인펜만 사용

책 형

[필적감정용 기재]

*아래 예시문을 옮게 적으시오

본인은 OOO(응시자성명)임을 확인함

기 재 란

성명	
자필성명	본인 성명 기재
응시직렬	
응시지역	
시험장소	

응 시 번 호						
	⓪	⓪	⓪	⓪	⓪	⓪
	①	①	①	①	①	①
	②	②	②	②	②	②
	③	③	③	③	③	③
	④	④	④	④	④	④
	⑤	⑤	⑤	⑤	⑤	⑤
⑥	⑥	⑥	⑥	⑥	⑥	⑥
⑦	⑦	⑦	⑦	⑦	⑦	⑦
	⑧	⑧	⑧	⑧	⑧	⑧
	⑨	⑨	⑨	⑨	⑨	⑨

생 년 월 일					
⓪	⓪	⓪	⓪	⓪	⓪
	①	①	①	①	①
	②		②	②	②
	③		③	③	③
	④		④	④	④
⑤	⑤		⑤	⑤	⑤
⑥	⑥		⑥	⑥	⑥
⑦	⑦		⑦	⑦	⑦
⑧	⑧		⑧	⑧	⑧
⑨	⑨		⑨	⑨	⑨

※ 시험감독관 서명 (서명을 정자로 기재할 것)

적색 볼펜만 사용

문번	일	문번	일	문번	일	문번	일	문번	일	문번	일	문번	일
01	① ② ③ ④	01	① ② ③ ④	01	① ② ③ ④	01	① ② ③ ④	01	① ② ③ ④	01	① ② ③ ④	01	① ② ③ ④
02	① ② ③ ④	02	① ② ③ ④	02	① ② ③ ④	02	① ② ③ ④	02	① ② ③ ④	02	① ② ③ ④	02	① ② ③ ④
03	① ② ③ ④	03	① ② ③ ④	03	① ② ③ ④	03	① ② ③ ④	03	① ② ③ ④	03	① ② ③ ④	03	① ② ③ ④
04	① ② ③ ④	04	① ② ③ ④	04	① ② ③ ④	04	① ② ③ ④	04	① ② ③ ④	04	① ② ③ ④	04	① ② ③ ④
05	① ② ③ ④	05	① ② ③ ④	05	① ② ③ ④	05	① ② ③ ④	05	① ② ③ ④	05	① ② ③ ④	05	① ② ③ ④
06	① ② ③ ④	06	① ② ③ ④	06	① ② ③ ④	06	① ② ③ ④	06	① ② ③ ④	06	① ② ③ ④	06	① ② ③ ④
07	① ② ③ ④	07	① ② ③ ④	07	① ② ③ ④	07	① ② ③ ④	07	① ② ③ ④	07	① ② ③ ④	07	① ② ③ ④
08	① ② ③ ④	08	① ② ③ ④	08	① ② ③ ④	08	① ② ③ ④	08	① ② ③ ④	08	① ② ③ ④	08	① ② ③ ④
09	① ② ③ ④	09	① ② ③ ④	09	① ② ③ ④	09	① ② ③ ④	09	① ② ③ ④	09	① ② ③ ④	09	① ② ③ ④
10	① ② ③ ④	10	① ② ③ ④	10	① ② ③ ④	10	① ② ③ ④	10	① ② ③ ④	10	① ② ③ ④	10	① ② ③ ④

2026 최신개정판

해커스공무원
매일 하프모의고사
한국사

개정 4판 1쇄 발행 2026년 1월 2일

지은이	해커스 공무원시험연구소
펴낸곳	해커스패스
펴낸이	해커스공무원 출판팀
주소	서울특별시 강남구 강남대로 428 해커스공무원
고객센터	1588-4055
교재 관련 문의	gosi@hackerspass.com 해커스공무원 사이트(gosi.Hackers.com) 교재 Q&A 게시판 카카오톡 채널 [해커스공무원 노량진캠퍼스]
학원 강의 및 동영상강의	gosi.Hackers.com
ISBN	979-11-7404-659-8 (13910)
Serial Number	04-01-01